EL MISMO MAR
DE TODOS LOS VERANOS

BIBLIOTECA DE ESCRITORAS

ESTHER TUSQUETS

EL MISMO MAR
DE TODOS LOS VERANOS

Edición, introducción y notas
de
SANTOS SANZ VILLANUEVA

EDITORIAL CASTALIA

SUMARIO

Introducción

Para Fernando Valls.

Esther Tusquets: trayectoria vital y literaria

E sther Tusquets tuvo una aparición un poco tardía como novelista, pues cuando publicó *El mismo mar de todos los veranos*, en 1978, ya contaba cuarenta años. Con esta novela inicia una obra de cierta amplitud, aunque no muy extensa, guiada por un criterio de exigencia que responde a un perfil de creador muy preciso, el de quien renuncia a profesionalizar la vocación y escribe por razones imperiosas: necesidad comunicativa, deseo de hablar de asuntos importantes, disconformidad con el mundo y consigo misma..., además de por el intrínseco goce de narrar. Un doble motivo causó sorpresa en esa obra: la desinhibida franqueza con que situaba una relación lesbiana en el centro de la fábula y su peculiar estilo. La crítica le dispensó una buena acogida, primer paso de un amplio reconocimiento académico que se ha extendido a sus otros títulos, que, en conjunto, han obtenido una gran resonancia, en particular en el campo de la ginocrítica norteamericana, que ha abordado ya la obra de Tusquets en un puñado de tesis doctorales y en numerosos estudios especializados.[1] Su novelística cuenta nada menos que con tres libros monográficos –los de Nina Molinaro y Barbara F. Ichiishi y un volumen colectivo editado por Mary S. Vásquez–, circunstancia en verdad excepcional entre las escritoras españolas de su promoción y que habla por sí sola de la importancia y el interés que se le concede fuera de España.

Esther Tusquets nació en Barcelona en 1936, en el seno de una familia de la burguesía catalana. Se formó en el Colegio Alemán de su ciudad natal y cursó estudios de Filosofía y Letras, en la especialidad de Historia, en las universidades de Barcelona y Madrid. Esta formación académica se agrega a una devoción por la cultura de lejana raíz que se sitúa en la infancia y que se debe al estímulo de su madre, la cual de pequeña le contaba muchísimos cuentos y le transmitió "un amor intensísimo por el mar, los animales y el arte, sobre todo por la literatura". Además, la vinculación con la cultura abarca toda la trayectoria biográfica de Tusquets, que se ha dedicado al oficio de editora. Su padre, el médico Magín Tusquets, adquirió en 1960 una pequeña marca, Lumen, y creó un proyecto editorial familiar en el que participaron sus hijos Esther y Oscar. Éste, hoy prestigioso arquitecto, se ocupó del diseño gráfico, mientras que la futura novelista asumió la dirección literaria y sigue en

---

1. En esta introducción mencionamos algunos trabajos sobre Tusquets indicando nada más el nombre del autor. En la bibliografía posterior se encuentran los oportunos datos de identificación. En ella se añaden también otro selecto puñado de referencias. El título de las obras de Tusquets se abrevia con frecuencia en estas páginas, pero se hace de modo que no da lugar a confusión.

la actualidad al frente de esa importante y selecta casa, a la que ha marcado con un sello de exigencia. El catálogo de autores y la línea de las colecciones de creación y de ensayo de Lumen indican el nivel de calidad que le interesan.

Estos pocos rasgos biográficos, los fundamentales de una persona de vida pública muy discreta, perfilan una imagen de mujer acomodada, independiente y culta que coincide con toda exactitud con el retrato colectivo y personal que aparece en sus novelas. Ha de hacerse, sin embargo, una matización. El tono confesional de los relatos de Tusquets produce una fuerte impresión de autobiografismo, que en parte es cierta, y en parte no. Las peripecias de sus protagonistas no pueden identificarse con las de la escritora, pero ésta sí participa de un criterio próximo al de la literatura de la experiencia, que usa elementos vivenciales para construir los referentes básicos del mundo imaginario. Las preocupaciones de sus personajes no podrían tener lugar en una clase social distinta a la que ella recrea, la suya, según ha reconocido a Claudín: esa problemática "sería inconcebible en gente con un empleo, con otras ocupaciones, con algún compromiso político" (p. 50). Un hecho personal, el enjuiciamiento negativo de la madre, se convierte en motivo recurrente de *El mismo mar* y de otras páginas. La ideación literaria de este personaje procede de una valoración real confesada por la propia Tusquets: "mi madre no me quiso lo bastante de pequeña [...] Mi madre no fue, me parece, la mejor de las madres". Sin embargo, otros elementos capitales de su biografía no aparecen en sus novelas: no trata en ellas de la relación con su hermano o con sus dos hijos, básica en su vida, según ha recalcado. Tampoco pertenece a su experiencia la trama central de sus libros, la mujer abandonada por el marido: "es una vivencia que yo no he tenido".

La tardanza de Tusquets en publicar, más llamativa por su proximidad al mundo de la edición, se debe a autoexigencia y no a que sus primeros contactos con la creación hayan surgido con inusual retraso. La autora ha comentado a quien firma estas páginas que de adolescente escribió poesía, y hasta editó a expensas de su padre un libro, *Balbuceos*, que por el momento no ha querido rescatar. Años después se arriesgó por la narrativa. Llevó a cabo varios intentos novelescos que "no me habían gustado en su resultado último", declara a Claudín (p. 47). También desechó un texto –cuenta a Dolgin (p. 399)– "que poco más o menos sería *El mismo mar...*, siete u ocho años antes". Así que estos antecedentes y ese criterio explican el nivel de madurez y de acierto del momento en que decide darse a conocer. Y también el que su obra restante tenga un sentido muy unitario y se presente en principio a un ritmo intenso en el que se suceden cuatro títulos en otros tantos años: a *El mismo mar* siguen *El amor es un juego solitario* (1979), *Varada tras el último naufragio* (1980) y *Siete miradas en un mismo paisaje* (1981).

Luego, su producción se remansa y se abre a otras formas. Desde 1979 va goteando con parsimoniosa continuidad una decena de relatos, dispersos hasta la reciente compilación de la mayor parte de ellos en *La niña lunática y otros cuentos* (1996). Este puñado de piezas breves participan de la misma profunda visión crítica del mundo de las novelas y revelan la fuerte coherencia temática y estilística de la *opera omnia* de nuestra autora. Publica asimismo un par de narraciones infantiles, *La conejita Marcela* (1980) y *La Reina de los Gatos* (1993). Escribe, además, durante una temporada, entre 1979 y 1982, artículos periodísticos para *Destino* y *La Vanguardia* con asiduidad un tanto sorprendente en quien sólo frecuenta la prensa de forma esporádica. A la vez, ha reflexionado en varias ocasiones sobre la propia literatura en textos de corte teórico que, mezclando la experiencia del taller del escritor y los estímulos subjetivos de la creación, explican las raíces de su escritura. Todo ello se produce a lo largo de dos decenios escasos durante los cuales su narrativa consigue aceptación internacional y nacional: hay traducciones a varios idiomas de sus libros, en particular del primero; *El amor* gana en 1979 el prestigioso premio Ciudad de Barcelona; *El mismo mar* se publica en distintas colecciones y editoriales y se hacen reediciones de otras obras.

El núcleo de cuestiones abordadas en la trilogía inicial, que enseguida comentaremos, conoce dos nuevos asedios en otra novela más, *Para no volver* (1985) y en *Siete miradas*, un conjunto de relatos vinculados con estrechos lazos que debemos tener por una novela perspectivista y episódica y no por un libro de cuentos común. Casi todos los escritos mencionados confluyen en una única corriente, auténtico *leitmotiv* de Tusquets: la exploración de la particular problemática de una mujer libre de la segunda mitad de nuestro siglo. Una última fabulación, por ahora, el relato "Carta a la madre", aparecida en el mismo momento en que se redactan estas líneas, viene a poner un broche a todo el proyecto que hemos recorrido: en ella, una mujer, otra más que añadir a la nómina de sus protagonistas femeninas, se dirige a su madre, rescata los episodios de una vida y salda el trauma producido por una distante relación. De este modo, pocas creaciones novelescas habrá más unitarias, más atentas a una inquietud central. Por la edad presente de la autora y por el largo aliento con que ha escrito hasta la fecha durante poco más de tres lustros, tenemos que esperar otras incursiones suyas en la ficción. El carácter conclusivo de la "Carta a la madre" no cierra la puerta a nuevas aproximaciones a ese mundo suyo, pero también sugiere que la obra de Tusquets se pueda abrir en este momento a caminos distintos acerca de los cuales sólo el futuro dará razón.

Novedad y tradición en la narrativa de Tusquets

Un vistazo a la obra de los autores coetáneos de Esther Tusquets muestra a las claras el retraso de su aparición. Pertenece, por fecha de nacimiento, a la última oleada de narradores de la generación del medio siglo, cuyos integrantes, de semejante edad a la suya, publican sus primeros libros a finales de los cincuenta o comienzos del decenio siguiente. *Las afueras*, de Luis Goytisolo (1935), data de 1958. Juan Marsé (1933) abre el séptimo decenio con *Encerrados con un solo juguete*. En 1964 aparece *Una cuestión privada*, de Isaac Montero (1936). Pero incluso otros autores de parecida edad que ella inauguran una nueva etapa de nuestra literatura ya durante los sesenta, un par de lustros antes de que apareciera *El mismo mar* y ahí están para corroborarlo Francisco Umbral y Manuel Vázquez Montalbán, nacidos en 1935 y 1939, respectivamente. En fin, hasta un narrador bastante más joven que Tusquets, el precoz Javier Marías (1951), se le adelanta en un lustro largo, pues ya había lanzado sendas novelas en 1971 y 1972.

Este desfase de publicación de Esther Tusquets respecto de las gentes con quienes ha compartido vivencias y sustratos formativos no resulta, sin embargo, perjudicial para sus creaciones. En efecto, ella no se sintió urgida por los propósitos políticos o sociales que constriñeron a los narradores de los cincuenta. Tampoco tuvo que pagar peaje alguno a los excesos experimentales y vanguardistas de nuestras letras de hacia 1970, cuando se defiende la "antinovela", un tipo de relato que quiere deshacerse de los planteamientos novelescos tradicionales, que aplaude la ausencia de historias y de personajes y que destruye las convenciones relativas al espacio y al tiempo. Se encuentra Tusquets, por tanto, en una tierra de nadie literaria, al margen de todo dogma, pero receptiva a influencias enriquecedoras, de las que puede tomar aquello que le conviene.

Hay ecos en *El mismo mar* del gusto experimental y, desde luego, la complejidad de su construcción y de su estilo sólo son viables después de la narrativa "novísima". Pero una actitud radicalmente distinta respecto de la fábula la separa de esa tendencia. Los novelistas surgidos en las proximidades de 1970 eran devotos de un relato de completa inanidad argumental. Tusquets parte, en cambio, de un deseo de referir sucesos ocurridos a alguien y de reconstruir la biografía de un personaje al que le han sucedido una serie de vicisitudes que explican su atribulado presente. Con ello se atiene a una firme convicción personal, expresada en un artículo de elocuente título, "Uno cuenta menos de lo que quiere y más de lo que cree", en el que sostiene con rotundidad que "un novelista es, por definición, un narrador de historias (allí donde no hay historia puede haber literatura pero no novela)". Tusquets diluye esa historia personal entre heterogéneos materiales, pero no disimula su intrínseco interés en contar la vida de su protagonista. De modo que *El mismo mar* participa de una afición a la narratividad, a la narración de historias y sucesos, pero, a la vez, acepta, de entre las tendencias dominantes en su momento, que la novela haga incursiones en lo poemático y que cuente con un sustrato ensayístico. Por otra parte, la visión crítica que se desprende de esa primera novela enraiza en muchos aspectos con las inquietudes de la generación de los cincuenta. Con ésta parece conveniente vincularla, más que con la siguiente, pero no en la etapa en que se postulaba un estricto realismo socialista, sino con el periodo de renovación formal. Es cierto que *El mismo mar* sugiere algún parentesco con relatos de denuncia, por ejemplo con el mundo burgués enclaustrado y culpable de *Tormenta de verano*, de Juan García Hortelano, o de *La isla*, de Juan

Goytisolo. Sin embargo, su filiación es más estrecha con el alegato y la parodia sarcástica de *Señas de identidad*, del mismo Goytisolo.

Por todo ello, *El mismo mar* resulta representativa del momento de eclecticismo literario de la fecha de su publicación y en ella conviven un sentido de la novedad y un gusto por la tradición. Su indeclinable vocación novedosa –visible en el empleo de múltiples recursos formales– va junto a un relato biográfico más bien tradicional, aunque de entrada pueda parecer otra cosa.

La oportunidad literaria de *El mismo mar* va acompañada de unas circunstancias históricas que conviene tener muy en cuenta para explicar su propia viabilidad como texto público y para valorar de forma correcta sus aportaciones y su significación. En el año en que se estampa la novela, el mismo en que se aprueba la Constitución democrática, desaparecen los mecanismos legales de censura. Si bien la sociedad española vivió tentaciones involucionistas y el margen de expresión de los escritores tenía límites implícitos infranqueables, sí que existía una amplia libertad para referirse a asuntos de casi toda índole, en particular a cuestiones de moral sobre las que el franquismo había establecido una estrecha vigilancia. No nos cabe la menor duda de que sin libertad legal un libro de notorio erotismo y que desarrolla relaciones lesbianas con una franqueza pionera e insólita en nuestras letras no hubiera sido factible que se publicara. La generalizada permisividad de la sociedad española en el ámbito de la moral sexual, respuesta colectiva a la represión precedente, le beneficia, pero ello no deja de ser una circunstancia anecdótica. Por menos anecdótica debemos tener, en cambio, su vinculación, quizás fortuita, con un puñado de fenómenos concordantes de aquel periodo en que se dieron los primeros pasos democráticos: la atención hacia el nuevo papel de la mujer, cada vez más inserta en lo colectivo en planos de igualdad con el hombre; la difusión de planteamientos feministas reivindicadores, constatables en el extraordinario éxito de *Crónica del desamor*, de Rosa Montero, sólo un año posterior a *El mismo mar*; la importancia, al menos cuantitativa, de la mujer como creadora y la aparición de un número notable de novelistas mujeres, aunque cada una de ellas tenga su particular punto de vista acerca de la literatura femenina.

La pentalogía de la mujer actual

La regularidad e intensa cadencia de publicación de los cinco libros novelescos de Esther Tusquets, aparecidos entre 1978 y 1985, se corta a partir de esta fecha, desde la cual la autora mantiene un sorprendente silencio, sólo interrumpido por algún cuento. Ello se debe a que esos títulos provienen de un único estímulo desarrollado, por ahora, en una especie de ciclo. Este no ha sido un proyecto originario, deliberado y planificado desde el comienzo, pero tal es el resultado que se ha alcanzado. Dicho estímulo se convierte en el asunto central de su narrativa que, en una primera instancia, podemos ceñirlo a una reflexión sobre la búsqueda de un destino propio y deliberadamente asumido por un sector de las mujeres de la segunda mitad del siglo xx.

Los tres primeros libros –*El mismo mar, El amor* y *Varada*– los ha calificado la autora como una trilogía, aunque sin mayores precisiones y sin darle un rótulo específico. Nada ha dicho de su pertenencia a una serie respecto de los otros dos –*Siete miradas* y *Para no volver*–, pero forman parte de ella por la misma razón que los anteriores, ya que todos giran en torno a una problemática común y todos, también, coinciden en semejantes planteamientos técnicos y verbales. Por ello, *El mismo mar*, aunque tenga autonomía argumental, y pueda leerse como una obra independiente, forma parte de un diseño mucho más amplio que no dudamos en ver como un ciclo de cinco libros para el que nos parece muy descriptivo y expresivo el título común que aquí le damos, "Pentalogía de la mujer actual". *El mismo mar* abre la pentalogía, cuenta las angustias de una innominada mujer y se convierte en el primer estrato de la narración de los dilemas de otras mujeres que aparecen en los restantes volúmenes.

En el apartado siguiente de esta introducción veremos, aunque con brevedad, la trama anecdótica de *El mismo mar*, pero como conviene subrayar la visión del mundo unitaria de Tusquets, anotaremos ahora sus vínculos con los otros libros. La protagonista de la trilogía se llama Elia, pero no se trata de la misma persona en cada una de las fábulas. Son personajes parecidos, mas no la misma persona. En cada uno de los libros de la trilogía aparece, además, una chica joven que se llama Clara, que es amante de Elia en las dos primeras novelas y que pasa unas vacaciones con ella en la tercera. Estas coincidencias, y algunas otras que no detallamos, señalan la voluntad de Tusquets de desarrollar un *continuum* temático a partir de unas repeticiones anecdóticas. Tiende así a buscar una protagonista característica: una mujer adulta —con frecuencia inclinada hacia otra más joven— de una clase acomodada de la Cataluña actual o reciente.

En *El mismo mar* Elia tiene una experiencia lesbiana mientras rescata un pasado de traumas, fracasos y desamor. La Elia de *El amor* posee caracteres de burguesa aburrida e insatisfecha y se busca el consuelo de un joven inexperto y petulante, a quien comparte con una chica durante un tiempo. La Elia de *Varada* va de vacaciones, sin el marido, con otro matrimonio amigo. Ello sucede en un verano en que parece que todos se han vuelto locos, según se puntualiza en el texto. En medio de esa enajenación colectiva afloran las tensiones subterráneas de unos burgueses bajo cuyas buenas formas se esconden desgarraduras psicológicas y profesionales muy graves.

En la trilogía, las Elia recorren desde el presente las estaciones de dolor de su pasado. Ese auténtico viacrucis se cumple por medio de distintos procedimientos: la recuperación de anécdotas del ayer, el viaje por las sendas de la memoria o la comunicación con otro personaje que permite dar rienda suelta a toda clase de agobios. En el fondo, siempre hay un vehículo o un pretexto para la exploración personal y para la recuperación de la autobiografía con un propósito liberador. Esa instancia adopta la forma de psicoanálisis en *Para no volver*. Aquí la protagonista, que se llama Elena, pero que se parece no poco a las Elia, acude a un psiquiatra argentino y la acción externa se desarrolla a lo largo de las tensas sesiones clínicas. En ellas van apareciendo las frustraciones de la mujer y queda despejado el problema que le acucia, la quimera de un amor total, único y distinto, la misma que andaba en el fondo de la insatisfacción de las restantes mujeres del ciclo.

El otro libro de Tusquets, *Siete miradas*, parece tener un encaje más difícil en la serie, primero por su estructura fragmentada y luego por la edad de la protagonista y la época de los sucesos. Pero, a nuestro parecer, no sólo forma parte de ella, sino que se convierte en su primer jalón cronológico e histórico. Una niña o adolescente, siempre llamada Sara, centra episodios ocurridos en la primera postguerra a través de los cuales se produce su maduración moral, social y sexual. Esta Sara múltiple y única viene a representar la edad temprana, la del acceso a la experiencia, de las Elia o de Elena. Incorpora, por tanto, la vivencia infantil o juvenil de la trayectoria de la mujer española moderna, cuyas etapas de primera madurez o de adulta han desfilado por los otros libros. E incorpora, además, algo que sorprendentemente no tenía casi ninguna presencia hasta esta obra: la vivencia a través del recuerdo de la guerra civil y de sus consecuencias. Además, esa fragmentación del relato no deja de ser sino un procedimiento perspectivista que coincide con el de las novelas, pues en última instancia Tusquets viene materializando una suma de enfoques o perspectivas sobre ese tema nuclear suyo. El ramillete de fabulaciones adolescentes de *Siete miradas* redondea un ciclo literario completo llevándolo hasta sus orígenes históricos.

Así, considerados con este sucinto vistazo los cinco libros de la pentalogía, llegamos al diseño global de nuestra autora: el trazado del largo itinerario de una mujer reflexiva e independiente a través de las distintas estaciones de postguerra. La vemos en la primera juventud durante la época de mayor rigor postbélico; la sabemos después universitaria que apoya las revueltas contra la dictadura; la tenemos más tarde, con treinta o cuarenta años, cansada de su círculo mesocrático y, por fin, en los albores de la democracia, ya con una edad madura, cercana a la cincuentena, consciente del paso irreversible del tiempo, revisando su ayer y buscando un aliciente para el porvenir.

El mismo mar de todos los veranos

La historia de Elia

El mismo mar tiene un arranque abrupto y un tanto desconcertante porque el lector sólo recibe, por el momento, un puñado de observaciones y de referencias a personas cuyo sentido no se alcanza en su integridad. La narradora,

una mujer, innominada, llega a una vieja casa y fija su atención en una estatua que se tiene muy sabida y que dispara
la evocación; el recuerdo la lleva, cuarenta años atrás, hasta la
madre, la cual ahora le manda postales desde lejanos lugares. Las páginas iniciales abren la rememoración y, desde un
presente desesperanzado, se van recuperando momentos del
pasado que surgen de un modo fragmentario de acuerdo con
el azaroso proceder de la memoria. La sistemática disper-
sión de la anécdota pide que dediquemos unos párrafos a
reconstruir su trayectoria lineal, para mejor exponer los elementos sustanciales que se cobijan bajo una trama en apariencia intrincada, aunque no lo resulte tanto cuando se
percibe el esquema narrativo que la sustenta.

La mujer, que a partir de la edición que aquí presentamos
tiene ya nombre propio, Elia, procede a una revisión general de su biografía, no reconstruida con todo detalle, sino a
través de hitos selectivos surgidos como meandros del
recuerdo y cuya íntima trabazón se descubre al final de la
novela. Un núcleo de vivencias gira en torno a la edad
infantil. Predomina la imagen de la madre, una dama domi-
nante, fría y muy desatenta con la hija; aparece la memoria
de un padre indiferente, y de una institutriz, Sofía, con la
que el padre tuvo alguna clase de relación. Otro bloque de
recuerdos se acotan en los tiempos estudiantiles: Elia parti-
cipó en las protestas antifranquistas, hizo amistad con algunos compañeros y, sobre todo, conoció a un tal Jorge con
quien mantuvo una relación sentimental cuyos deletéreos
efectos resuenan todavía. Un tercer conjunto de anécdotas
podría agrupar el resto de las noticias sobre Elia: se casó con
Julio, director de cine famoso, pero el desamor marca desde
hace mucho su matrimonio; tiene una hija, Guiomar, con la
que no se entiende; es profesora universitaria de literatura.

Esta línea del pasado se engarza con otra del presente, de
breve duración: veintitantos días durante los cuales Elia

mantiene una íntima relación con una alumna suya, Clara. Integran esta parte unas cuantas anécdotas que van del conocimiento de ambas al final de la historia compartida. Tras un plazo corto de incertidumbre, Elia lleva a Clara a otra vieja casa familiar, situada en la playa. Acuden juntas a una fiesta y van a una sesión de ópera. Elia asiste al entierro de la abuela, episodio que le produce muy negativos efectos por el contraste entre la autenticidad de su dolor y el comportamiento frívolo de su madre y de su hija, y propicia que se refugie en Clara. Al amor tierno, comprensivo y cálido de las dos mujeres le falta la prueba de fuego del regreso de Julio, que está de viaje. Cuando regresa, llama a Elia, cenan juntos y, en lugar de que ella vuelva a la casa de la playa con Clara, ambos van al domicilio conyugal, donde hacen el amor. Un corto hiato nos lleva a la secuencia final, en la que se halla el desenlace de esta breve e intensa historia de amor, calificada de "aventura": las amantes se encuentran en la habitación del hotel en el que se aloja Clara. Esta hace silenciosa las maletas y se despide. Elia se queda sola con el sufrimiento de saber que ha pasado la postrera posibilidad de volver a la vida.

La serie de anécdotas que hemos subrayado –más otras que adensan la línea argumental–, una vez reconstruidas tal y como lo hemos hecho caben en un trazado bastante simple: mientras el marido está fuera, en una más de sus ausencias habituales, la esposa ha tenido su breve "aventura" lesbiana y en ese tiempo de apenas un mes ha convocado los muchos fantasmas de una existencia frustrada. Esa es en el fondo la historia tradicional que encierra una novela que tiene un aspecto muy complejo, aunque motivos hay para ello: no practica Tusquets una intrínseca artificiosidad, sino que las habituales rupturas y saltos de *El mismo mar* se justifican como uno de los procedimientos para hacer literariamente eficaz la magnitud de la desolación y el fracaso de la mujer.

El amor y otros asuntos

Un nudo de inquietudes afecta al conjunto de la prosa narrativa de Esther Tusquets y es esa visión global la que da plena idea de sus planteamientos. Sin embargo, cada uno de sus libros mantiene la suficiente unidad de intención como para que puedan considerarse aislados sin que la problemática que aborda pierda sentido o intensidad. Por encima de otras cuestiones menudas, una sobresale en nuestra autora, el retrato de un tipo muy específico de mujer. Dicho retrato se desdobla en dos vertientes: por una parte, la situación en la vida, en general, de ese tipo de mujer, desde una perspectiva histórica determinada; por otra, las relaciones con el amor.

El orbe novelesco que vamos a considerar tiene un carácter trágico sustancial que es el resultado de una insatisfacción que se bifurca por una doble conflictividad. Esta atiende, por un lado, hacia lo profesional o vital, en un sentido amplio, y, por otro, a los sentimientos y la insuficiencia erótica. Dos ideas acompañan al negro presente de Elia: la soledad y la frustración. Ambas tienen un carácter reactivo, pues surgen en el presente del relato con ocasión del nuevo abandono de Julio, pero constituyen un rasgo de toda su biografía y la soledad aparece ya como un motivo de la infancia. La rotunda vivencia de estos sentimientos explica la propia escritura, el libro que leemos, pues *El mismo mar* es un autoanálisis con un mucho de carácter liberador. De la compleja interacción entre soledad y frustración –el "fracaso en bruto" que dice con expresiva sentencia Elia– surge un sentido muy desencantado de la existencia.

Algo cuentan los condicionantes profesionales en ese fracaso –y alcanzan cierta importancia en otros libros posteriores al que inicia la serie–, pero el factor fundamental se

21

halla en la desolación amorosa. Sobre ésta discurre la novela. El determinante vital básico de Elia y de otras de las mujeres de la autora catalana está en el amor, tanto en su vertiente afectiva y emocional como en la explícitamente sexual. El resultado de estas carencias no puede alcanzar grados mayores de descontento y no se presenta de un modo simplificador, sino como la consecuencia de un denso entramado de conflictos infantiles, preedípicos y edípicos, de circunstancias educativas, del papel histórico de la mujer y de rasgos caracteriológicos.

Desde el punto de vista afectivo y emocional, la protagonista vive una conflictividad desgarradora. Elia se siente "desvalida y desnuda", ha conocido "mil años" de soledad y "océanos de desdichas" y vive una "historia sórdida". Una nota hay que subrayar en el modo de presentar esa situación problemática. Se trata del carácter extremado, agónico de sus permanentes desgarrones interiores. La narradora los transcribe con puntillosa frecuencia e indican una normal tendencia a la hipertrofia de los sentimientos y a la enormidad de los padecimientos. Elia se inclina sin respiro a una múltiple hipérbole: de las emociones, de las impresiones recibidas del mundo y de la descripción de las inquietudes psicológicas. Lo sustancial de esta caracterización radica en que en el sentir del personaje no existen padecimientos menudos ni hay dolencias menores, sino que unos y otras siempre se muestran como exagerados, con una irreprimible tendencia a las tintas gruesas.

Otra nota distintiva se añade a la anterior para acrecentarla: la anormalidad, excepcionalidad e intensidad desmesuradas del sufrimiento tienen el rango de situación corriente. Este peculiar enfoque adquiere una dimensión tan llamativa que se convierte en uno de los rasgos más relevantes entre los que diferencian la escritura de Tusquets y casi único en las letras españolas recientes. La angustia no se concibe a la manera de una circunstancia excepcional, derivada de un problema, sino casi como el estado natural de las personas. Este abultamiento de los sentimientos de aflicción –acompañados, de vez en cuando, de generoso llanto– está a punto, por momentos, de convertirse en un recurso retórico que resta autenticidad a los padecimientos de los personajes. El grave riesgo de la recurrencia de Tusquets al padecimiento constante, convertido en norma, está en que la exageración puede provocar trivialización.

Estos rasgos no son gratuitos, sino la consecuencia de un modo de concebir el amor por parte de los personajes como una aspiración a una realidad totalizante, distinta, intransferible y casi inefable. De ahí que esa aspiración posea un cierto aliento místico. Se acompaña, además, de una explícita dimensión sexual que la impregna de un profundo y dilatado erotismo. La señal de la importancia del erotismo en *El mismo mar* la descubrimos ya en su inicio, en la descripción de la escultura que hay en el vestíbulo de la casa, en la que campea un llamativo sexo desnudo. Por otro lado, toda la novela está bañada por un fuerte regusto por lo sensorial y en una acentuada sensualidad.

A pesar de la intensidad erótica del conjunto de la historia de Elia, las relaciones carnales no se presentan de una manera muy explícita e, incluso, el juego amoroso se rodea de cierto recato descriptivo y se envuelve en una densa imaginería y alegorismo. Confirma la voluntariedad de este planteamiento lo mucho que se retrasa el encuentro de los cuerpos, que no se produce hasta promediado el relato. Este momento viene decidido por un enfoque del erotismo que no se centra en el acto amoroso en sí mismo, sino que se toma como punto de partida para un análisis interior. Por ello se rehúye, también, el fisiologismo de la novela erótica, ya que a Tusquets no le interesa exponer una acción exterior.

Una novedad de *El mismo mar* es la incorporación de la sexualidad a los deseos conscientes de la mujer. Por esta postura, tiene una dimensión femenina muy fuerte, pues tanto este título como los restantes de Tusquets toman a la mujer como objeto casi exclusivo de la vivencia del amor. No se puede hablar, en cambio, de estrictos planteamientos feministas, pues la escritora se atiene a la presentación de experiencias personales sin dar a sus escritos un sentido de alegato, nunca ostenta una voluntad propagandística y la narradora no se constituye en paradigma de la opresión o de la marginalidad. Incluso, desde el punto de vista de la reivindicación feminista, el final de la novela no deja de ser muy conflictivo.

Uno de los problemas, quizás el más grave, que hacen padecer a Elia es la falta de ternura que reprocha a su madre. Ha buscado compensaciones, pero le han fallado hasta el momento. El amor adolescente por Jorge la dejó indefensa cuando éste se quitó la vida. Luego, se equivocó al casarse con Julio, a quien nunca ha querido. Por ello, y por otras relaciones que no se detallan –sabemos que ha tenido una lista de amantes–, Elia no se siente completa, de modo que la historia fundamental de la novela no gira en torno a la "no vida", sino sobre el rescate del amor total, que se le presenta ahora en la persona de Clara. Así, el amor lesbiano parece ofrecerse como la única alternativa para conseguir la plenitud. Lo que el lesbianismo aporta a la experiencia erótica de Elia hay que buscarlo más en contraste con su otro amor pleno, el de Jorge, que por oposición al de Julio o sus otros amantes masculinos aludidos. Aquél representa la autenticidad añorada mientras que éstos forman parte de la convención, la rutina y la inautenticidad. Nada más hay dos amores cabales en la vida de Elia: Jorge y Clara. El del chico se vino abajo por culpa de él, que la abandonó sola en el mundo y produjo la tremenda frustración de que ya hemos hablado. El amor con Clara fracasa, al contrario, por culpa de Elia, pero ha podido ser definitivo porque ha aportado cualidades que la mujer mayor busca y necesita. Por una parte, voluntad de entrega y sacrificio que llega al extremo de la silenciosa renuncia de la colombiana. Por otra, ternura, que es carencia infantil de la narradora, asociada a la idea de maternidad, según vimos.

El amor lesbiano se distingue, pues, por su desinterés y por su capacidad de ternura. El desprendimiento, abnegación y consuelo que aporta Clara faltó en la egoísta determinación final de Jorge, desde la subjetiva percepción de Elia. El final de la novela tiene algo de llamativo golpe de efecto por la distancia que establece entre las razonables expectativas creadas y la resolución que se produce. La historia de una mujer libre, muy poco atada a convencionalismos morales o sociales, hace esperable un desenlace normal y lógico: ese carácter independiente triunfa mediante la victoria o el asentamiento de la transgresión sexual. Clara y Elia podrían haber fundado su paraíso en pareja. Ello habría sido una opción legítima –no hablo de legitimidad moral, sino literaria, de acuerdo con las reglas que constituyen a los personajes– y muy oportuna en una época histórica en que los análisis femeninos proclaman su dimensión ideológica. Pero Tusquets no pone su historia al servicio de una causa previa y, al contrario, decide un final sorprendente, aunque por completo dentro de la lógica del relato.

Cuando Elia despide su confesión, vuelve al orden anterior, marcado por las pautas tradicionales del amor heterosexual y matrimonial: la transgresión no ha tenido resultado positivo y puede entenderse como una experiencia frustrada. El desenlace, sin embargo, resulta mucho más complejo y ambiguo de lo que hace sospechar el contundente broche anecdótico. Una lectura que lo tenga por un final cerrado es correcta. Así lo avala la conclusión del argumento: Clara se ve abandonada, emprende viaje de regreso a su país y Elia continúa con su marido. Se trata, en lo que concierne a Elia, de una derrota en toda regla: su madurez e independencia, su comportamiento amoral —en sentido etimológico: fuera de la moral convencional de su grupo y de su condición de mujer–, su libertad de decisión de nada le han servido, porque se ha rendido. No se sabe muy bien ante qué, quizás al peso de la rutina, tal vez a una inclinación condescendiente al varón o acaso a una imprecisa influencia social, pero ha claudicado. Lo inconcreto de las causas es premeditado para conseguir una positiva ambigüedad.

La simplicidad anecdótica adquiere una dimensión más rica y problemática si, además del desenlace, contemplamos el valor del desarrollo argumental. Este pone de relieve la autoafirmación de Elia como mujer libre, la seguridad con que adopta una decisión tan heterodoxa como la suya, al margen de los hábitos sociales y culturales. La autoafirmación de la narradora destaca su radical independencia, capaz de guiar su comportamiento transgresor a partir de criterios propios. Varios estudios de la novela han destacado cómo algunos rasgos de la relación con Clara llaman la atención por la intencionalidad con que subvierten esquemas tradicionales. En el fondo, tenemos una moratiniana relación de viejo y niña muy transformada. Por un lado, la sumisión de la persona joven a los intereses del adulto se convierte en "aventura" (recordemos que así califica Elia su historia) en que la pareja revela la posibilidad de la pasión compartida sin fronteras de edad. Por otro, se le da la vuelta al esquema establecido: no es el viejo (la vieja aquí) quien persigue a la niña, sino ésta la que busca a la persona de más edad y se entrega a ella. En fin, la pareja es homosexual. Otra característica muy notable es la asimismo subversiva postura de la novela respecto de los cánones de belleza consagrados. El libro viene a proclamar uno diferente a los dos

26

clásicos de la tradición literaria occidental, la suave bella rubia y la enérgica guapa morena. Elia y Clara nada tienen que ver con esos arquetipos. Ni por la edad y la figura de la narradora ni por el aspecto físico de la estudiante, un tipo de chica desgarbada que sugiere, según la ve Elia, la imagen de un patito feo.

A una historia autobiográfica que proclama con tanta nitidez el ejercicio de la libertad podría convenirle otra resolución, pero sólo desde presupuestos ajenos al desarrollo interno del relato puede exigírsele, ya que también como mujer libre e independiente decide volver al círculo familiar y matrimonial. Además, la sentencia que cierra el libro, "...Y Wendy creció", produce un desplazamiento del protagonismo de la obra desde Elia hacia Clara, sujeto real de la alusión a *Peter Pan*. A través de Elia hemos conocido una historia de maduración personal, la de la discípula, cuyo futuro está en sus manos, mientras que el de la narradora, al parecer, ya no tiene remedio.[2]

El modo de tratar estas cuestiones constituye un ejemplo muy radical de novela intimista. Pero, frente a planteamientos ensimismados que vedan la comunicación entre la trama novelesca y la realidad exterior, Tusquets presenta su historia en un contexto histórico bien reconocible y lo reconstruye con una intencionalidad analítica. Hay, ante todo, una recreación de un sólido mundo burgués que la autora contempla con profundo desagrado. Elia ve a la suya como gente chata y mezquina, como un sucedáneo de raza, llena de ritos vulgares que se ponen de relieve, sobre todo,

---

2. Varios aspectos señalados en los párrafos anteriores y el apartado siguiente han ocupado a distintas estudiosas a las que puede acudir quien se interese con más detalle o profundidad en la obra de Esther Tusquets. De particular provecho son los trabajos descritos en la bibliografía final de Bellver, Buckley, Ciplijauskaité, Cornejo Parriego, Gleen, Gould Levine, Ichiishi, Johnson, Navajas, Nichols y Servodidio.

en la degradada relación de esa mesocracia hipócrita con la cultura. La vertiente testimonial de *El mismo mar* abarca, siquiera sea como anuncio del relieve que alcanza en títulos posteriores de la pentalogía, un duro enjuiciamiento generacional: la juventud universitaria de la contestación franquista ha venido a parar en un burdo pragmatismo, en una pérdida completa de ideales.

El gusto por las historias y sus procedimientos

La voz personal de Esther Tusquets, lo mismo en su primera novela que en los relatos sucesivos, no radica tanto en los temas y problemas que explaya como en la configuración de un discurso literario de rasgos pronunciados que van desde la permanente sustitución del mundo por una continuada mitificación hasta el gusto por unos llamativos recursos estilísticos. *El mismo mar* da voz a un agobio emocional en tono monologante porque la autoindagación posee una virtud liberadora. Tras la confesión, Elia se queda en paz, o casi, según ella misma declara. El soporte de su actividad narradora está en un íntimo gusto por contar historias, o, mejor dicho, por rescatar mil veces sus propias viejas historias. Porque al contar el pasado, y así lo dice, éste resulta definitivamente muerto y deja de vagar como un espectro desdichado e insomne. La existencia, además, puede entenderse como una sucesión de historias que tienen incluso la capacidad de sustituir a la vida.

Esas historias poseen sus peculiaridades. Los personajes, pocos, están concebidos con una cierta configuración prototípica, por la cual, más que su individualidad cuenta un valor funcional. *El mismo mar*, al igual que otros libros de la pentalogía, responde a un esquema formal que podemos sintetizar así: el centro lo ocupa una mujer adulta desenamorada

28

que pretende la felicidad; hay varias categorías de causantes de la infelicidad (madre, hija, esposo); existe un vehículo para alcanzar la meta principal (amante); se utilizan ayudantes de la trama (amiga). A este planteamiento formal se debe la escasa entidad de Julio, el marido, el cual apenas posee más consistencia que la procedente de la representación de un papel: encarnar la figura de un donjuán. El escenario de la acción, aunque bien identificable con Barcelona, no mencionada hasta muy cerca del desenlace, tiene un carácter generalizador. En realidad, *El mismo mar* es una novela de espacios cerrados –varias viviendas, un bar, una biblioteca, una heladería...– que tienden a un cierto valor alegórico, expreso en algún símbolo frecuente como el del pozo. Todo ello se presenta así porque no se da importancia intrínseca a esos elementos, sino que, con técnica un tanto unamuniana, se emplean como mínimo soporte del drama que se relata. La cronología, en cambio, se muestra, en el presente de la acción, con la precisa minuciosidad requerida por ser la memoria una actividad temporal. El tiempo del presente se puede medir bien según el calendario, pero el del pasado no. Desde el mes escaso del ahora de la narración, se va hacia atrás y se abarca el resto de la biografía de Elia hasta la infancia. A falta de exactitud, la cronología del ayer se hace subjetiva y tiene la medida que le da el sentimiento: lo que ha vivido hasta la fecha le parece a Elia un paréntesis banal y estúpido, a la vez que, a pesar de su edad, siente que tiene ya algo de vieja momia.

El pasado no se recupera en su desarrollo progresivo. La acción se fractura y salta hacia adelante y hacia atrás. Esta ausencia de linealidad –tan frecuente, por otro lado, en la narrativa de nuestro siglo– se acompaña de una técnica que establece como procedimiento normal y básico la presentación repentina de los personajes y el adelanto de las acciones, lo que obliga a un no pequeño esfuerzo de atención.

Llamativa resulta, por poner un ejemplo, la manera de presentar al amor juvenil de Elia. En la secuencia IX se habla del bar "donde conocí a Jorge unos años –no muchos– después". Luego se dan algunos otros datos sueltos, pero hasta avanzado el relato poco más sabemos de este personaje que, a pesar de tan escueta fisonomía, al final se revelará como el elemento crucial de todo él. Se hace preciso esperar nada menos que casi hasta la conclusión de la novela, hasta la secuencia XXXIV, para que se aclare la relación del muchacho con Elia y el abandono de que ella se sintió víctima.

Las acciones o motivos de la anécdota no se presentan de manera distinta. Los datos surgen sin conexión con lo que se está diciendo y reaparecen de un modo circunstancial o caprichoso. Cultiva incluso Tusquets una manera de presentarlos que tiene que ver con recursos emparentables con el suspense. En realidad, un cierto carácter de suspense afecta al conjunto de la planificación de la obra porque numerosos indicios dispersos sólo encuentran su completo sentido y su perfecto ensamblaje al final de ésta. El relato todo, en verdad, se soporta sobre una estructura de dilación de hechos clave que no descubrimos hasta las secuencias últimas. Sabemos que Jorge tuvo algún papel en un antiguo momento de la vida de Elia. Lo que no podemos ni sospechar, y lo descubrimos como un golpe de efecto, es que se trata del problema más importante, entre otros agudos, del pasado de la narradora, en torno al cual gira toda su existencia, y que condiciona la historia de amor presente. Sin embargo, se espera hasta la secuencia XXIX para desvelarlo. La preterición del "caso" de Jorge recuerda un recurso de clásico abolengo, pues funciona a la manera de una eficaz anagnórisis. El complejo sistema constructivo de *El mismo mar* podría sugerir un virtuosismo técnico, pero no parece que esté motivado por una voluntad vanguardista ya que bajo esa apariencia se aloja un relato bastante tradicional que recorre por sus pasos, aunque disgregados, la historia completa de una peripecia desgraciada: comienza en el presente con el descubrimiento de un amor prometedor, progresa con el encuentro de los amantes y se resuelve con su separación.

Aunque el relato, en su fondo, como acabamos de decir, responda a una historia tradicional, otro elemento exige del destinatario una solícita atención: el intenso, implacable y hasta gozoso culturalismo que baña la novela de la primera a la última página. Las múltiples menciones artísticas y literarias que se suceden por ella abarcan toda la historia de nuestra civilización, desde la mitología grecolatina hasta el mundo del cine. La larga lista de figuras librescas que aparecen muestran una fuerte configuración metaliteraria de *El mismo mar*, cuyas acciones suelen tener como referente explícito otro texto anterior. Parte Tusquets para esta práctica de un principio, el de que la existencia se nutre de experiencias y estímulos cotidianos, pero que intervienen también factores cuyo origen hay que situarlo en el ámbito de la ficción, ya sea mitológica, novelesca o cinematográfica. Ello sucede sobre todo con la narradora, pero afecta asimismo a los personajes y a las situaciones. Por eso, cualquier elemento, actividad o idea que surja sufre un proceso modificador que consiste en dotarlos de una dimensión propia distinta de su mesurada cualidad realista. Esta técnica de comparatismo culturalista se amplía hasta alcanzar la composición de la novela en su conjunto, de modo que la trayectoria general de Elia, los datos anecdóticos y el sentido de su vida se encierran en una sola imagen mítica: "Teseo abandonó a Ariadna en la isla de Naxos".

La densidad culturalista de *El mismo mar* se acompaña de un peculiar estilo que parece venir de un propósito de postergar el empleo de la lengua común y de acogerse a otra que llame la atención sobre sí misma. La forma verbal de la novela se distingue por su gran artificiosidad, sobre todo en el nivel morfosintáctico, que se diferencia mucho tanto del uso conversacional como escrito del castellano. Singulariza a Tusquets, en este nivel, su extrema devoción por las oraciones subordinadas y su olvido de las simples e independientes. Así encontramos a cada paso oraciones de tan enorme longitud que pueden extenderse durante un buen centenar de líneas. Otro uso persistente es el empleo de paréntesis que llegan a suponer una especie de muñecas rusas de la sintaxis. Rara es la oración cuya idea principal no se interrumpe con otra, o con una apostilla, que, a su vez, puede también cortarse con una tercera.

La lengua de *El mismo mar* alcanza un alto grado de elaboración retórica y en ella abundan numerosas figuras de pensamiento y de dicción. Entre aquéllas, la hipérbole constituye un hábito permanente que responde a la voluntad de exagerar las dimensiones comunes de las cosas o de los sentimientos. Entre las figuras de dicción, las metáforas o comparaciones apoyan una visión imaginativa de la vida. Y el hipérbaton se convierte casi en norma: el verbo tiende a desplazarse hasta el último lugar de la oración y este hábito contribuye mucho al carácter culturalista del texto y provoca un fuerte extrañamiento de la prosa de la novela respecto de la lengua estándar. Otro recurso muy frecuente está constituido por variantes de la anáfora, repeticiones de términos o de grupos de términos. En una perspectiva global, puede decirse que, entre dos extremos, el de la selección de mínimos elementos verbales y la abundancia pleonástica, Tusquets se inclina por sistema hacia el segundo.

Todo ello responde a una tendencia personal de la autora, pero tiene una explicación que hace convincente un sistema expresivo tan retorizado. Este obedece a una precisa situación anímica de la protagonista que necesita ciertos recursos para lograr la expresión lingüística de la vehemencia y el carácter enfático de su monólogo. Elia, tan razonadora por otra parte, no se confiesa con sosiego ni con serenidad. A veces se enardece y encrespa y la pasión se transforma en una verbosidad exuberante, casi excesiva, que llega a caer en lo imprecatorio. Pero hay además otras razones que explican el modo de hablar de Elia. Su confesión tiene un algo de alegato y éste se exterioriza también mediante procedimientos del discurso oral. Así, tenemos claros ejemplos de repeticiones que sirven para rescatar el hilo de la explicación, perdido o abandonado en el transcurso de ésta. Percibimos poco a poco que la confesión desborda su inherente ensimismamiento, adopta actitudes de expresión oral, sin perder su argumentatividad discursiva, y alcanza los límites de lo oratorio y hasta lo forense.

Un relato epistolar o la carta a la madre

La elevada retorización del monólogo de Elia plantea un delicado interrogante que afecta a la verosimilitud de su lengua. Por supuesto que la literatura no ha de juzgarse con criterios de naturalismo expresivo, pero tampoco puede haber una distancia insalvable entre quien habla, cómo habla y las circunstancias en que lo hace. Resulta aceptable que alguien con la personalidad de Elia –profesora universitaria, filóloga especializada que imparte un curso sobre un autor renacentista y que muestra poseer una notable riqueza cultural– se exprese de un modo cuidadoso y elaborado. Aun así, su confesión tiene rasgos de rigor discursivo que no parecen del todo naturales en la reproducción verbal de un monólogo, del habla solitaria que expresa un sentir. Estas observaciones chocan, sin embargo, con el hecho de que la lectura no produzca las disonancias que serían esperables al respecto. Varias razones lo explican y, de paso, nos

33

llevan al sentido último del texto, bajo el cual cabe el lacerante ejercicio de recapitulación biográfica de la mujer.

Ya hemos observado el gusto por contar historias que late bajo *El mismo mar*. Añadiremos ahora que Elia tiene conciencia de estar contando una biografía que guarda relación con otras historias, sobre todo de amor. E, incluso, en un momento hace explícito lo que su relato tiene de cuento. Ocurre cuando se decide a referir la "historia" de Jorge, que encabeza con una fórmula indespistable: "Eranse una vez un rey y una reina...". Esa conciencia narrativa del propio discurso permite la viabilidad de un estilo distinto del natural en una confesión espontánea. Y produce otro efecto, una mezcla, autentificada en el texto, entre vida y literatura. La existencia de Elia tiene un pie en la realidad y otro en la literatura y, en verdad, literaturiza un tanto su vida, o la explica por semejanzas y contrastes con los argumentos de la ficción, culta o popular, en los que tantas veces se apoya por medio de comparaciones. No es extraño, por tanto, que utilice una elocución compleja, pues su discurso, que anda entre lo mental y lo oral, acoge resonancias artísticas.

A estas razones debe añadirse un nuevo argumento. Como de pasada, sin darle mayor importancia, se cita la *Carta al padre*, de Kafka. No tiene relación directa este escrito del gran narrador checo con Elia, sino con su amiga Maite, pero no ha de pasarnos desapercibido el que se diga que al autor le gustaba enfrascarse en un monólogo "que quizás sustituía la vida". No otra cosa sucede en *El mismo mar*, que la vida se sustituye por un soliloquio incesante. El relato de Tusquets tiene todas las trazas de un palimpsesto de la *Carta al padre*, modelo no confeso de lo que leemos. El monólogo escrito de Elia, un todo continuo sin capítulos, semeja una larga epístola que el remitente dirige a alguien a quien desea explicar las razones de su ser como es. *El mismo mar* constituye la "carta a la madre" de una hija que hace muchas acusaciones, pero que también busca la exculpación de su carácter y de su vida. Tal carta no es del todo privada –se dirige a un destinatario expreso: "decidme amigos"– y eso refuerza su carácter escrito, sin perder un tono oral, y permite un grado de elaboración verbal mayor. De este modo, fondo y forma se implican de esa manera indisoluble que exige la literatura.

SANTOS SANZ VILLANUEVA

NOTA A LA PRESENTE EDICIÓN

Las reediciones de *El mismo mar* han seguido con toda fidelidad el texto de la primera estampación, pues Esther Tusquets se desentiende de sus creaciones una vez publicadas, según ha comentado en diferentes ocasiones. Ahora, sin embargo, ha llevado a cabo una considerable revisión que es la que figura en el presente volumen. Queda para la oportunidad en que se haga una edición crítica el pormenorizar las variantes introducidas. Señalaremos aquí, sin entrar en detalles, que en el texto que presentamos la autora hace leves pero significativas modificaciones, cambia expresiones y, sobre todo, abre pausas de variable intensidad en el decir torrencial de la protagonista. Con este propósito añade puntos y, sobre todo, establece nuevos párrafos mediante el punto y aparte. Todo ello confirma lo expuesto páginas atrás: no busca la complejidad estilística por sí misma y esta versión revisada facilita la lectura, sin que por ello se resienta la característica densidad comunicativa del monólogo. Otro importantísimo cambio hay en el texto que publicamos: se da nombre propio, Elia, a la innominada narradora. No ocurre más que una vez, en la secuencia XXV, y parece de justicia subrayar la forma sutil, el momento justo en que se agrega este dato que posee tanta relevancia para la consideración de conjunto de la trilogía.

La presente edición ofrece otra novedad que puede resultar útil para el lector común, pero que tiene particular valor para los estudiosos. Hemos añadido la numeración correlativa de los fragmentos que dividen la novela mediante espacios en blanco. No se trataba de agregar ninguna clase de encabezamiento a unas secuencias que no tienen nada que ver con los tradicionales capítulos de una novela porque ello trastornaría el designio de la autora, la cual ha querido presentar su narración a la manera de un discurso continuado y sólo interrumpido por pausas poco amplias. Por ello se ha adoptado un procedimiento que resulta cómodo y no traiciona el espíritu original: la numeración figura como un ladillo, fuera de la caja del texto, y va en números romanos entre paréntesis cuadrados. Para facilitar la localización de las secuencias –término que tengo por apropiado para designar cada fragmento separado por dichos espacios en blanco– se incorpora un índice al final del volumen. En fin, en nuestra edición, se han corregido algunas erratas claras deslizadas en las anteriores, y se ha modificado, con el visto bueno de la autora, la datación del templo románico aludido en la secuencia VIII.

Según los criterios de esta Biblioteca de Escritoras, se añaden un puñado de notas a la novela. Un par de ellas ilustran los cambios textuales a título de muestra. La mayor parte se refieren a menciones culturales o históricas, de las que hacemos una aclaración muy escueta. Muchas de esas referencias las encuentra el lector en algún diccionario enciclopédico mediano y nuestras apostillas sólo pretenden ahorrarle esa búsqueda, aportarle unas mínimas noticias o refrescarle la memoria. Todo ello bien alejado de falsas apariencias de erudición. Más mérito tiene el que con frecuencia las notas ayudan a establecer los no siempre evidentes nexos entre las alusiones y la trama novelesca.

Agradezco, por último, a Julián González su minuciosa y solvente revisión de pruebas y las observaciones valiosas que me ha hecho.

S. S. V.

Bibliografía

1. OBRA DE ESTHER TUSQUETS

Libros narrativos

El mismo mar de todos los veranos, Barcelona, Lumen, 1978.
El amor es un juego solitario, Barcelona, Lumen, 1979.
Varada tras el último naufragio, Barcelona, Lumen, 1980.
Siete miradas en un mismo paisaje, Barcelona, Lumen, 1981.
Para no volver, Barcelona, Lumen, 1985.

Relatos

"El juego o el hombre que pintaba mariposas", *Cuadernos hispanoamericanos,* núm. 347, mayo, 1979. (En *La niña lunática,* citado después, se titula "El hombre que pintaba mariposas").
"Las sutiles leyes de la simetría" en Ymelda Navajo, ed., *Doce relatos de mujeres,* Madrid, Alianza Ed., 1982.

BIBLIOGRAFÍA

"Recuerdo de Safo", *Los Cuadernos del Norte,* núm. 16, nov.-dic., 1982; recogido por Angeles Encinar, ed., en *Cuentos de este siglo,* Barcelona, Lumen, 1995.

"A Love Story", *Los Cuadernos del Norte,* núm. 20, julio-agosto, 1983.

"Olivia", *Litoral Femenino,* extra, 1986.

"La niña lunática", *Diario 16,* 11.IX.1988; recogido en *Cuentos eróticos,* Barcelona, Grijalbo, 1988 y en Carmen Estévez, ed., *Relatos eróticos,* Madrid, Castalia, 1990.

"La conversión de la pequeña hereje", *Ronda Iberia,* 3, 1992.

"La increíble, sanguinaria y abominable historia de los pollos asesinados", *El Semanal,* 14.VIII.1994.

"Carta a la madre" en Laura Freixas, ed., *Madres e hijas,* Barcelona, Anagrama, 1996.

La niña lunática y otros cuentos, prólogo de Fernando Valls, "Los cuentos morales de Esther Tusquets", Barcelona, Lumen, 1996.

Narraciones infantiles

La conejita Marcela, Barcelona, Lumen, 1980.
La Reina de los Gatos, Barcelona, Lumen, 1993.

Traducciones de *El mismo mar de todos los veranos*

Lo stesso mari di ogni estate, Milano, La Tartaruga, 1979, traducción de Paola Fanseco.

La mer toujours recommencé, Paris, Robert Laffont, 1981, traducción de Eduardo Jiménez.

Aller Sommer Meer, Hamburgo, Rowohlt, 1981, traducción de Monika López.

The same Sea of Every Summer, University of Nebraska Press, 1990, traducción de Margaret E. W. Jones.

Reflexiones sobre la propia obra

"Para salir de tanta miseria", *Taifa,* 1, I, 1988.

"Para salir de tanta miseria", *Ojáncano,* 2, abril, 1989. [Versión algo distinta del artículo anterior].

"Elementos subjetivos y autobiográficos en el personaje novelesco" en Marina Mayoral, ed., *El personaje novelesco,* Madrid, Ed. Cátedra-Ministerio de Cultura, 1990.

"Uno cuenta menos de lo que quiere y más de lo que cree", *República de las Letras,* 46, diciembre, 1995.

2. SELECCIÓN DE ANÁLISIS DE LA OBRA DE ESTHER TUSQUETS: PANORAMAS GENERALES, ESTUDIOS Y CONVERSACIONES

Esta amplia selección crítica no es exhaustiva y puede completarse con la bibliografía anotada por E. Espadas. Las siglas *ALEC* corresponden a la revista *Anales de la Literatura Española Contemporánea.*

Alonso, Santos, *La novela en la transición.* Madrid, Libros Dante, 1983.

Assens, Domingo, "Esther Tusquets: 'Un novelista es un contador de historias' ", *El Correo de las Letras,* 6, octubre, 1996.

Bellver, Catherine G., "The Language of Eroticism in the Novels of Esther Tusquets", *ALEC,* vol. 9, 1-3, 1984.

——, "Intertextuality in *Para no volver*" en Vásquez ed.

Bollinger, Rosemarie, "Esther Tusquets. El lenguaje, el alma, el mar" en Dieter Ingenschay y Hans-Jorg Neuschäfer, eds., *Abriendo caminos. La literatura española desde 1975,* Barcelona, Lumen, 1994.

Buckley, Ramón, *La doble transición. Política y literatura en la España de los años setenta.* Madrid, Siglo XXI Ed., 1996.

Ciplijauskaité, Biruté, *La novela femenina contemporánea (1970-1985). Hacia una tipología de la narración en primera persona,* Barcelona, Anthropos, 1988.

Claudín, Víctor, "Esther Tusquets: Conquista de la felicidad", *Camp de l'Arpa,* núm. 71, enero, 1980.

Cornejo Parriego, Rosalía V., "Mitología, representación e identidad en *El mismo mar* [...] de Esther Tusquets", *ALEC,* vol. 20, 1-2, 1995.

Dolgin, Stacey L., "Conversación con Esther Tusquets: 'Para salir de tanta miseria' ", *ALEC,* vol. 13, 3, 1988.

Espadas, Elizabeth, "An Annotated Bibliography of Works by and about Esther Tusquets" en Vásquez ed.

Gaston Vera, Elena, *El mito nuevo: la mujer como sujeto/objeto literario,* Madrid, Pliegos, 1992.

Gleen, Kathleen M., "*El mismo mar* [...] and the Prism of Art" en Vásquez ed.

Gould Levine, Linda, "Reading, Rereading, Misreading and Rewriting the Male Canon: The Narrative Web of Esther Tusquets' Trilogy", *ALEC,* vol. 12, 1-2, 1987.

Heymann, Jochen y Monserrat Mullor-Heymann, *Retratos de escritorio. Entrevistas a autores españoles*, Frankfurt, Vervuert Verlag, 1991.

Ichiishi, Barbara F., *The Apple of Earthly Love. Female Developement in Esther Tusquets' Fiction,* New York, Peter Lang P., 1994.

Johnson, Roberta, "On the Waves of Time: memory in *El mismo mar* [...]" en Vásquez ed.

Mazquiarán de Rodríguez, Mercedes, "Talking with Tusquets" en Vásquez ed.

Moix, Ana María, "Ariadna intenta vender el jardín de los cerezos", *Camp de l'Arpa,* núm. 52, junio, 1978.

——, "La fermentación de la vida", *Camp de l'Arpa,* núm. 71, enero, 1980.

Molinaro, Nina, *Foucault, Feminist and Power. Reading Esther Tusquets,* Londres y Toronto, Bucknell University Press, 1991.

Navajas, Gonzalo, "Repetition and the Rhetoric of Love in Esther Tusquet's *El mismo mar* [...]", en R. Landeira y L. González del Valle, eds., *Nuevos y novísimos. Algunas perspectivas críticas sobre la narrativa española desde la década de los sesenta,* Boulder (Colorado), Society of Spanish and Spanish-American Studies, 1987.

Nichols, Geraldine C., "The Prison-House (and Beyond): *El mismo mar* [...]", *Romanic Review,* núm. 75, 1984. Sigo la versión incluida en [1992].

——, *Escribir, espacio propio: Laforet, Matute, Moix, Tusquets, Riera y Roig por sí mismas,* Minneapolis, Institute for the Study of Ideologies and Literature, 1989.

——, *Des/cifrar la diferencia. Narrativa femenina de la España contemporánea,* Madrid, Siglo XXI, 1992.

Servodidio, Mirella, "A Case of Pre-Oedipal and Narrative Fixation: *El mismo mar* [...]", *ALEC,* vol. 12, 1-2, 1987.

Valls, Fernando, "La literatura femenina en España: 1975-1989", *Ínsula,* 512-513, agosto-sept., 1989.

Vásquez, Mary S., ed., *"The Sea of Becoming". Approaches to the Fiction of Esther Tusquets,* New York-London, Greenwood Press, 1991.

Vásquez, Mary S., "Actor and Spectator in the Fiction of Esther Tusquets" en Vásquez ed.

Zatlin, Phyllis, "Women Novelists in Democratic Spain: Freedon to Express the Female Perspectiva", *ALEC,* vol. 12, 1-2, 1987.

... Y WENDY CRECIÓ.

J. B. Barrie

EL MISMO MAR
DE TODOS LOS VERANOS

C ruzo la puerta de hierro y cristal, pesada, chirriante, y [I]
me sumerjo en una atmósfera contradictoriamente más
pura –menos luz, menos ruidos, menos sol–, como si desde
la mañana polvorienta y sucia, esas mañanas sofocantes y
obscenas de los primeros días del verano en mi ciudad sin
primavera, me hubiera refugiado en el frescor de piedra de
una iglesia muy vieja, donde huele remotamente a humedad
y a frío, el frío de un invierno no ahuyentado todavía aquí
por el bochorno del verano, y en cuyo aire se entrecruzan
desde las altas cristaleras polícromas, múltiples rayos de
luz. Me gusta la penumbra y el silencio, y me quedo de pie,
en el umbral, de espaldas a la puerta que se cierra sola con
un chasquido, mientras mis ojos se van acostumbrando
poco a poco a la oscuridad y empiezan a distinguir objetos
en las sombras. Unas sombras que, por otra parte, conozco
de memoria desde siempre, porque aquí, como en las viejas
catedrales, son muy pocas las cosas que han cambiado, y
por eso sonrío a la escultura antes de verla, y cuando la distingo al fin, no sé si en realidad la estoy viendo o la adivino
de tan sabida. Está sentado en un reposo sin desmayos, una
mano extendida en gesto amistoso, baja y extendida con la
palma hacia arriba, en un gesto tranquilizador, como el que
utilizamos ante un perro desconocido que puede no estar
seguro de nuestras intenciones, un gesto de aproximación que
preludia casi la caricia. Y sin embargo, muy cerca, un poco
más arriba, el noble rostro helénico se pierde en quién sabe
qué ensueño, tan distante que cuesta armonizar los ojos
perdidos en el infinito y la sonrisa estática con el gesto

49

cordial de la mano extendida, aunque nos conocemos, claro está, desde hace mucho tiempo, y no se lo tengo en cuenta, y le sonrío sin rencor, por más que él ni me mira, y en un impulso reflejo, maquinal, infinitamente repetido a lo largo de tantísimos años, busco curiosa entre sus piernas. Un viejo juego o un viejo rito. Para niñas expectantes y ansiosas, remotamente –sólo remotamente– excitadas, o para mujeres maduras que vuelven al cabo de los años, que se refugian aquí como en las naves de las viejas catedrales, como se vuelve siempre a los oscuros subterráneos, o quizá no sea siempre, quizá sea sólo cuando en el mundo exterior algo nos hiere mucho o algo termina o todo parece demasiado estúpido. Sigo pues el viejo juego o el viejo rito, y le miro curiosa –realmente curiosa– entre las piernas, y compruebo con un suspiro de alivio –realmente todavía hoy con un suspiro de alivio– que todo sigue en orden y que el sexo campea desnudo entre las largas piernas, entre las lisas piernas de bronce. Y ahora mi madre, una madre desinhibida, juguetona, voluntariosa y terca, mucho más bella y mucho más distante que todas las estatuas, una madre que nunca ha necesitado refugiarse en viejas catedrales huyendo de la luz, de la herida implacable de la luz, y que sólo está aquí de paso, como debe estar uno en los vestíbulos, pues de un vestíbulo se trata en definitiva y no de una iglesia o de una catedral, sólo el vestíbulo de un vieja casa del centro de la ciudad, una madre cuarenta años más joven que esa especie de dama inglesa que me manda postales de las que desborda el saludo, el abrazo de su letra tremenda, enorme, sin vacilaciones, desde ciudades de las que apenas si conozco el nombre, pero en las que la imagino bien, demasiado bien, poseyéndolas con su paso seguro y deportivo, elástico el cuerpo todavía joven, todavía hermoso –la belleza, no lo he olvidado, radica y empieza en el esqueleto–, en unas ropas que en otra mujer pudieran parecer extravagancia pero que dan en ella la justa medida de una distinción perfecta, mirando con sus ojos de lapislázuli irónicos y duros –aunque algunas veces, pocas veces, también pudieron ser benévolos– a funcionarios y nativos, y pienso que los nativos nunca son tan nativos, los funcionarios doblemente funcionarios, como bajo esa mirada azul de vieja dama inglesa que pasea condescendiente por sus posesiones, ignorantes de que el mundo haya cambiado, de que pueda siquiera cambiar, porque a donde no alcanza su dureza llega siempre infalible su encanto, y, distingamos, mi madre no pasea propiamente por el mundo un orgullo de casta sino una altivez de diosa. Y ahora mi madre, digo, desde cuarenta años atrás, surge entre las sombras, se acerca al joven de bronce –quizás sea Mercurio,[1] porque, estoy casi segura, por más que no las distingo, de que hay adheridas al dorso de sus tobillos unas pequeñas alas–, arranca decidida de entre sus piernas una hoja de parra también de bronce pero inequívocamente superpuesta a la primitiva escultura, la mira burlona, la hace bailotear entre sus dedos largos –la belleza comienza en el esqueleto–, sus manos perfumadas, frunce luego la nariz, el ceño, resopla brevemente por una boca cálida de la que escapa la risa, una risa contenida que estremece su espalda y agita como una brisa los encajes, los volantes de la blusa de seda, del traje de terciopelo, las plumas de la boa magnífica que le acaricia los hombros desnudos –unos hombros anchos de diosa griega, porque la belleza comienza en el esqueleto–, y mi madre mira a su alrededor en mirada cómplice a los felices mortales a los que se digna considerar sus amigos, y, mientras ellos se ponen sobre dos patas, hacen bailar la pelota de colores en la punta del hocico, dejan enloquecer el rabo en coletazos frenéticos, la hoja

1. En la mitología romana, dios del comercio. Se representaba mediante la figura de un joven dotado de dos pequeñas alas.

de bronce desaparece rápidamente en un resquicio que dejan las molduras del pedestal, en la maceta de la fucsia moribunda y pálida, en el hondo repliegue del sofá de raído terciopelo donde debieran esperar teóricamente los visitantes y donde nunca he visto esperar a nadie, en el oscuro pozo sin fondo del hueco del ascensor, sobre el mismísimo marco de la puerta que da a la portería o en el mismísimo buzón de las tres señoritas y no sé por qué hace mi madre todo esto con gestos rápidos y apresurados, porque la escena, las múltiples variantes de una misma escena, se produce siempre cuando todos duermen, y sólo yo, en la casa, estoy al acecho, y es unas horas o unos minutos más tarde, al empezar el nuevo día, porque esta madre de mirada acerada y sonrisa burlona –y lo de madre es sólo el nombre con que la ligo a mí de modo harto fantasmagórico e incierto, pues la maternidad en modo alguno la define y no agota o quizá no cabe entre las posibilidades de su esencia magnífica– gusta de llevar a cabo, insisto, amparada en las sombras cómplices de la medianoche o en las menguadas primeras luces del alba su insolente fechoría, y es al empezar el nuevo día cuando las tres señoritas, las tres hermanas solteronas que viven en el entresuelo –pues tenían que ser tres, como en los cuentos de la infancia–, al final de una escalinata con baranda de mármol, mucho más suntuosa que la escalera que utilizamos los restantes vecinos, lujosa escalinata alfombrada que sólo lleva hasta su piso, las tres hermanas que se pasan la vida en un refunfuñar por el mal trato que se daba al ascensor, la suciedad que invadía los rellanos, las supuestas bombillas de la gran araña de cristal del vestíbulo que al parecer los vecinos cambiábamos por otras fundidas –y ni siquiera los años de la posguerra daban en una casa de la burguesía motivo para tanta miseria–, y los novios de las criadas que las acompañaban hasta dentro o las besuqueaban contra el portal, y los guateques de las niñas del quinto en que zumbaba demasiado alto el tocadiscos —y cómo iban a oírlo ellas medio sordas desde el entresuelo—, pero refunfuñando sobre todo en una irritación nunca apaciguada contra la insolencia sin límites de la diosa rubia y riente del primer piso, tan pecaminosamente extranjera en su propia ciudad —o en la de ellas—, que vadeaba el vestíbulo entre sus pieles y sus risas y dejaba tras sí un perfume inconfundible, que persistía minutos enteros, como el olor a azufre de Lucifer prolonga su aparición en las representaciones navideñas, el mismo perfume que yo buscaba en sus pañuelos y en su guantera y en los encajes de sus enaguas.

Las tres señoritas pues, tres dragones resecos y castísimos, todas ellas grititos destemplados, estremecidos resoplidos, crujir de huesos y corsé —porque las tres señoritas llevaban los senos, que en otro tiempo debieron ser voluminosos, oprimidos sin piedad en corsés de acero, que los hicieron a la larga fundirse y desaparecer, dejándolas flacas y lisas—, las tres señoritas con su bulldog al frente (un bulldog disfrazado de portera, porque los perros de verdad las espantaban tanto como las asustaba mi madre o el sexo de bronce que blandía el dios griego entre las piernas, y pienso que los dos, la escultura del vestíbulo y la señora del primero, eran para las tres señoritas una misma cosa, por igual hermosos, por igual amenazantes e insolentes, y por igual indestructibles e indesterrables de sus vidas, puesto que no se atrevían o no podían echarnos de aquel primer piso que veníamos ocupando desde que acabó la guerra —insolentes o no, estábamos indiscutiblemente entre los vencedores, más allá de toda sospecha, pese a las juguetonas heterodoxias de mamá— y no encontraban justificación válida, ante ellas mismas o ante los vecinos, para sacar del vestíbulo una valiosa escultura —algo habrían oído de que el desnudo en arte no es pecado— que había estado allí desde siempre), bulldog de anchas posaderas y vozarrón oscuro que las precedía en sus pesquisas por la escalera y el vestíbulo, mientras hacían llegar hasta la rendija entreabierta donde yo, cuarenta años atrás, estaba al acecho, un guirigay destemplado de gritos muy agudos y de ladridos graves –en ningún caso sonidos humanos– y recorrían como pulgas histéricas el vestíbulo y la portería, se asomaban a la calle, escudriñaban en las sombras del hueco del ascensor, hurgaban con dedos malévolos los recovecos de la escultura, los pliegues del sofá, removían la densa capa de polvo acumulado bajo la alfombra, se asomaban a las tulipas de los apliques y rebuscaban entre las lágrimas de cristal color caramelo de la araña que pendía del techo, porque incluso allí, suspendida entre las lágrimas, sujeta con un lacito rosa, amaneció cierto día la dichosa, bien pensante, virtuosísima hoja de parra. Y aunque yo no lo vi, la niña imagina a su madre con una risa contenida, sólo un punto demasiado aguda en el momento en que su divertida excitación la desborda, izada en alto por dos hermosos hombres de ojos claros –siempre había hombres hermosos, hombres jóvenes, elegantes muchachos de ojos claros alrededor de mamá– a los que la diosa se digna llamar amigos, el padre no, el padre no está bajo la lámpara, el feliz mortal al que la diosa se digna llamar mi marido sonríe un poco apartado, junto a la puerta que da a la calle, y no se sabe –la niña no lo sabe– si la sonrisa es reprobadora o secretamente divertida, o si el padre ha iniciado ya el interminable camino hacia la indiferencia y el hastío, sonríe desde la puerta, da breves chupadas a la pipa y observa al grupo que se apiña bajo la araña de cristal, mientras la madre se balancea levemente al compás de la risa, acunada y mecida por su propia risa, y sostiene en lo alto, flamante gallardete de la libertad –qué libertad puede haber sino ésta, y aun para unos pocos, para la asamblea de los dioses vencedores, en los años cuarenta–,

la hojita de bronce. Vacila unos instantes, intenta sostenerla en equilibrio sobre los resbaladizos brazos de cristal,
engarzarla en los alambres que sujetan las lágrimas, y por
último –es ahora cuando la risa pierde definitivamente su
armonía y estalla incontenible, esa risa de mamá siempre un
poco excesiva, y la oiría la niña si estuviera asomada esta
noche, como tantísimas otras noches, a la ventana entreabierta del primer piso, y hasta es posible que despertara a
las tres señoritas pulga, a las tres señoritas dragón, de
no ser tan profunda su sordera– la mano blanca, fina, larga
se desliza veloz, como un animalito juguetón y ronroneante,
dónde, se preguntan aterradas las tres vírgenes y el bulldog,
en el cabello tupido y denso que huele a secretas madre-
selvas, dónde se pregunta la niña, entre los pechos blanquísimos que no se sabe por qué le dan siempre un poquito de
sueño y le recuerdan el mar, o quizá hurga la mano –las pulgas desfallecen y ni fuerzas les quedan para persignarse y el
bulldog gruñe aterrado ante la imagen– quizá hurga en un
gesto fugaz, visto y no visto, bajo las amplias faldas de
gasa, bajo las suaves faldas de terciopelo, bajo las faldas
suntuosas de lamé de oro. Y ahora la madre, literalmente
muerta de risa y a punto de perder el equilibrio sobre los
brazos que la sostienen en alto y que vacilan bajo su peso
bamboleante eleva en una mano la hoja de parra y en la otra
una cintita breve, sedosa, de un rosa escandalosamente íntimo y un segundo después cuelgan las dos allí –la pudorosa
hoja de parra y la procaz cintita–, provocación sobre provocación, provocaciones no sumadas sino elevadas al cubo,
balanceándose entre las lágrimas de la solemne araña de
cristal. Y allí siguen toda la mañana como una enseña triunfal, mientras la niña regocijada, que ahora sí está de guar-
dia en la ventana y que ha descubierto mucho antes desde
su atalaya la hoja y la cintita, ve a las tres pulgas flacas de
gritos estridentes y al oscuro moscardón de voz ronquísima

saltar enloquecidos por el vestíbulo y enmudecer de golpe, paralizados, la cabeza en alto y las cuatro bocas muy abiertas, desbordada su capacidad de comprensión, desbordada asimismo su capacidad de respuesta iracunda, por la magnitud insólita del agravio, aniquiladas, barridas, anuladas desde siempre por aquella madre distinta, tan de esta ciudad y sin embargo como extranjera, una madre burlona y combativa, de risa fácil y de manos blancas. Hasta que un día la hoja de parra, oculta tal vez en un escondite perfecto donde pasará años y años, eliminada quizá por una madre siempre vencedora que se ha cansado del juego pero que no quiere darse por vencida, o quién sabe si secretamente escamoteada por las tres señoritas hartas de dar saltitos y de hacer aspavientos y de salir siempre derrotadas, o incluso por el bulldog de los roncos ladridos, que no quiere seguir perdiendo las mañanas en un monótono husmear por los rincones tras sus dueñas virginales e histéricas, mientras la señora siempre culpable pero nunca convicta, objeto inequívoco de todas las sospechas pero nunca atrapada —no constituye prueba concluyente el perfume indeleble, pero sólo para mí absolutamente inconfundible, ese aroma único e irrepetible de la mezcla de su colonia con su piel—, duerme a pierna suelta entre almohadones suaves, idénticamente perfumados, blandas almohadas de pluma sobre las que se desparrama suntuosa su cabellera rubia, una mano asomando, posada en las sábanas de hilo, hasta que un día pues, la hoja de parra desaparece definitivamente. Y aquí sigue todavía ahora la escultura, con su gesto amable y condescendiente, el gesto de acariciar a un perro, el noble rostro helénico perdido en el más noble —o en el más bobo— de los ensueños, y el sexo definitivo, insolente, triunfal entre las piernas, aquí sigue, cuarenta años después, y le sonrío al pasar, y me responde con un gesto aquiescente, de amistosa complicidad, casi casi de afecto, aunque yo no soy, esto está claro

hasta para un Mercurio de bronce, la mujer de risa divertida y desafiante, de ceño burlón, de hermosísimas manos
ronroneantes, la bella dama marmórea y lejana, siempre
vencedora, con la que estableció hace mucho un pacto
entre estatuas o entre dioses, en cualquier caso no entre
seres humanos.

Hace muchos años que el piso está deshabitado, y hace [II]
mucho tiempo que mi madre, o tal vez Julio, o los dos al
unísono como tantas veces y como en tantas cosas, habrán
querido venderlo –qué sentido tiene conservar este piso
enorme, vacío, implacablemente invadido día tras día por el
polvo y la humedad, en un centro de la ciudad del que han
ido desertando uno tras otro los parientes y amigos, hasta
dejarlo reducido a un barrio de bancos, oficinas y agencias
de viajes–, y habrán desistido únicamente por pereza a
enfrentarse a una de esas oscuras tozudeces mías que ellos
no entienden ni justifican, pero que, quizá precisamente por
incomprensibles e injustificables, les inquietan vagamente,
y a fin de cuentas qué más daba conservar este piso, con
unos gastos que casi no se han movido desde hace treinta
años y una portera –no el antiguo bulldog, sino una muchacha rubia y andaluza, una de esas andaluzas de ojos claros
y carnes blancas y apretadas, dos o tres chiquillos piando
siempre a su alrededor– que puede subir algunas tardes a
abrir un rato las ventanas, sacudir las alfombras y pasar un
trapo por encima de los muebles. O tal vez presentíamos los
tres que llegaría un momento en que esta compleja maqui-
naria siempre a punto, que tantos afanes les ha costado
mantener, iba a desplomarse por fin sobre nuestras cabezas
–o tal vez únicamente sobre la mía–, y que Julio partiría una
vez más con rumbo desconocido, grotesco capitán de algún

yate fantasma, junto a una rubia de celuloide. Sólo que en esta ocasión –lo mismo pudo haber ocurrido hace diez años, o pudo tardar otros diez en ocurrir, o pudo quizá no producirse nunca– todo iba a parecerme demasiado tonto, excesivamente banal, una chata historia incansablemente repetida que era preciso cortar antes de llegar a la náusea insoportable de su infinito, y entonces el pulido universo de cartón piedra en el que se me había adiestrado a vivir iba a derrumbarse finalmente sobre mí, y es posible que los tres intuyéramos que entonces yo tendría que buscar refugio en mi primera madriguera.

Y aquí estoy, una maleta en la mano y cierto aire de huerfanita envejecida, mientras me invade el olor a cerrado y a humedad, y veo desde el umbral el pasillo interminable, larguísimo y oscuro, las motas de polvo bailoteando locas en los ríos de oro pálido que se filtran a través de las ventanas emplomadas –las ventanas desde las cuales espiaba yo por las noches las llegadas triunfales de mi madre, y durante las largas tardes del invierno las entradas y salidas de los vecinos–, un pasillo al que dan las puertas del baño, la cocina, el despacho de papá, el dormitorio de los invitados, el pasillo oscuro al que se abrían todos los miedos de la infancia, y que recorro ahora hasta el salón, donde abro uno tras otro los tres balcones del paseo. Es como asomarse a un mar levemente encrespado de verdores tiernos desde una isla perdida y escarpada, un acantilado al borde de las aguas. Oigo el chasquido húmedo, incesantemente repetido de las olas, un ruido en el que me gustaría dormitar –me ha gustado tanto siempre dormirme en algún sitio desde el que oyera el mar–, y, si pongo atención y me esfuerzo por penetrar tras esta danza en verde, si entrecierro los ojos para atenuar el exceso de luz, veo asomar algún retazo de la ciudad sumergida: guijarros grises del asfalto en el fondo marino o marcha veloz y fugitiva de un coche pez entre las

ondas. Sé que después, al adentrarnos en el verano, el mar
se tornará día a día más oscuro, más polvoriento en unos
puntos, en otros más dorado, lejos ya el verde purísimo
esmeralda, hasta desaparecer por fin arrastrado por el viento –muelles montones de hojas rojizas y putrefactas sobre
las aceras, en torno de los árboles– y dejar emerger tras
su esplendor otoñal la ciudad ahora sumergida. Y entonces se
verá desde aquí, desde cualquiera de los tres balcones
de este primer piso, que los troncos de los árboles están
negros, con la negrura de una inevitable condena a muerte.
Pero estamos sólo a principios de mayo y el otoño queda
muy lejos todavía. Pienso que tampoco este año me he dado
cuenta –que tampoco este año he querido darme cuenta,
como sólo ocurrió una vez hace mil vidas– de la llegada de
la primavera, y que falsamente he acechado en vano las
ramas desnudas, para descuidarme luego en el momento
preciso, ese instante brevísimo y escurridizo en que brotan
las hojas, unos puntitos limpios, unos botones tiernos, contra el cielo azul, o, visto desde aquí, el embate amoroso e
inicial de las olas bajo mis ventanas. Ha habido en mi ciudad algunos años –muy muy pocos años– unos primeros
días tibios, de sol pálido y aire ligero, sin peso. En días así
fue posible –al menos una vez, hace mil vidas– ver brotar
el verde candoroso, las vírgenes yemas asustadas, pezones
adolescentes que se encrespan y crecen bajo el aire todavía
frío. Pero este año, como en casi todos los años de mi ciudad,
el verano ha irrumpido a deshora y de repente, y cuando me
doy cuenta de que ha terminado el invierno, los árboles estallan ya en un verde lujuriante. Ondulantes senos de matrona
bajo mis ventanas. Pero en cualquier caso es el mar, y me
gusta que una vez al año mi casa –mi vieja casa, mi única
casa, la antigua casa de mis padres– quede así rodeada por
las olas y que mi ciudad –tan distinta, tan chata, tan empobrecida– recobre durante unos días su mágico prestigio de

ciudad sumergida, mientras yo resucito el remoto sueño, remoto e infantil —o es que acaso no son infantiles y remotos todos los sueños—, de vivir a la orilla del mar, de dormirme arrullada por el mar, en una isla, en la cima de un acantilado, en lo alto de un faro.

Esto atenúa la obscenidad imposible de los meses de mayo, de los parques y jardines de mayo en mi ciudad sin candor ni primavera, con ese olor a turbio y a cerrado que invade extrañamente los espacios abiertos, olor a leve podredumbre, flores de mayo descomponiéndose lentas ante la madona azul y blanca, rosario entre los dedos, de la capilla. Hace también mucho tiempo. Ha llegado un instante en mi vida en el que de todo hace ya mucho, demasiado tiempo. Entonces mayo era el mes de la Virgen y las flores, acaso fuera también el mes inconfesado de los más imposibles amores, y mientras lirios y rosas blancas —las únicas rosas que detesto— agonizaban feamente sobre tapetes níveos con bordados en hilo de oro, nosotras soñábamos en alcobas nupciales atestadas de nardos —y yo ni imaginaba que mucho tiempo después llegaría una mañana en que abriría riéndome una puerta, con los brazos inundados de nardos, y que nunca nunca podría volver a soportar, sin un asomo de náusea, el perfume de estas flores—, en alcobas nupciales atestadas de nardos, donde la sensualidad cálida de su aroma nos provocaba artificiosos desmayos, y jóvenes todavía sin rostro —¿príncipes del Oriente? ¿hermosos muchachos de ojos claros?— nos azotaban sin piedad con ramos de mimosa, hasta que nuestras nalgas, nuestras espaldas, nuestros pechos, quedaban recubiertos de un polvillo dorado. Entre la corola grasienta —color a carne muerta— de los lirios, asomaban los penes amarillos envueltos en pelusa, y todavía más obscenas, más sucias, más putrefactas, unas florecillas blancas diminutas —sólo las he visto en los altares blancos de la Virgen durante el mes de mayo—

rodeaban como una lluvia de semen las rosas y los lirios. (Las alumnas llevábamos por turno, todas las mañanas, esos horribles ramos.) Por las tardes –el agua de los jarrones despedía un olor nauseabundo, también carnal y muerto–, retirábamos esos jarros –verdes, azules, estrellitas de oro– de sobre los tapetes almidonados, bordados y planchados hasta el infinito por manos ásperas y virginales, y los llevábamos a la sacristía para cambiar el agua y renovar las flores. La sacristía está casi a oscuras a esta hora, y muy fría. Aquí no ha llegado el verano: sólo la obscenidad de los lirios, la opulencia marchita de las rosas de cera, las sucias florecillas que parecen semen, el hedor de tantas corolas descompuestas entre nubes de incienso –y otra vez la cámara nupcial, ahora ya no hay duda, con un príncipe oriental de ojos de azabache, labios glotones, pelo negro, surgido directamente de una versión expurgada y por lo mismo doblemente excitante de las Mil y Una Noches– y canciones a varias voces –todas desafinadas– en latín.

Pero nosotras nos escabullimos, sombras rientes, torpes aprendices de bacantes locas, por la capilla en sombras, recorremos con dedos curiosos, no del todo inocentes, los largos penes amarillos, ásperos, llenos de pelusa, nos escondemos solas o de dos en dos en los confesionarios, nos embriagamos con el polvillo tan dorado y maligno de las flores. Y una tarde de mayo, en la capilla lateral, la misma de los ejercicios espirituales, de las voces terribles y dispares, ora un susurro quedo, casi enamorado, que acaricia sin tocarlos apenas todos los lirios del valle, que nos roza el cabello y las mejillas como una brisa, como el ala de un pájaro, ora un aullido trémulo, sostenido en agudos intolerables, que prende fuego en todas las primaveras y en las supuestas venus que del mar salieran, y que no obstante, por debajo o por encima del miedo, o abrazado al miedo, formando un mismo todo con este pavor desesperado a lo

61

desconocido, va intentando un placer extraño, como si el mismísimo Savonarola[2] nos tuviera allí atadas y desnudas, atadas y a su merced, desnudas, mientras nos arañara con una uña larguísima y luciferina el espinazo, desde las ancas hasta el cogote; en la capilla del espanto y del éxtasis, culminación y abismo de mórbidas densidades no prohibidas, encontramos –una tarde de mayo– una monja muerta en una caja blanca. La voz tonante que nos viola desde el púlpito y el aroma dulzón de las flores de mayo la han traído hasta aquí, la han rodeado de gruesos cirios encendidos que humean en la penumbra, de infinidad de rosas blancas, y han deslizado un rosario enorme entre las manos arrugadas, rígidas, amarillas. Y aunque nos asomamos furtivas a la capilla, y hablamos en susurros exaltados, y la tentación de ver y el miedo a lo que estamos viendo nos detienen en el umbral, aunque esto se parece mucho al primer conocimiento, a la primera voluptuosidad, excitante también y estremecida, de lo que puede ser la muerte, no llegamos al fondo del horror y no hay apenas sentimientos de angustia, porque sabemos con certeza extraña que nunca ha estado viva, viva como nosotras –tan distante–, o quizá que no está muerta ahora de veras, que es sólo un toque imprescindible y genial, la realidad y la vida superándose a sí mismas, trascendiéndose en la imagen certera que da su plenitud a un conjunto de aromas y de imágenes.[3]

2. El intransigente predicador italiano Girolamo Savonarola (1452-1498) denunció las costumbres inmorales de la sociedad y el clero de su tiempo. Sus excesos reformistas le valieron la excomunión y la muerte en la horca.
3. Ninguno de los tres puntos y aparte de esta secuencia figuran en la primera edición. No volveremos a anotar este cambio que se produce bastantes veces más. El sintagma que cierra esta segunda secuencia proporciona el título de la novela, que iba a llamarse, en principio, *Y Wendy creció*. Pocos días antes de la publicación del libro, la autora cambió ese

Mayos de la capilla y de los cantos a muchas voces en latín, de las nubes de incienso, mayos mes de María y de las monjas momia sin edad que mueren siempre en primavera. Mayos sofocantes y lascivos, con el pecho oprimido y un sabor especial entre los labios –quizá sólo el deseo de ser azotada con ramos de mimosa en una alcoba nupcial, en una alcoba mortal, atestada de nardos–, y desde estos balcones, ver cómo nace verde y nuevo, en breves embestidas juguetonas, el mismo mar de todos los veranos.

A la diosa rubia de las manos blancas, a la vieja dama de porte anglosajón que me manda saludos y postales desde ciudades cuyo nombre no he oído jamás. Y que no ha interrumpido desde luego su viaje –¿cómo pude pensar que ocurriría, cómo pude imaginar una reacción, no ya maternal, sino al menos humana, que le hiciera regresar hasta aquí desde el otro lado del mundo, para que yo no me sintiera tan sola en mi vieja madriguera?–, aunque ha mandado eso sí una carta sapientísima, por una vez una carta y no una postal, levemente alarmada, llena de invocaciones a la prudencia, y hasta ha telefoneado un par de veces para explicarme lo nerviosa que la tiene mi absurda decisión, y lo mucho que he aumentado con ella sus taquicardias y su insomnio, apenas si consigue dormir la pobre en las lujosas suites de los hoteles americanos, desde donde sale todas las mañanas para fotografiar viejas piedras y pintorescos indígenas, seguro que le he estropeado el placer del viaje, como [III]

---

título por el definitivo, que eligió entre "algunas frases que aparecían en la novela", según cuenta a D. Assens. Adviértase que no se trata de un mar real, sino del paisaje urbano "levemente encrespado de verdores", cambiante según las estaciones, que ha descrito poco antes (*vid.* pág. 58).

tantos otros placeres del pasado, con una de mis rarezas siempre inoportunas, una más en la larga lista de rarezas y agravios de una hija disparatada. Y supongo también que debió de ponerse rápidamente en contacto con Guiomar, muy serias las dos, una a cada lado de la línea del teléfono en la llamada internacional que unía el poblado miserable de la India con la flamante universidad norteamericana, lamentándose a dúo de una hija insensata y una madre loca, y me pregunto qué diablos pinto yo en esta genealogía de vírgenes prudentes, un eslabón torcido en una cadena irreprochable, mientras ellas se entienden perfectamente por encima de mí, la diosa y la doctora intercambiando opiniones sobre la niñita difícil, como sobre un perrito que han encontrado en la calle atropellado y con la pata rota, y con el que no saben qué hacer, porque encima muerde, y les preocupa tanto, aunque no hasta el punto de dejar de fotografiar ruinas o interrumpir la tesis sobre el funcionamiento del cerebro en cierto tipo de ratones para volver unos días aquí. A la diosa rubia de las manos blancas no le gustó nunca esta casa oscura, destartalada, vieja, demasiado grande, llena de recovecos y resistencias irritantes. Intentó siempre imponernos –a este piso y a mí– sus ideas del orden, la luminosidad y la belleza. Una y mil veces se abrieron y tapiaron puertas, se unieron y dividieron habitaciones, se cubrió de papel o de nuevas capas de pintura los antiguos papeles o pinturas de las paredes, se sepultó bajo moquetas beiges, rosas, verde-azuladas las baldosas polícromas –tan bellas– que trazaban en el suelo sus cenefas geométricas o florales, se recubrieron con capas y capas de estuco las molduras doradas de los artesonados. Y era una barahúnda constante de muebles que llegaban, eran trabajosamente subidos por la escalera –los hombres resoplando bajo su peso, de rellano en rellano– o izados con poleas e introducidos por los tres balcones, muebles que, apenas llegados, iniciaban un galopar frenético por el piso, de pared en pared, de habitación en habitación, para ser prontamente desechados, enviados a un exilio definitivo, de nuevo balanceándose en el vacío, sobre las cabezas curiosas de los transeúntes, o golpeados en los recodos de la escalera, entre bufidos irritados de la portera. A la señora le gustaba lo nuevo, lo ultimísimo, lo rutilante, tan poco europea en esto, tan de nuestra ciudad, que a veces he pensado si existiría un acuerdo secreto, una conspiración maligna, entre ella y el alcalde, entre ella y los concejales, entre ella y los dignos comerciantes de esta ciudad, para ir sustituyendo, destruyendo, renovando, las cosas más bellas y entrañables. A la señora le gustaban también las niñitas rubias, indiscutiblemente anglosajonas, muy arias, herederas de al menos otras veinte generaciones de otras niñitas rubias de su mismo linaje, niñas que lucían sus gorritos de punto, sus deliciosos trajecitos escoceses, en las revistas extranjeras ilustradas.

Y mientras el piso se llenaba de ebanistas, pintores, decoradores, yeseros y anticuarios, el renacuajo morenucho y zanquilargo, demasiado flaco, demasiado oscuro, y con algo indefinido que rompía invariablemente la armonía del gesto y la figura, algo siempre escaso o excesivo, era arrastrada a modistas especializadas en ropas infantiles, peluqueras francesas, zapaterías de lujo, a clases de tenis y de danza, a horribles fiestas infantiles, todas las niñitas con faldas muy huecas y calcetinitos blancos, viendo actuar a unos payasos tristísimos y a unos danzarines folklóricos de pantalones de pana remendada —ellos— y bombachas atadas a la altura de las rodillas, para que no se les vieran las piernas entre el revoloteo de las faldas —ellas—. Todo para nada. Porque la madre de inconformismo fácil y de risa insolente nos atacó durante años con su furia renovadora y terrible, con su racionalismo olímpico, con su esteticismo cuadriculado y perfecto arremetió de frente, y sus ojos —tan pavorosamente azules, tan despiadadamente claros– me dejaban, al traspasarme, desarmada y desnuda, y sus manos tan blancas parecían capaces de dar nueva forma, de dar simplemente una forma al universo (y era, oh espejito mágico, la más bella y la más inteligente entre todas las mujeres del reino –ahí estaban mi padre y todos sus amigos para atestiguarlo–, tan bella y tan inteligente, oh mi reina y señora, que ya no sois siquiera humana, ni humanidad tenéis para imaginar, para aceptar, que vuestra hija puede necesitaros ahora, perdida en sus primeras madrigueras al otro lado del mundo, aunque no sé para qué podría servirme tenerte aquí a mi lado, rotos como están desde hace años, acaso desde siempre, los cauces naturales de la comprensión y la ternura, y en definitiva es mejor, mucho mejor, que ni Guiomar ni tú hayáis cambiado por mí vuestros planes), pero no pudo jamás jamás con nosotras, porque ambas, la casa y yo, mudas, pasivas, oscuras, obstinadas, le ofrecimos una resistencia doblemente feroz, poblada de penumbras enfermizas, de insalubres humedades recónditas, de tiernísimos secretos subterráneos, de placeres dionisíacos prohibidos.

En aquel frenético cambiar muebles de sitio, desterrarlos, abrir nuevas puertas o tapiarlas, repintar una y mil veces las paredes, la casa siguió siendo vieja y triste, una guarida cálida y abierta al mundo del ensueño. A través de las casi infinitas capas del estuco emergieron tenaces en los techos las guirnaldas de oro, los residuos de colores antiguos, la enramada secreta donde se congregaban las brujas. Siempre volvía a brotar en algún punto el papel que recubriera anteriormente las paredes, y, si no resurgía, el flamante papel o la impoluta capa de reciente pintura era alterada entonces de inmediato por la humedad o por el moho, se resquebrajaba el discreto tono monocolor, se rompía la línea del dibujo elegante y simétrico, y brotaban allí las figuras terribles, desorbitadas y amigas: una cabalgata desenfrenada de corceles y dragones princesas hechizadas de larguísimas trenzas de oro –Rapunzel, Rapunzel, suéltate el pelo–,[4] ahorcados pavorosos que pendían de ramas retorcidas, un trozo de lengua asomando entre los labios tumefactos y los pies enormes balanceándose sombríos por encima de la ciénaga donde la sirenita aprendiz de mujer convivía amigable y asustada con la hija del rey del marjal. Y aunque todo lo decrépito, lo que tiene algún punto de grotesco o de enfermo, lo que se mece tiernamente sobre el vacío de lo cursi, no tenía cabida en el universo rutilante y acerado de una diosa helénica o una reina bruja, aunque el cuarto de juegos amanecía inundado con frecuencia de juguetes caros y maravillosos, siempre con instrucciones en algún idioma extranjero, y un Made in Japan, Made in England, sobre todo Made in Germany, impreso en algún rincón, nunca parecidos a los juguetes que veía en casa de los otros niños, volvía a aparecer una y otra vez imperturbable, misteriosamente incólume, la muñeca de celuloide a la que le faltaba un brazo y que no tenía vestidos, sólo una manteleta de punto medio deshilachada, sin duda la más pobre, la más fea y enferma de todas las muñecas, o el oso de peluche, medio calvo y bastante chamuscado desde el día en que alguien lo olvidó junto a la estufa, o un libro que

---

4. La bruja Dama Alina encerró a la adolescente Rapunzel (de cuyo nombre toma título el cuento recogido por los hermanos Grimm) en una torre sin puerta ni escalera. Para acceder a la estancia de la prisionera, la bruja voceaba "Rapunzel, niña hechicera / échame tu cabellera" y subía por la larga trenza de pelo rubio que la chica arrojaba desde la ventana y que llegaba al suelo. Un príncipe, atraído por la hermosa voz de Rapunzel, descubrió el secreto, pero Dama Alina lo arrojó desde lo alto cuando iba a alcanzar la ventana escalando por la trenza que ella había cortado. El golpe no le causó la muerte, mucho tiempo después halló a Rapunzel en el desierto al que la había llevado la bruja y ambos fueron felices.

surgió de modo misterioso –alguien debió traerlo, pero quién pudo traer una cosa así–, un libro escrito en un idioma indescifrable –no era alemán, ni inglés, ni francés, ni portugués, ni italiano–, y que llegó ya a mí y a nuestra casa con la mitad de las hojas arrancadas y perdidas, pero que contenía en las hojas restantes los dibujos más hermosos que yo había visto jamás, sobre los que podía –dado lo indescifrable del texto– inventar libremente todas las historias. Creo que la casa vieja y la niña oscura sellamos un pacto en las tinieblas. Inventamos extraños mitos órficos, secretos ritos subterráneos, para escapar así a la diosa de la luz, Atenea[5] tonante; introdujimos tenaces el desorden, la angustia, lo ambiguo y mutilado en un universo que se creía o al menos se quería perfecto. Y en esta guarida, en esta gruta hechizada y maléfica y enternecedora, floreció el país de las maravillas y de nunca jamás.[6]

Hasta que los troncos de los árboles se fueron poniendo poco a poco negros, y la ciudad cambió, y los pájaros –hace años, cuando yo era pequeña, había multitud de pájaros

5. Divinidad griega –llamada asimismo Palas Atenea o Palas–, diosa de la guerra civilizada, que nació de la cabeza de su padre, Zeus. En las representaciones clásicas tiene aspecto algo masculino –rasgo que no caracteriza a la madre de Elia– y está armada con casco, piel de cabra, lanza y escudo. En éste va pintada la cabeza de Gorgona, terrible personaje capaz de petrificar con los ojos a quien la mirase, cualidad que sí posee la madre de la narradora.

6. Este refugio infantil se configura con alusiones a dos conocidas novelas, *Alicia en el País de las Maravillas* (1865), del inglés Lewis Carrol (1832-1898), y *Peter Pan*, del escocés James M. Barrie (1860-1937). Wendy, protagonista de *Peter Pan*, y la isla de Nunca Jamás, en la que los niños no crecen, espacio simbólico de la acción, constituyen referencias constantes y básicas de *El mismo mar*. Véase la última nota de esta edición. También el "nuevo mundo de raras maravillas" creado por Carrol está presente en nuestra novela a través de la mención de algunos de sus personajes.

distintos en los árboles del paseo, pájaros que vivían aquí todo el año, y pájaros que arribaban con cada primavera– emigraron hacia zonas más altas, zonas periféricas de barrios residenciales, las mismas zonas hacia las que emigramos nosotros y todos nuestros amigos. Y mi madre cubrió con fundas blancas los cuadros y los muebles de una casa que odiaba –no se llevó apenas nada: todo debía ser nuevo, rutilante, no estrenado, en el sitio donde íbamos a vivir–, encargó a la portera que ventilara de vez en cuando las habitaciones, y no habló nunca de alquilar o de vender porque le daba demasiada pereza algunas veces enfrentarse conmigo. Aunque quizá no previó esto, quizá no pudo imaginar que yo regresaría aquí un buen día, una maletita en la mano y cierto aire de niña envejecida, que volvería a ocupar mi cama de soltera, mi cama de adolescente, una hermosa cama con pies y cabecera de metal dorado, con una colcha de ganchillo, y se me irían las horas –el tiempo ha perdido sentido– asomada a los tres balcones que dan sobre el paseo o extrayendo –muy lentamente, casi sin objeto– los muebles del salón de sus blancos sudarios. Aliados amigos, siempre cómplices, los muebles emergen sin protesta –mansamente– de su paréntesis de sombras y silencio. Y yo los palpo antes, los acaricio a través de las fundas y de las sábanas, los adivino y los dibujo en el recuerdo, para, sólo después de este previo reencuentro del tacto y la caricia, tirar con tiento de un extremo de la sábana, del borde de la funda, donde el polvo ha trazado en los pliegues profundos surcos grises, y dejarlos desnudos, desnudos en el sol de mayo y en el ruido que sube desde la ciudad vocinglera y estrepitosa –aunque sumergida– de las once de la mañana. (El sol entra a esta hora desbordante por los balcones abiertos, y el leve polvillo de oro de las primeras horas de la mañana cesa en su baileteo y parece casi inmóvil en los chorros de luz.) Me derrumbo después en el sillón de cuero donde mi padre leía el periódico y dormitaba a la hora de la siesta, o sobre la alfombra muelle y cálida, o en el sofá de almohadones de pluma tapizados con curiosos dibujos de mapas antiquísimos y derroteros marinos, y pienso que quizá más adelante, en otros días, seguiré por la biblioteca. Desnudando otros muebles y quitando, uno a uno, el polvo de los libros, y, mientras, los hojearé sin prisas, entremezclando fragmentos al azar, las mujercitas puritanas y arquetípicas de Louise May Alcott, los gestos grandilocuentes –tan literarios– de los hombres, pero sobre todo de las mujeres, de Somerset Maugham o de Stefan Zweig[7] o estas deliciosas traducciones al francés en que Ovidio, el Cantar de los Cantares o el Satiricón[8] escapan a duras penas de lo cursi para caer en la pornografía. Quizás reencuentre incluso el placer de las lecturas de mi adolescencia, la lectora que fue y que murió –son tantos los

7. Los tres autores citados representan un tipo de literatura tradicional, conservadora y de escasa exigencia. De la norteamericana Louise May Alcott (1832-1888), famosa por sus obras de temática infantil, se alude a *Mujercitas* (1868). El inglés William Somerset Maughan (1874-1965) y el austríaco Stefan Zweig (1881-1942) fueron traducidos en las colecciones populares de la postguerra. Mientras la censura prohibía obras más conflictivas, nutrieron una lectura nacional poco cualificada.

8. En contraste con los autores anteriores, se citan ahora ejemplos de gran literatura amorosa. Del romano Publio Ovidio Nasón (43 a. C.-17 d. C.) debe de aludir aquí al *Arte de amar*, guía clásica de cómo se consigue y se mantiene el amor, de enorme influencia en toda la tradición occidental. El *Cantar de los cantares* pertenece al Antiguo Testamento y se atribuye a Salomón, aunque es posterior a este monarca. Aparte las interpretaciones alegóricas que consideran que representa el amor entre Dios y el alma o la Iglesia, es un hermoso poema lírico quizás inspirado en una historia personal del propio rey hebreo. El romano Cayo Petronio Arbitro (siglo I) hizo en *Satiricón* un relato fragmentario de corte autobiográfico que recrea ambientes costumbristas licenciosos. La obra fue adaptada en 1969 al cine por Federico Fellini, mencionado más adelante (pág. 140).

70

yos que en mí murieron– hace ya mucho tiempo: desordenada, caótica, heterodoxa, poco crítica, pero voraz, omní-
vora y apasionada.

Porque ahora por primera vez desde hace muchos, muchísimos años, tengo todo el tiempo. (También tengo, por primera vez en muchos muchísimos años, tal vez por primera
vez en mi vida, toda la soledad.) Al término de múltiples
naufragios, he recobrado el tiempo. Y no hay, de esto estoy
segura, otra cosa mejor que hacer, nada más importante,
más urgente, que tomar posesión sin prisas de la casa de mis
padres –la única casa que de veras ha sido una vez mía–,
deambular por salones y pasillos, abrir los tres balcones del
paseo, ver ascender, rizarse el mar de hojas bajo las ventanas, espiar la ciudad sumergida, restablecer contacto con
los muebles cómplices, releer tantos libros a medias olvidados, o tenderme en cualquier lado, un vaso al alcance de
la mano –he vuelto, qué extraño, a beber cuba-libres–, un
montón indistinto de discos sucediéndose en el gramófono,
todo lo que me resta de vida centrado en ver bailar en el aire
los puntitos de luz, medio oír dormitando los rumores que
suben de la calle, recontarme a mí misma por milésima vez
las interminables, las inagotables viejas historias.

Todo el tiempo ante mí: sin hitos, sin compromisos, sin [IV]
horarios, sin nadie que me espere a ninguna hora en ninguna parte. Sin nadie que me piense, sin nadie que me imagine vagando melancólica por esta casa vieja (porque sólo mi
madre y Guiomar, y acaso Julio, sí, quizá Julio también,
saben que estoy aquí; y mi madre, que naturalmente no ha
interrumpido el viaje, me dedica sin duda algún pensamiento nervioso e irritado, esa hija siempre inesperada que le
quita el sueño y no acaba nunca de encajar en sus planes, y

ESTHER TUSQUETS

sin duda Guiomar, entre seminario y sesión de laboratorio, un problema más en una serie etiquetada de problemas, se pregunta qué van a hacer con esta madre incorregible, pero ninguna de las dos me piensa de verdad, para ninguna de las dos existo de verdad, al igual que tampoco he podido existir nunca para Julio, porque si hubiera existido para él, de verdad, tal como soy, un solo instante, se hubiera producido el milagro, o al menos todo hubiera sido necesariamente distinto), paseando mi nostalgia de habitación en habitación, acurrucándome herida —¿herida?— en lo más hondo de la más profunda madriguera, porque me he encerrado aquí como se refugia una alimaña enferma en su cubil, en un intento quizá desesperado de tender mágicos puentes entre esta niña de aire envejecido, que pende patética y grotesca sobre el vacío de la más espantosa soledad —no ser pensada por nadie—, y aquella niña triste, que no tuvo otra compañía que la de sus fantasmas. Acaso he venido a reencontrar mis viejos fantasmas, o a encontrarme a mí misma en aquella niña, que, aun triste y solitaria, sí existía, anterior a la falsificación y al fraude de todos los papeles asignados y asumidos. En este tiempo sin tiempo, he retirado las fundas de los muebles, habitación tras habitación, he quitado el polvo a infinidad de libros, me he asomado repetidas veces a los tres balcones —y he visto el tono, la licuidad, la luz del mar, a las distintas horas del día—, me he tumbado en los cuatro sofás de que dispongo, me he acurrucado en el sillón de cuero, las rodillas junto a la nariz, he bebido coca-colas solas, con limón, con ginebra y hasta con coñac —y siempre con un sabor impreciso a primera juventud—, y me he contado a mí misma mil historias, medio inventadas medio recordadas medio soñadas, historias sentimentales, historias tristes, que repiten con distintas melodías un único fracaso. He escudriñado los armarios, me he zambullido en los espejos, he paseado por el paisaje de los cuadros.

72

Y vuelvo una vez más, y todas, hasta el balcón central, y me asomo a la mar, y en el mar ahora gris –está cayendo la tarde– lucen tibias y trémulas las luces, es un mar de mil barcas, de enormes transatlánticos inmóviles y resplandecientes, de vibrantes motoras super-rápidas que se cruzan y se persiguen entre las olas. Justo delante, separado sólo de mi acantilado por un breve espacio de sombra marina, empavesado de blancos cegadores, de agresivos azules, de rojos centelleantes, multicolor y fantástico, señor indiscutible de la noche y las olas –por las mañanas no existe apenas, y sólo en las primeras horas de la tarde va cobrando nueva vida este buque fantasma, cuya luz va aumentando paulatina en la misma medida en que la pierde el día–, magnífico palacete encantado de un fabuloso parque de atracciones, lujosísimo yate de placer, suntuosa góndola veneciana anclada por órdenes del duque al pie de mis ventanas, justo delante, pues, está el cine que inauguraron cuando yo era niña, que construyeron durante meses ante mi espera incrédula y apasionada –porque tener un cine delante mismo de mi casa era a mis siete ocho nueve años una posibilidad maravillosa–, que vi crecer, colorearse, enjoyarse de luces y carteles, para estar luego allí yo una tarde, muy pegada a mi abuela, una abuela todavía joven, todavía hermosa, con el cabello blanco, los ojos de un azul muy claro, como el de mamá, pero sin su dureza y su brillo metálicos, la piel de porcelana, muy pegada a mi abuela, un vacío en el pecho y la mirada extasiada, mientras iban cediendo despacio las luces rosas que escapaban de mil conchas de oro y teñían blandamente tapizados turquesa, cortinajes crema, suelos alfombrados. Ahora, tantos años después –las conchas de oro están desde hace tiempo desconchadas, y hace mucho también que se suprimió la cortina crema y quedó la pantalla desnuda, mucho que se cambió el tapizado turquesa de las butacas por otro tapizado marrón oscuro–, me parece oír música en cubierta –aunque no aparece por ninguna parte el más tonto y más bello de los príncipes–, y veo zambullirse parejas presurosas, grupos rientes de jovencitas, mamás con niños en las hondas bodegas del navío, en las mismísimas fauces del castillo encantado. Y, un poco más allá, el segundo vértice del mágico triángulo de mi infancia desaparece casi en el gris de las aguas: es un vértice oscuro, casi sin luces propias, y se esfuma, como se está esfumando el día, entre las olas. Este segundo vértice es una gruta sombría: seis peldaños y un mundo de sordos recovecos. Buceas, te sumerges, y ya en lo hondo, al volverte hacia arriba, al mirar hacia arriba y hacia atrás, ves los ríos de luz esmeralda que descienden magníficos hasta las profundidades, nunca tan bella la superficie radiante del mar como vista invertida, desde abajo, desde las profundas simas de una gruta marina, que a esta hora, aplacadas ya las esmeraldas, hace doblemente sombrías las sombras. La gruta está repleta de mohosos estantes que desbordan tesoros. Maravilla de cajas carandache de treinta y seis colores, y todos diferentes, aunque sólo son siete los colores del arco iris y con ellos si quieres pueden conseguirse los demás, por lo que la exuberancia de los treinta y seis lápices distintos adquiere un matiz de derroche ostentoso, de exceso casi pecaminoso y exótico –y todavía hoy no puedo pasar sin detenerme ante un escaparate donde se exhiba una caja de lápices carandache con sus treinta y seis colores–; lujuriosos juegos de compases adormecidos en su plata sobre el más negro o grana de los terciopelos, prontos a salir de su ensueño para crear un universo extraño de círculos imposibles; gomas muy grandes, muy blandas, de contornos suaves y redondeados, sobre las que se agitan muellemente Blancanieves y los Siete Enanitos y el Príncipe Encantador –siempre un poquito bobo aunque no sea esta vez el más tonto, ni tampoco el más bello, de los príncipes–; series completas de

74

postales de arte, con hipódromos y señoras gordas rodeadas de niñitos rubios, y señoras, también rubias, con pamelas enormes, esas señoras de las que mamá diría tal vez que tienen mucha clase, y jarrones que estallan en flores multicolores –que no huelen a nada–, y perritos de lujo con cara de no muy listos y lacitos azules; y cajas misteriosas adormecidas –hechizadas– bajo el polvo de los últimos estantes, los más altos, que quizá no podremos saber nunca qué contienen; y unos secantes con dibujos a todo color, un tesoro tan raro que ni el niño más mimado ha utilizado nunca uno de estos secantes, porque no están a la venta, y no tienen por lo tanto precio, y hay que obtenerlos, inapreciables, mediante méritos o mediante halagos de los dos grifos-hembra, aunque no excesivamente sexuados, al igual que tampoco tienen demasiado definida la edad, dos grifos probablemente andróginos e inmortales –en cualquier caso intemporales– que señorean por la gruta, que te entregan los lápices y las postales, o unos cromos siluetados cubiertos de una purpurina reluciente que nos deja los dedos teñidos de plata, dos grifos arbitrarios o magnánimos que conceden a veces, de modo caprichoso, uno de los secantes y que incluso abrirán quizás un día para tus ojos admirados las misteriosas cajas polvoriento-hechizadas del estante más alto. Pienso que igual me sumerjo de nuevo cualquier tarde en la gruta –si es que soy todavía capaz de bucear hasta tan secretas profundidades–, y compro una botellita de tinta china. O mejor una caja entera, una fragante caja de madera blanquísima, traída como todo de Alemania o quizá del Japón, donde se alinean parejos los frasquitos cuadrados, un imposible hecho realidad, porque la caja no contiene sólo tinta azul y tinta negra, o incluso tinta roja –roja como la sangre sobre el alféizar de la ventana de una reina triste–, un rojo más o menos previsible, sino este despropósito de la tinta naranja, la tinta morada, la tinta marrón –y me salían siempre tan mal todos los mapas pese a la multiplicidad de colores de las tintas–, que culmina en lo inverosímil de la tinta amarilla, y en la tinta blanca, un despropósito total. Bajaré cualquier tarde a comprarme una caja de tintas chinas, la más cara, la más grande, la que lleve más etiquetas de Made in Japan o Made in Germany, la que contenga más colores y compraré también unos pliegos de cartulinas satinadas, cartulinas crema, cartulinas rosa, cartulinas oro, y a lo mejor los grifos sin sexo y sin edad se sienten especialmente benévolos y me regalan un secante a todo color, para los niños (y ya no hay niños, sólo esta Guiomar tan distinta, tan lejana, tan legítima nieta de la elegante dama anglosajona, de la diosa viajera, que no ha interrumpido naturalmente su viaje, la diosa que aniquila a su paso los cultos de Deméter, que ignora para siempre y desde siempre los secretos festejos dionisíacos, y no recuerdo siquiera que a Guiomar le llamara la atención esta tienda, ni que coleccionara nunca cromos o secantes), para mí, aunque es muy posible que tampoco existan ya, una más entre las tantas cosas que han dejado de existir, porque las damas anglosajonas y sus nietos escriben sólo con bolígrafo –si es escribir el llenar postales con una letra enorme que deja únicamente lugar para el saludo, o emborronar grandes hojas cuadriculadas con letritas como moscas que se estructuran en un juego de números y fórmulas–, pero siempre puede quedar un ejemplar oculto y solitario, un superviviente único de las especies extinguidas, en el más hondo recoveco de la gruta marina, como subsisto yo –niña envejecida– en los pasillos oscuros de una casa deshabitada.

[V]   Suena insistente el timbre, y durante unos segundos me resisto a abrir la puerta, porque pienso que no puede ser nadie que me busque a mí –resulta harto improbable que mamá o Guiomar hayan decidido abandonar las reconvenciones excitadas por teléfono, los sabios consejos mesurados, y presentarse aquí, que es lo menos que podrían hacer, si es que quieren de veras representar algún papel en esta triste historia, en esta historia sórdida de la que emerjo derrengada, sucia, envejecida, como de las aguas y los barros turbios del más devorador de los pantanos–, y siento unos instantes la aprensión y el miedo de que pueda ser Julio el que esté aquí, tras la puerta, llamando, con su sonrisa más irresistible y un ramo de rosas rojas en las manos, pero termino abriendo de todos modos, incapaz como soy desde siempre de no contestar a un teléfono que insiste, de no abrir una puerta a la que llaman, de no rasgar el sobre de una carta dirigida a mi nombre. Incapaz igualmente de faltar a una cita. Toda una vida –en los períodos en que había un motivo concreto que lo justificaba, pero también en los largos períodos en que no había posibilidad alguna– aguardando lo maravilloso, a la espera permanente de lo inesperado. Me río de mí misma, y de esta espera más allá de cualquier esperanza, pero abro la puerta, y no es Guiomar, ni mi madre, ni Julio, es una voz cálida en la penumbra del rellano y del recibidor –no he encendido la luz–, una voz ligeramente ronca, una voz que sólo suele decir trivialidades, pero que tiene a menudo un deje tenso y excitado, como si estuviera descorriendo algún séptimo velo ante un auditorio atónito y maravilloso, aunque ella a su vez no se maravilla ni se sorprende de nada, y le parece absolutamente natural encontrarme a mí aquí –¿o alguien se lo habrá dicho?–, en esta casa donde no ha vivido nadie desde hace años, y por la que vago yo como una sombra a la búsqueda y captura de mis viejos fantasmas.

Me pregunta rápidamente por Guiomar, por Julio, y, antes de que yo pueda darle una respuesta o invitarla a pasar, ha enfilado ya delante de mí el pasillo oscuro y se ha sumergido voraz en un monólogo apasionado sobre sí misma y sus circunstancias, un monólogo que conozco bien, porque me sigue a trechos desde mi adolescencia, se reanuda siempre en el punto preciso y parece no haberse interrumpido jamás, aunque resulta un poco extraño que me haya podido perseguir hasta aquí. Es una bonita voz grave, un poquito rasposa y sensual, traicionada por los vicios de su clase, una excitación falsa –que me recuerda remotamente la de mamá–, y parece que la boca se le llene con una excesiva abundancia de vocales, que al atropellarse unas a otras desembocan muchas veces en un agudo final, y las frases tan "bien", casi siempre mal construidas, casi nunca completas o acabadas, plagado así el discurso de sobreentendidos y puntos suspensivos. Me pregunto de dónde procederá este hablar lento y atropellado, gracioso y torpe, incorrecto y distante, de las mujeres de mi clase. Quizá se deba a un cambio biológico, quizá se opere una sutil modificación en las cuerdas vocales situadas al extremo de una larga serie de mujeres correctamente alimentadas –como se consiguen también unas manos como las de mi madre al final de una serie interminable de mujeres con las manos ociosas–, o quizás en el pasado una mujer extremadamente esnob, deliciosamente chic, algo dada a lo cursi o con un leve defecto de dicción, impuso esta moda dentro de un grupo y la moda se perpetuó luego a lo largo de las edades, quizá nos manden sólo para esto –o también para esto–, para que aprendamos este justo tono, ese castellano adulterado y terrible de las mujeres bien de mi ciudad, al Sagrado Corazón o al Jesús María. Sólo que esto –como tantísimas otras cosas–, yo no lo aprendí, y me pregunto algunas veces por qué nunca habré hablado así, por qué no he tenido jamás, ni siquiera de pequeña, los rasgos distintivos de la tribu, por qué habré flotado siempre en esta incómoda tierra de nadie. Y mi

amiga lo intuye en ocasiones, porque entonces su voz vacila, se detiene, se balancea inquieta en la cúspide de una
frase, como si no supiera exactamente a quién o a dónde se
dirige, y después la frase se inserta en otra distinta y a
menudo contradictoria, o languidece malamente, o muere
en los recurrentes y salvadores puntos suspensivos. Pero es
tan sólo una intuición fugaz y desagradable, la aprensión –y
la sienten todos ellos– de que, contra tantas evidencias,
puedo no ser de los suyos, el agente infiltrado de un pueblo
extraño y por tanto, por extraño, peligroso y enemigo, pero
en seguida la aprensión se desvanece, y unos segundos después el monólogo de Maite ha recuperado su entusiasmo,
su segura armonía, rápidamente salvada toda sospecha, cal-
mada cualquier duda en la certeza vaga y simplificadora
–sólo mi madre y tal vez Guiomar no pueden llegar ya a
esta certeza– de que soy algo rara pero soy en definitiva de
los suyos. No queda mal, para variar, una amistad un poco
excéntrica.

Sin callar un instante, y a medida que llegamos a la sala
y a la luz, la voz se ha ido arropando en rizos rubios, labios
carnosos, pechos agresivos, bonitas piernas en medias
negras con un dibujo en espiga, piernas que esconde bajo el
trasero, al aposentarse en el sofá. Ahora me mira con los
ojos brillantes –ojos de niña perversa que empieza a entrever el giro de la travesura–, y ríe quedarme, sin –oh prodigio– que la risa le impida el habla. Esa muchacha de la que
yo conocía apenas el nombre, oído distraídamente mientras
pasaban lista, un "presente" pronunciado de modo más
intencionado al que utilizábamos los demás, como si tuviera un significado especial, o como si ella estuviera de veras
más presente, pronunciado en una vocecita ronca, apenas
un esbozo la voz de aquella cara de pillo petulante y de
aquel cuerpo que parecía ideado para hacer estallar blusas
y vestidos, un cuerpo en el que cualquier otra mujer se

hubiera sentido acaso incómoda, pero que Maite transportaba por el mundo con el airoso brío de una bandera, la muchacha que se me acercó un buen día en el bar de la universidad –cuando todavía no habían suprimido el sofá viejo y cómodo que nos ofrecía un cálido refugio comunitario a lo largo de las paredes–, me alargó imperiosa un ejemplar de la Carta al Padre y me exigió que lo leyera: porque aquél era exactamente su caso. No sé si éste era su modo habitual de aproximarse a las personas que más o menos le interesaban, pero así conocí yo a Maite y así conocí yo a Kafka.[9] Y con Maite lo pasé bien, porque la voz ronca estaba entonces en un punto sabroso y fascinante de su discurso para nadie –lejos todavía el inevitable deterioro–, y llegamos incluso a ser amigas, o quizás únicamente compinches, hasta donde se puede ser amiga de una voz enfrascada en un monólogo y que busca antes oyentes que interlocutores. Aunque nunca entendí qué relación podía haber entre la muchacha voraz y golosona –una voz ronca, unas lindas piernas, unos pechos redondos y agresivos–, satisfecha de sí misma, encantada de ser ella misma, remotamente inconformista contra no se sabía muy bien qué, desenfrenadamente esnob, la muchacha que pasó por los años de la universidad perorando incansable –con una voz y en un tono que no dejaron de ser nunca los del Sagrado Corazón– sobre los espejos de los meublés, las toallas de tonos cálidos, chorros de agua tibia cruzando en todas direcciones el baño, juegos de luces que se pueden accionar desde la

---

9. El "solitario y desmedrado muchachito de Praga", como Elia describe al final de esta secuencia a Franz Kafka (1883-1925), escribió en la *Carta al padre* un duro ataque a su progenitor en el que le acusaba de tener la culpa de sus muchos conflictos. La mención no es gratuita, porque la narradora hace responsable a su madre de buena parte de sus frustraciones.

cama, y, justo encima de ésta, levemente inclinado, otro
espejo que ocupa casi todo el techo, un espejo en el que se
reflejan –rodeados por las venus y los cupidos de estuco–
los dos cuerpos desnudos, discurseando la voz sobre el
novio contrabandista buscado por la interpol que la invitaba
a suntuosos guateques en yates americanos recién llegados
de Niza y, antes de descender la escalerilla, le atiborraba las
faldas de mariguana, o sobre las natillas que preparaba
secretamente la portera y que ella devoraba con otro amigo
marica en la montaña, los sucios labios de cerdito glotón
intercambiando o imponiendo besos, mientras el detective
bajito y con bigote que pagaba un padre dignísimo y desesperado se desasosegaba sudoroso –la boca pura agua, el
sexo inquieto contra los pantalones mal cortados–, nunca
entendí, decía, qué relación podía haber entre aquella
muchacha estallante –gemían faldas y tejanos bajo la presión
de sus caderas y saltaban gozosos por el aire los botones de
las blusas–, retozona y agresiva, y el solitario y desmedrado
muchachito de Praga, como no fuera el gusto de los dos por
relatar historias, por enfrascarse en un monólogo que dura-
ba y –en él, que no en ella– quizá sustituía a la vida.

Un poco traspapelada en el tiempo, un poco fuera de lugar, [VI]
tengo ahora ante mí esta voz ronca y esnob, este monólogo
que me encuentra a trechos pero que me sigue desde siempre –Maite, la única muchacha de la burguesía con la que
coincidí en la universidad, la única a la que quizá por eso
mismo he seguido viendo regularmente después–, la boca
densa y oscura, la lengüita rosada dispuesta al lametazo, la
lengüita de una gata grande y sedosa, una gata perezosa que
se lame indiferente los bigotes y está en el fondo al acecho,
los dientes mordisqueantes y perfectos. Maite pregunta

atropellada y aparentemente distraída por mi madre, por Guiomar, por Julio al fin. Y tengo ahora la sospecha de que ha venido para esto, de que tal vez la hayan mandado para esto, la certeza casi de que sabe, de que saben —¿y quién puede habérselo contado?— que Julio ha partido una vez más con rumbo desconocido (es curioso que yo sólo pueda imaginarlo en la cubierta de un yate, una rubia al lado, el vaso con la bebida de moda en la mano, una chaqueta y un gorro de marino: el galán maduro y anodino de cualquier spot televisivo), tan conocido por otra parte, tan seguro el regreso (ese regreso que prometen y garantizan a dúo mi madre y Guiomar, como si yo pudiera dudar por un instante que ha de volver, o como si esto pudiera en lo más mínimo afectarme). Sólo que esta vez no ha de encontrarme a mí al regresar, porque he escapado a mis antiguas madrigueras, he abandonado el redil, y esto sí justifica por lo visto que me hayan seguido hasta aquí, que hayan enviado a ese gato grande de lengua rosada a acecharme en las grutas ancestrales de mis sueños primeros. Aunque Maite no parece escuchar apenas mi respuesta, mi "no sé cómo está Julio, se ha marchado" —¿habrá venido hasta aquí en definitiva por un motivo distinto?— y se precipita en frívolos arpegios sobre el pasado, me propone —horror de los horrores— una cena de antiguos compañeros de curso y me pregunta a quiénes veo de los viejos tiempos, y mientras le digo que a ninguno, que no veo a nadie, salvo a ella algunas veces —y ahora está claro que no me escucha porque es evidente que no ha venido hasta aquí para hablarme de esto, aunque quizá tampoco sea exactamente para averiguar mis trifulcas o no trifulcas con Julio—, recuerdo de forma repentina que vi a Marcos en Londres.

Marcos o lo que queda de Marcos. También la cena, si llega a celebrarse, será una cena de despojos, un festín de fantasmas, un banquete de múltiples convidados de piedra,

los espectros de la más brillante promoción de la posguerra, derrotados los más inexorablemente por el fracaso en
bruto, definitivo y sin engaños –¿es alguna vez imposible el
autoengaño?–, vencidos unos pocos de modo más sutil
–apenas un poco más sutil– por la parodia grotesca, infinitamente lamentable, de haber quizá triunfado, un éxito risible que nos acarrea, a esos pocos, el odio rencoroso de los
más –los del fracaso a secas– y que no ha de lograr satisfacernos, porque nunca es bastante, porque nunca es verdad, porque nunca ha llegado en el momento justo –a
veces un poco demasiado pronto, a veces definitiva, deso-
ladoramente tarde, siempre fuera de tiempo–, porque nunca
se parece sobre todo a lo que anhelamos en nuestra infancia, y es precisamente lo que anhelamos en nuestra infancia
lo que hemos venido buscando a lo largo de la vida y lo
único que tal vez podría satisfacernos, porque hay una diferencia ofensiva e insultante entre las realidades y el deseo,
porque ha tenido siempre el éxito un precio exorbitante y
loco o porque nos ha sido regalado por nada y no vale en
consecuencia nada, un éxito risible que hace mucho más
dolorosa y sobre todo mucho más sucia la derrota, de modo
que los presuntos triunfadores nos encontramos de pronto
justificándonos avergonzados por nuestros éxitos, o fingien-
do creer absurdamente en ellos, o envidiando secretamente
a los auténticos, primigenios, inequívocos fracasados. Y si
al menos se tratara de una cena muy digna de convidados
de piedra enjutos y lejanos, con voces cavernosas y monó-
tonas, con espléndidos silencios, con aromas a musgo y a
cavidad cerrada, mármoles fríos y gestos retardados: hones-
tísima cena de fantasmas en la que nadie jugaría ya a nada
–jugados ya y perdidos todos los juegos–, en la que nadie
intentaría pasárselas de listo, ni simular ni fingir nada. Si nos
reuniéramos sólo para estar juntos en silencio un rato, mirarnos comprensivos –mirarnos compasivos– y estrecharnos al

irnos tristemente las manos, en un velorio honroso de tantos sueños muertos; sin urbanizaciones en Ibiza ni masías en el campo, sin departamentos de español de cuyos jefes es uno infaliblemente la mano derecha, sin tesis presentadas –sin tesis perennemente demoradas– ni artículos publicados, sin fotos de niñitos –durante todos estos años los hijos y pronto ya los nietos–, entre las servilletas sucias de salsas y sangría, sobre el mantel en el que invariablemente se ha derramado el vino –y alguien se ha mojado en él los dedos y se los ha llevado a la frente y nos ha untado nuestra propia frente– y sobre el que se acumulan los ceniceros desbordados y las cáscaras de gambas; sin esa culminación grotesca de los cónyuges engalanados, con los cuellos de las camisas abiertos sobre los sueters de lana inglesa, porque somos lo bastante inconformistas y esnobs para que ellos ya no lleven corbata –Julio por suerte no ha asistido nunca a una de estas cenas, ni con corbata ni sin ella–, ellas sí con collares de perlas, con abrigos de visón o de astracán, o los no abrigos de visón ni de astracán sino de gato, con los bolsos de cocodrilo, y las risitas tontas y los posesivos necios, donde se agiganta y se evidencia y estalla purulenta la mentira monstruosa, no creída por nadie, de pensarse vivos, importantes, hasta –casi– felices.

Porque ahora –mientras Maite prolonga un monólogo que ya no escucho, segura como estoy de que habrá algo, un chisporroteo en los ojos, un ademán nervioso de las manos, o sobre todo un temblor especial en la voz, algo que me advierta que ha llegado el momento en que acometa lo que ha venido a decirme, si es que ha venido a decir algo y no sólo a escudriñar mi soledad sin Julio (qué pueden saber ellos de lo que ha sido durante casi treinta años mi soledad con Julio)–, ahora recuerdo –y lo diría si creyera que Maite iba a escucharme– que vi a Marcos en Londres, y le explicaría a Maite –si existiera la más remota posibilidad de que

atendiera– que apenas al entrar en la casa, ya en el mismísimo umbral, como en este instante ambiguo y alarmante en
que la bella, esa bella temeraria irresponsable, a menudo
mal envuelta en una bata de seda que se desliza suave por
los hombros y se entreabre entre los pechos tibios, a menudo con una vela me apago no me apago en la mano, la bella,
pues, en lugar de echar todos los cerrojos y amontonar los
muebles contra la puerta de la alcoba –quién me mandaba a
mí salir del hotel y aventurarme así en el tenebroso cubil de
un amigo del pasado–, o quizá no fuera la bella insensata de
pechos mal velados, sino el audaz compañero que hasta allí
se ha adentrado tras ella, amándola en silencio y sabiéndola
peligrosamente extraviada por las selvas de Transilvania,[10]
la bella o su amigo, lo mismo da, desde el preciso instante
en que empujan la puerta chirriante que deja atrás la seguridad relativa de la alcoba y lleva a las dependencias secretas del castillo –muy distinta la atmósfera que en el piso de
Londres, pero en el fondo lo mismo–, sienten esa aprensión
vaga, muy breve la primera acometida del miedo, rápidamente resuelto en un fruncir de cejas y un escogerse de
hombros, la aprensión vaga, pero certísima de que allí hay
algo que no funciona. Y sigues adelante, y no encuentras en
estos primeros pasos, en esa medrosa primera incursión por
el castillo, nada que puedas calificar definitivamente de
alarmante, hermosos los arcones y candelabros góticos, las

10. Este pasaje recoge ecos de la literatura gótica de vampiros, mani-
fiestos líneas después en la mención del antiquísimo castillo ducal que
encierra armaduras, arcones e instrumentos de tortura. Aunque no se
diga explícitamente, la narradora debe de estar pensando en *Drácula*
(1897), la novela del irlandés Bram Stoker (1847-1912), que se desarrolla en Transilvania, región boscosa que hoy pertenece a Rumanía. También, dado el carácter genérico de las referencias y el peso del cine en el
imaginario de Elia, aquéllas pueden proceder de alguna de las variadas y
difundidas versiones cinematográficas de este auténtico mito.

viejas oxidadas armaduras, hasta los mismos instrumentos de tortura, tan naturales en el castillo antiquísimo de un duque de genealogía más que insigne, tan naturales los muebles supuestamente españoles —¿cómo habrán conseguido estos horrores en una ciudad donde lo cotidiano es casi siempre tan hermoso?—, las flores de plástico en jarrones de Murano, el televisor de color presidiendo la sala, las reproducciones de Gauguin y Renoir, en el departamento de un profesor de español en Londres, o casi naturales, o por lo menos no muy alarmantes, aunque uno se inquieta de todos modos, y parece que parpadea la vela, al borde de apagarse, aunque no se apaga del todo, ni siquiera cuando un murciélago enloquecido cruza en raudo vuelo la estancia, rozando incluso los cabellos rubios recogidos en la nuca con una cinta rosa, el inicio palpitante de los senos de la bella, ahora más agitados —debí haberme quedado en la alcoba, no debí haber salido de mi hotel—, o los cabellos negros de su amigo, y es en el piso de Marcos un gatito loco, desmedrado e histérico, el que resopla y bufa y me araña las piernas y me rompe las medias y el vestido, para terminar escondiéndose, el pelo aún erizado y los bigotes tiesos, bajo el aparador. Y ahora la leve aprensión, la remota inquietud, se convierten en alarma, y la bella se pregunta a sí misma por primera vez si no hubiera sido mejor atrincherarse en su dormitorio relativamente seguro en lugar de lanzarse a explorar medio desnuda antiquísimos castillos con una vela me apago no me apago en la mano, y, si no quería quedarme en el hotel, hubiera podido ir de tiendas o meterme en el primer cine y limitarme a tratar con Marcos en las sesiones del congreso, porque qué diablos está una buscando aquí y quién la ha mandado meterse en camisa de once varas. Y la alarma no procede meramente de los arcones góticos, las viejas armaduras —los floreros que desbordan plástico multicolor— y el potro de tortura donde se adivinan todavía las huellas de la sangre, no procede siquiera del roce estremecido de las alas oscuras de un murciélago ni de los arañazos histéricos de un gato medio loco, sino de la sospecha de que tal vez todo esto no sea algo fortuito, sino una escenografía cuidadosamente dispuesta por alguien para algo, y este alguien, que nos repugna y nos asusta, pero que nos atrae no obstante también lo suficiente como para arrastrarnos hasta el centro de su cubil fascinados por lo inesperado y misterioso, o tal vez fascinados en el fondo por lo que sabemos desde siempre que allí vamos a descubrir, este alguien va disponiendo en nuestro camino y mandando a nuestro encuentro a estos peones que son sus emisarios, en un crescendo pavoroso que sólo puede terminar en él, que sólo puede terminar en ella. Seguro que nos espía ya desde las espesas tinieblas en que culmina la escalera de caracol, desde detrás de la puerta entornada de la cocina, por más que mande todavía un postrer emisario, más íntimo, más suyo, más patético incluso que el pobre gato, un jorobado verrugoso envuelto en harapos de desdicha o una rubita gorda con sus mocos y sus cintas, una niñita fofa, desangelada, imposible. Y se apaga la vela, y nos sentimos definitivamente enfermos, y sabemos con toda certeza que no podemos ya retroceder, que está perdida la tibieza segura de nuestra alcoba, el cálido refugio de las tiendas o los cines de Londres, y que al salir a la calle y regresar a nuestro hotel –si es que algún día regresamos– no seremos ya por entero los mismos. Y aquí está ella por fin. Sonriendo ampliamente con la boca torcida, haciendo los honores del castillo, convirtiendo en desdén o en amenaza cada gesto supuestamente amable, ofreciendo un borgoña que tiene un sabor raro y unas galletas humedecidas –como sacadas realmente de la herrumbrosa alacena de un desván de Transilvania–, mientras resopla furioso el gato, incordia la niñita y se llena la estancia de murciélagos ciegos y enloquecidos.

El conde-chupa-sangre-de-doncellas-tiernísimas-de-lán-guidos-pajecillos-cabello-de-estopa: la terrible-diosa-madre-devoradora-de-genios-devoradora-de-niños-devoradora-de-genios-niños. Triunfal e irrebatible en su mediocridad, centro absoluto de un mundo sórdido creado por ella para glorificación de sí misma, una atmósfera maléfica en que las conversaciones, los inicios de conversación, caen a nuestro alrededor muertos como pájaros, una atmósfera maléfica donde no pueden crecer los árboles ni subsistir las flores de no plástico, bien apoltronada ella en la niñita gorda que devora bombones en un rincón, me mira atravesada y berrea por nada, en el gato neurótico que te salta a las piernas o a la nuca, siempre el acecho del instante de descuido en que le das la espalda, en esta escenografía prodigiosamente lograda donde a base de astucia y de difícil cálculo, y de una tradición ancestral sabiamente acumulada de hembra en hembra, se hace de un piso supuestamente normal un cubil inhabitable (y ahora acabo de descubrir, en el último estante de la librería, perdido en el castillo de los mil horrores, el hocico negro del perrito de trapo que le regalé a Marcos hace tantísimos años, y tengo que concentrar toda mi atención en las galletas y el borgoña, en el ridículo insalvable de la situación, para no aumentar este ridículo echándome a llorar), un cubil inhabitable donde ella ceba y devora a su Hänsel[11] perdido y encontrado, cada día más gordo y más fantasma, un Hänsel que ni siquiera en las sesiones del congreso, ni en la ponencia que él preside,

11. Protagonista de un cuento tradicional germánico. Unos leñadores tienen que abandonar a sus hijos, Hänsel y Gretel, en un bosque a causa de su pobreza. Los hermanos caen en manos de una vieja bruja que encierra a Hänsel y lo alimenta para comérselo asado después de que engorde. Mientras, manda a Gretel que limpie la casa. En un descuido de la hechicera, la niña la empuja dentro del horno, libera a Hänsel, encuentran un tesoro y logran volver a la casa de los padres.

tiene ya nada que decir, porque ha dejado de amar hace mucho las palabras, dejó de amarlas seguramente en el preciso instante en que dejó de amarse a sí mismo. Aquel Hänsel de hermosos ojos y voz de terciopelo, con su adscripción al Partido, sus preguntas agudas e impertinentes en clase, su afición al buen borgoña y al coñac francés, sus sabias disertaciones sobre literatura provenzal, tan comprometido y exquisito, aquel Hänsel que parecía predestinado a una de esas mujeres de boca demasiado grande, mirada tristísima y profunda, paso elástico, que disertan en tono grave sobre la soledad y la muerte en las películas de Bergman,[12] que parecen hablar cara a cara con la muerte y jugar con el desamor una peligrosa partida de ajedrez, esas mujeres que traslucen haber comprendido algo que los demás no vemos, haber establecido –siempre a la deriva– por encima de nuestras cabezas achatadas un pacto cómplice con lo desconocido. Un Hänsel vaciado ahora de sí mismo y que no tiene nada que decir, nada que decirme, en el salón de la tele y las flores de plástico –y el hocico triste de mi perro viejo asomando entre los libros de la más alta estantería: lo ha guardado a pesar de todo durante tantos y tantísimos

12. Las referencias de la cultura contemporánea más frecuentes en *El mismo mar* pertenecen al ámbito del cine, que ha tenido un gran peso en la educación de la autora, subrayado por ella en distintas ocasiones, por ejemplo en esta declaración a J. Heymann y M. Mullor-Heymann: "Ya he dicho que el cine realiza una labor capital en la formación de nuestra sentimentalidad, de nuestra visión del mundo. Todos nos enamoramos la primera vez como hemos visto que se enamoran las parejas en la pantalla". El director sueco Ingmar Bergman (1918) ha hecho películas de hondas preocupaciones morales y religiosas, desgarradas y de una intensa problemática metafísica, al lado de otras que suponen una vertiente de crítica de costumbres. Realizó, entre otros títulos notables anteriores a la acción de la novela, *El séptimo sello* (1956) y *Fresas salvajes* (1958). Tal vez la narradora piense en *Gritos y susurros* (1972), de cronología muy próxima a la acción de *El mismo mar*.

años–, mientras bebemos un vino medio agrio y mascamos galletas enmohecidas y su mujer le riñe porque bebe, porque fuma, porque calla, porque trabaja demasiado, y, por más que yo busco en vano las manchitas sangrientas en el cuello seboso, las marcas inequívocas de los agudos dientes chupadores, y no las encuentro, es éste un Hänsel vaciado de su vida, un pobre tipo que perdió en algún punto la sombra y la sonrisa, un Hänsel que no vive, que fantasmea y medra, que no vive en cualquier caso su vida, o lo que hubiera podido ser su vida, o una prolongación a medias coherente con la vida que yo le conocí, aunque aliente tal vez con una vida vegetal, en este curioso mundo cerrado, trafóbico, donde mantienen los vegetales existencias de plástico, doble metamorfosis concordante y genial, y en cualquier caso, en el peor o el mejor de los casos, no ensuciará tampoco de un golpe de navaja con su savia verdosa la moqueta de nylon, ni se saltará la tapa de los sesos ante las bombillitas rojas de la falsa chimenea de falso mármol, apagado el disparo por el estruendo de la televisión (y casi no iba a distinguirse en la moqueta una sangre tan pálida y ya casi ni verde), no habrá de permitirse siquiera la rebeldía mínima, la mínima decencia, de regalar el gato esquizofrénico –seguramente ya irrecuperable– a gentes que puedan tener gato, ni de mandar a la monstruita rubia de mirada torcida –al fin y al cabo es hija suya– a un internado en las antípodas. Y aunque rehúye mis miradas –acusadoras o desoladas–, y sé que esquivará cuidadosamente mis preguntas, aunque parece, eso sí, un poquitín incómodo, no puede decirse en absoluto que sea desgraciado –no más de lo normal, estoy segura que me dirías si pudiera atraparlo yo a solas en uno de los pasillos del congreso, no más de lo normal, porque ha decidido hace tanto tiempo que la vida no puede ser, no pudo haber sido, otra cosa–, engorda y se afantasma, vegeta monstruosamente entre flores de plástico. Eso es todo.

Esther Tusquets en la actualidad, con su perra Mila.

Foto de Carme Masia

En Pedralbes, 1938, huyendo de los bombardeos de la guerra civil, y a los ocho años.

Empiezo a explicarle que vi a Marcos en Londres, pero su monólogo alcanza ya otro punto del discurso y Maite no parece dispuesta a interrumpirlo ni a escucharme. Quizás haya adquirido algo también de grandiosa madre devoradora protectora de hombres genios niños, pero huele muy bien, tiene lindas piernas y bonitos senos, deja a los niños en casa y no parece haber cambiado mucho: inconformismo a flor de piel y unas ganas enormes de jugar. Y mientras me acurruco resignada al otro extremo del sofá, las piernas dobladas entre los brazos, y la miro sin prestar tampoco yo mucha atención a lo que dice, surge de pronto en el tono siempre ardiente y excitado de su voz esa inflexión mínima, ese leve cambio en el tono, casi imperceptible, pero que he aprendido a detectar al cabo de los años, que me indica que está empezando a hablar de lo que en realidad ha venido a decirme: y es muy curioso, porque no se trata de Julio, ni de sus jovencitas rubias o pelirrojas, ni de mis posibles amantes o no amantes, no se trata siquiera de criticar el abandono en que me tienen mi madre o Guiomar. Maite está hablando de una muchacha colombiana, me está dando una imagen delirante y folletinesca de una aristócrata salvaje y solitaria, que cabalga a pelo sobre corceles pura sangre y azota con la fusta a la servidumbre de palacio, una muchacha inteligente, sensible y exquisita –eso no liga demasiado bien con lo de la fusta–, que asiste por lo visto desde hace días a mi curso sobre Ariosto[13] y en la que nunca he reparado. Y es muy extraño que haya venido hasta aquí para hablarme precisamente de esto, pero hay

13. El poeta italiano Ludovico Ariosto (1474-1533) dedicó buena parte de su vida a la creación del famoso poema narrativo *Orlando furioso*, que revisó varias veces entre 1516 y 1532. Situaciones y personajes de esta intrincada historia caballeresca se encarnan en la historia de Elia y Clara, según anotaremos en su momento.

un brillo malicioso en sus ojos claros que me indica sin lugar a dudas que todo forma parte de un juego, un juego tontorrón y frívolo, uno de estos juegos que la excitan y la hacen sentirse bien y viva, pero en los que personalmente nunca arriesga ni arriesgaba demasiado, como recorrer las casas de citas de la ciudad para casarse luego virgen con un hombre que no la había llevado a ninguna, o pasar contrabando bajo las faldas, bien escudadas tras su aparente ignorancia, tras el nombre poderoso de una familia por encima de toda sospecha, o tontear con un amigo al que sabe no le interesan las mujeres para excitar así a otro pobre tipo al que sí le interesan, pero que no se atreverá jamás, se le caería el pelo, a aproximarse a ella. Juegos de salón no demasiado peligrosos.

[VII]   Me sumerjo para pasar la mañana en otro de mis antiquísimos pozos de sombra. Me siento en la mesita de siempre, adosada a uno de los balcones entreabiertos que dan al patio interior, y, sin necesidad de que los pida, me traen mis librajos y mis papeles. Hace muchos días que no me han visto, ¿he estado enferma quizás? No, no he estado enferma, aunque es posible, pienso (mientras digo sonriendo cansancio primaveral, y el conserje me dice, sin sonreír, que trabajo demasiado, y yo quedo como siempre perpleja y me enzarzo en una de estas prolijas peroratas repletas de contradicciones y matices, en las que al final ni yo misma sé lo que quiero justificar, si mi supuesta laboriosidad o esa profunda pereza, esa mortal laxitud, de la que mi invicto puritanismo se sigue sintiendo culpable, por más que no logre, el puritanismo, hacer que me comprometa seriamente en algo, que salga de esta ridícula actitud de aficionada esnob, de señora bien, lista y sensible, que entretiene sus ocios con la literatura, aunque en cualquier caso el conserje ha hablado por hablar, es increíble la cantidad de cosas que a lo largo del día se dicen y se escuchan por escuchar y por decir, y no me oye ya: me ofrece fuego –ahora sí con una sonrisa–, me pregunta si quiero una coca-cola, y se aleja con la sonrisa aún puesta hacia su mesa, la sonrisa esfumándose en el aire en el transcurso del caminar, porque vuelve a ser un gatazo rígido y severo, pronto a protestar ante cada demanda y a dar en cuentagotas los volúmenes de la historia del arte a todos los insolentes mozalbetes que preparan aquí los exámenes, el que se encarama al alto taburete de Cheshire,[14] ¡que les corten a todos la cabeza!), es posible, pienso, que no me sienta tan bien como de costumbre, aunque no estoy exactamente enferma, más bien con esta sensibilidad aguda de las esperas que preceden a las metamorfosis. Y es muy posible que hoy no haya venido hasta aquí para trabajar –apenas si miro legajos y papeles–, sino porque en esta biblioteca había, como hay ahora, el mismo silencio roto por cuchicheos y risas, la misma luz tenue de la capilla de las flores agonizantes, los níveos tapetes, las monjitas que yacen en una capilla lateral entre lirios y rosas y que están muertas desde siempre. Un deslizarse de acuario entre las estanterías y un murmullo confuso de rezos. El humo de nuestros cigarrillos tan ritual, tan trascendente, cual las nubes de incienso. ¿Y esto? Una mano cubriendo el pie de la ilustración. El rey sacerdote de Cnossos dieciséis antes de Cristo. ¿Y esto? Nefertiti Tell el

14. La Duquesa del episodio titulado "Cerdo y Pimienta" de *Alicia en el País de las Maravillas* estaba "sentada sobre un taburete de tres patas". Lewis Carrol nació y pasó su infancia en el condado inglés de Cheshire, conocido por su industria quesera y textil, y no por sus taburetes. La alusión a esta clase de asiento se debe a que Elia lo asocia con los gatos de Cheshire (véase poco más adelante la nota 17 en la pág. 94).

Amarna demasiado fácil no puedo salir. ¿Y esto? ¿Y esto? Amiens, Rheims, la Primavera de Botticelli, la Ronda de Noche, la mezquita de Damasco.[15] Asociaciones mecánicas entre imágenes y palabras, sin divagaciones, sin reflexión, sin placer: maniobrábamos sin placer entre cosas que tal vez hubiéramos podido llegar a amar, entre cosas que he llegado a amar por caminos laboriosos e invertidos muchos años después. Me pregunto si seguirán preparando así el examen de arte de primero, y si es la misma historia en tantísimos volúmenes la que estarán mirando ahora a través del humo de los cigarrillos, a través del rezo de las confidencias –Vézelay fuisteis a Castelldefels y entonces qué te dijo, nada siglos once y doce me dijo que no podía ser–,[16] mientras la luz nos llega, tamizada y teñida de verde y oro por las ramas de los árboles, a través de los balcones que dan al patio, y las plantas de las catedrales góticas se mezclan con evocaciones misteriosas, y la sala está llena al otro extremo de viejas momias que finjen consultar legajos y papeles y los miran a ellos con molesta curiosidad–, y hasta los conserjes, hasta los atildados gatos de Cheshire[17] que

15. La protagonista evoca la preparación de un examen de arte y recuerda láminas de piezas o monumentos importantes. Comienza con el fresco del palacio de un rey de Cnossos, capital de la antigua Creta. Sigue una escultura (el busto de Nefertiti, reina de Egipto, descubierto en Tell el-Amarna en 1912) y mezcla obras de arquitectura religiosa (las catedrales francesas de Amiens y Rheims y la mezquita de Damasco) y un par de pinturas muy conocidas (la mencionada de Botticelli y un cuadro de Rembrandt).

16. Continúa el recuerdo de la época de preparación de exámenes y se combinan dos motivos independientes, el estudio y la conversación. Por un lado, se menciona la lámina de una de las grandes construcciones del románico francés, situada en Vézelay, la basílica de la Magdalena; por otro, se habla de una presunta excursión a la cercana playa barcelonesa de Castelldefels.

17. Los gatos de Cheshire, cuya capacidad de sonreír asombra a Alicia, son una de las figuras sorprendentes del cuento de L. Carrol. Elia se

han perdido en el aire la sonrisa, nos miran mal, porque no damos propina, o porque hacemos demasiado ruido, o porque la historia del arte tiene doce –¿eran doce?– volúmenes y nunca recordábamos a qué correspondía cada uno ni en cual estaba lo que queríamos mirar. Y las mesas largas desbordan de libros, de cuadernos y de papeles –¿estarán entre los libros la traducción de Juan Ramón y de Zenobia de los poemas de Tagore, los versos de Omar Khayam?, seguro que ya no las novelas de Sartre o de Camus–,[18] como desbordan colillas y ceniza los siempre demasiado escasos ceniceros. Todo un poco excesivo, porque seguro que no necesitan consultar tantos libros y que podrían prescindir de la mitad de las libretas y papeles. Demasiados cuchicheos, demasiados pitillos –apenas consumidos–, demasiados gestos. Hasta su gravedad, sobre todo su petulante gravedad, es excesiva. Me provocan como de costumbre un ligero fastidio –han estado aquí todos estos años, hemos estado aquí años y años, antes, durante y después de mi tiempo, bastante idénticos a sí mismos, a nosotros mismos, apretujados y ruidosos, insolentes y tímidos, en torno a las mesas grandes

---

aplica a sí misma pocas líneas después la evocación de este personaje literario: "tengo algo de gato de Cheshire sin sonrisa".

18. La disparidad de los autores recordados muestra la variada formación cultural de Elia. Zenobia Camprubí, con la colaboración de su esposo, Juan Ramón Jiménez, tradujo una amplia selección del poeta indio Rabindranath Tagore (1861-1941), premio Nobel de literatura en 1913. El astrónomo persa Omar Khayyám (s. XII) escribió una serie de *Rubayatas*, poemas de corte amoroso y místico. El tono lírico de Tagore y Khayyám se complementa con la narrativa intelectual y crítica de los existencialistas franceses Jean Paul Sartre (1905-1980) y Albert Camus (1913-1960). Sendas novelas de ambos ensayistas, *La náusea* y *La peste*, formaron parte fundamental de la educación moral, política y literaria de la generación a la que pertenecen tanto Elia como Esther Tusquets.

y largas–, porque tengo algo ya de vieja momia yo también, algo de gato de Cheshire sin sonrisa. Pero hoy los observo con interés –quizás en realidad hoy me he sumergido en el pozo de sombra únicamente para encontrarlos–, porque estamos en mayo, y es un mes sofocante y extraño en que muchas cosas parecen volver a mí ligadas a recuerdos de exámenes, de flores en la capilla, del brotar incipiente de los brotes tiernísimos –aunque tampoco este año he visto aparecer en los árboles las primeras hojas–, al sabor de las fresas –y ya casi no se encuentran fresas en esta ciudad–, a los largos paseos hacia el mar; o quizás se deba todo a que Julio ha emprendido por milésima vez un estúpido viaje con rumbo a ninguna parte, y todo me resulta demasiado tonto, inmensamente vacío, hasta el abandono de mi madre y Guiomar; y Maite acudió ayer a la casa de mis padres para contarme una historia curiosa: estuvo contando mil historias, pero acudió, estoy segura, para contarme una única historia, con la que logró, por más que me irrite reconocerme manipulada, poner en pie mi afán de juego y mi curiosidad. Y lo cierto es que, por una razón o por otra o por todas ellas, este mayo de hoy se enlaza misteriosamente con mayos ya lejanos, y es como si todos estos años –casi treinta– supuestamente densos, supuestamente colmados, supuestamente fructíferos, estos casi treinta años que abarcan lo que debiera haber sido la plenitud de mi vida, con todo lo que durante ellos he vivido, he conocido, he hecho –¿he vivido?–, no fueran de repente otra cosa que un paréntesis banal y un tanto estúpido –tan estúpido en el fondo mi vivir como el de mi propia madre o el de Julio–, un sueño aparatoso y vulgar que al desentrañarlo carece de interés y de sentido, un paréntesis que ahora, de repente, pudiera borrarse mágicamente en cualquier instante, un sueño del que ahora pudiera finalmente despertar, devuelta a la realidad única –sin sueño ni paréntesis– de mi adolescencia y de mi infancia.

Estoy detrás de la mesa –definitivamente al otro lado–, [VIII] sobre la tarima, y sólo con alargar la mano, puedo tocar a mis espaldas el encerado. Y un poco más allá, entre el encerado y la primera de las altas ventanas, un mapa de España en relieve. Verdes y ocres atenuados por polvo de mil años. No creí que se siguieran fabricando este tipo de mapas, aunque es muy posible que sea el mismo de entonces, inútil y olvidado desde siempre entre el encerado y la primera ventana, porque lo extraño de mi regreso este octubre –esta vez al otro lado de la mesa y encima de la tarima– no son las cosas que han cambiado, el incontenible ultraje del tiempo, de tantos años, de casi treinta años –¡volví a la universidad después de casi treinta años y todo era, claro, muy distinto!–: lo sorprendente, lo extrañísimo, es que aquí no había cambiado –como en el pozo de sombra de la biblioteca– casi nada. Uno despierta al cabo de los siglos y ya tiene en la punta de la lengua las palabras consabidas –¿dónde estoy? ¿qué significa todo esto?–, uno tiene ya a punto una mirada que va a lanzar a su alrededor con atónita extrañeza, pero la mirada de atónita extrañeza se produce lo mismo, sólo que en este cuento lo que la produce es que estás en el mismo lugar y entre los mismos objetos entre los cuales te dormiste, porque en el Bosque Encantado[19] todo ha dormido bajo los influjos de un hada benéfica para que no te sientas incómoda al despertar. Los mismos bancos de

19. Alusión concreta al escenario del cuento popular recogido por los hermanos Grimm *La bella durmiente del bosque* y por ello se escribe en mayúsculas.

madera oscura, con inscripciones pacientemente grabadas en el sopor de las clases –se habrán añadido algunas, muchas, pero seguro que las de mi tiempo siguen todavía ahí, incólumes a nuevas posibles capas de pintura–, el mismo verde tierno y oscilante tras los cristales de las altas ventanas: no se oye, pero se ve el rumor de los árboles en la plaza, y sólo con ver esas ramas agitándose ahí arriba es como si todo el calor de la primavera se colara de rondón en el aula todavía fría y oscura. Era en mañanas así, en los mayos de exámenes, cuando fuera rumoreaba la primavera y dentro era todavía invierno, mañanas en que estábamos ya a la puerta de la clase, a punto de entrar en la biblioteca o en el seminario, era en mañanas como ésta de hoy cuando decidíamos de pronto que la esencia misma de las humanas libertades, la plenitud de un existir donde radicaba nuestra esencia ultimísima, consistía en algo tan sencillo como salir a la calle y bajar paseando hasta el mar (las Ramblas eran como un gatazo verde y ronroneante, la puntita de la cola sumergida en el mar), y de no habernos levantado todos a toque de despertador, de no habernos vestido y desayunado con prisas (para estar allí a las nueve en punto), de no correr el riesgo de cruzarnos en el vestíbulo con el curita rechoncho que nos enseñaba supuestamente griego o latín, porque escapábamos de clase minutos, segundos antes de la llegada del profesor (ahora estoy al otro lado de la mesa, encima de esa tarima grotesca y carcomida que ha de venirse abajo cualquier día, y no reconozco quizá el rostro de los muchachos que se habrán escabullido a mi lado hacia la primavera mientras yo me adentraba a contracorriente en el invierno), de no haber sabido que faltaban sólo tres cuatro quince días para los exámenes y quedaban todavía diez quince veinte todas las lecciones por estudiar, quizás el hecho de salir a la calle y bajar paseando hasta el mar –antes nos llenábamos la boca de sabor a mil fresas sumergidas en nata– no hubiera tenido aquel carácter de acto gratuito, libre, casi perfecto.

Y creo que era en parte la expresión, las palabras, lo que nos gustaba tanto, porque sonaba bien eso de fumarse la clase y bajar paseando hasta el mar, y nosotros, entonces quizá peor que en ningún otro instante de la vida, actuábamos sometidos a la magia de las palabras y representábamos con fruición nuestro papel, brindábamos, al atropellarnos desdeñosos y vocingleros por el paseo en sombra, quitándonos la palabra de la boca, abusando de actitudes apenas aprendidas, mal aprendidas tantas veces en el cine o entre libros, brindábamos una imposible Casa de la Troya[20] a los viejos que –como el conserje de la biblioteca– nos miraban reprobadores desde los bancos, a las mujeres que arrollábamos casi a nuestro paso y que resoplaban como ballenas agresivas tras los niños y el carrito de la compra, y era en definitiva una representación en su honor (jóvenes estudiantes insolentes que se fuman la clase y bajan paseando hasta el mar), entonces más que nunca obligados a darnos en imagen, a constituirnos en espectáculo, a vivir de palabras, como si ser joven no supusiera acaso, no hubiera supuesto desde siempre, no siguiera suponiendo imagino también hoy –porque no me parecen tan distintos, por más que fumen hierba, hagan libremente, ¿libremente?, el amor, lleven tejanos y no hayan leído, no sepan siquiera qué es, La Casa de la Troya–, yacer horas enteras en la penumbra de las habitaciones tras las puertas cerradas, enfermos de humo, de literatura, de este letal aire

20. Anota Elia un cambio de mentalidad y generacional al observar unas líneas después que la gente más joven que ella no tiene noticia de *La casa de la Troya* (1915), mediocre y complaciente novela costumbrista de Alejandro Pérez Lugín (1870-1926) sobre el ambiente estudiantil en Santiago de Compostela.

de mayo, el cuerpo laxo, inquieto y agotado, debatiéndonos torpes en la tristeza y en la angustia que nos acosaban desde la adolescencia –o quizá, como a mí, desde la infancia– y que ahora, a punto de desvanecerse, o al menos de modificarse o atenuarse, alcanzaban su paroxismo último y parecían al borde de aniquilarnos, pobres víctimas de la grandeza y servidumbre de tener sólo diecisiete años, porque entre nosotros, en habitaciones rebosantes de humo y tañer de guitarras, entre bocadillos de queso aún infantiles y cuba-libres de la emancipación, nos confesábamos solos y tristes y asustados, infinitamente faltos de apoyo y orientación, pero en la calle, y especialmente en las Ramblas, y sobre todo en época de exámenes, y si bajábamos paseando hasta el mar, nos veíamos obligados a brindar esta imagen ruidosa, atropellada, un tanto irresponsable e insolente, esta imagen que provocaban en nosotros, para luego rechazarla, aquellos viejos sentados sin sonrisa en los bancos, las mujeres ballena tras sus niños y cestos.

Los mismos bancos de madera oscura, el mismo verde tierno y oscilante tras las altas ventanas conventuales, la misma tarima, ya entonces carcomida y amenazada de derrumbe, la misma mesa larga y vieja –tan vieja entonces como ahora–, el mismo mapa de España en relieve. Todo un poco mugriento. Raído, mugriento, empolvado. Frío. Hoy siento impulsos de acercarme al mapa y pasar cuidadosamente las yemas de mis dedos por los picos de las cordilleras, sumergirlos en las cuencas de los ríos: ¿para qué puede servir, si no, este mapa absurdo perdido desde siempre en un aula de la universidad donde ni siquiera se ha enseñado nunca geografía? Pero dado que estoy al otro lado de la mesa y encima de la tarima –que no sepa muy bien el porqué ni qué diablos hago aquí es otra cuestión–, dado que no puedo ya definitivamente llenarme la boca de mil fresas con nata en las granjas, porque las fresas no existen casi

100

este año en mi ciudad desangelada y donde estaban las granjas han abierto hace poco un self-service siniestro, dado que no puedo bajar paseando hasta el mar, porque he perdido los acompañantes y la primavera y hasta las ganas, mejor será que me quede quietecita en mi lugar, hablándoles de algo —en cuanto terminen de llenar las fichas con unas preguntas que les he dado simplemente porque hoy no sabía cómo empezar—, sin dar lugar a que me tomen, ahora que casi he terminado el curso, por una tipa medio loca.

En pleno mes de mayo, con los árboles agitando sus últimas ramas tras las altas ventanas conventuales, con todo el rumor y el sofoco de la primavera en la amplia plaza, con los parques que imagino más obscenos que nunca en el lujuriante estallido de las hojas nuevas, con todos los caminos abiertos hacia el mar —me pregunto si la muchacha colombiana estará ahora recorriendo uno de ellos, o bajo el magnolio de un jardín en flor, o sentada entre los tontorrones que se han quedado y que se afanan sobre las fichas—, me parece un disparate haber permitido que me situaran al otro lado de la mesa, sobre la tarima, un disparate estar esta mañana aquí. Y me parece aún más extraño que ellos —insisto en que no sé si demasiado distintos a nosotros, aunque vayan en suéters y tejanos, con las cabezas rizadas o con largas melenas, los pitillos o los porros (eso sí ha cambiado) permanentemente encendidos— me vayan entregando uno tras otro con toda seriedad las fichas y vuelvan a sus puestos y se sienten en silencio, los ojos fijos en mí —no en las altas ramas—, mientras empiezo a hablarles de Ariosto.

La tengo aquí, por fin, delante de mí, tendiéndome un [IX] papel. El cabello castaño, muy largo, muy suave, caído a la espalda, los ojos color miel, los pómulos salientes, y una gabardina gris ceñida a la cintura: hoy está lloviendo tras las altas ventanas conventuales y grisea el verde tierno de las ramas. Durante estos últimos días de clase he estado revisando involuntariamente, casi sin darme cuenta, las hileras de rostros serios en los bancos e intentando hacer coincidir alguno con la descripción delirante de Maite: indómita princesa azteca[21] –no, nunca hubo aztecas en Colombia–, ojos de noches, cabellera al viento, montando a pelo caballos salvajes; labios finísimos y pálidos, sienes azuladas, breves senos y largas piernas, subiendo de tres en tres los peldaños de la escalinata de palacio –¿un palacio entre selvas tropicales?, ¿un palacio a la orilla de la mar?, ¿un palacio quizás en el lado más noble de una vieja plaza castellana?– y golpeando con la fusta –todavía húmeda y caliente del sudor y la espuma del caballo– a criadas descalzas de negras trenzas que la ayudarán a desnudarse, a quitarse las botas, a darse un baño, y acarrearán luego el servicio del té sobre carritos de marquetería, en macizas bandejas de plata; mirada ausente, ceño fruncido, mohín irónico e impaciente, desdeñando a príncipes y embajadores, a primeros cónsules, a intelectuales de paso y de salón, en las recepciones de su padre el tirano, mientras una madre muy marfileña, muy europea, muy lánguida –Maite me dijo "muy francesa"–, agoniza interminablemente entre cojines de pluma y colchas de encaje.

He estado inventando rostros, recomponiendo escenas, secretamente divertida e irritada al saberme manipulada una vez más por alguien que no me comprende en absoluto, pero

---

21. Pueblo precolombino, también llamado mexica, que ocupaba México a la llegada de los españoles. Alcanzó gran esplendor con Moctezuma II, justo en los años de la conquista de Hernán Cortés. Colombia estaba habitada por numerosas y aguerridas tribus como los chibchas y los caribes.

que sabe pulsar con habilidad mis mecanismos, esa Maite maliciosa de labios glotones y regias piernas, que anda por ahí prendiendo bobamente interruptores aunque en su vida haya entendido qué pueda ser la electricidad, esa sabiduría chata de las hembras genuinas, esa manipulación escandalosamente torpe pero terriblemente eficaz –algo hay también de esto en mi madre e incluso en la propia Guiomar–, esa facilidad para encontrar motivaciones sórdidas o para provocar historias confusas. Porque Maite sabía, con esa odiosa astucia femenina para accionar y profanar los mecanismos ignorados, que su descripción delirante, esa fotonovela edulcorada que vino a ofrecerme a domicilio y que hubiera debido repelerme aunque sólo fuera por sus fallos de estilo –por la ausencia total de cualquier estilo–, esa descripción delirante en la que ella, por otra parte, no creía ni por un instante, que no dejaba la menor huella en ella, iba a lanzarme a mí –que tampoco la creía– a fabular historias, a perseguir imágenes, siempre pronta mi inmadurez adolescente a responder a cualquier envite, a aceptar todo lo que tenga visos de desafío, a interesarse con relativa seriedad en el juego, hasta en el más tonto y previsible de los juegos.

Y así, suscitada por Maite, una larga serie de imágenes ha precedido a la presencia real y desmitificadora de este rostro pálido, enmarcado por cabellos lacios y oscuros, esta presencia definitivamente insignificante, que hace huir en confusa desbandada tantos rostros de cabellos negrísimos y ojos verde mar, tantas cabelleras rojizas que culebrean vivientes y maléficas hasta las rodillas, tantas guedejas de oro –Rapunzel Rapunzel suéltate el pelo– capaces de llevarme hasta la más oculta de las torres hechizadas sin puertas ni escalera, tantas sienes morenas de verde luna, tantas bocas sensuales con aroma tenaz a frutos tropicales. Porque Clara (seguro que fue ella quien escribió en la ficha sin firmar, donde debían figurar sus autores y libros preferidos:

103

Shakespeare, Homero, Peter Pan) está por fin aquí, previsible final de un primer acto que no podía terminar –ahora lo sé– de ningún otro modo. Sólo que sorprendentemente flaca, sorprendentemente joven –más incluso su aspecto de lo que debe de ser su edad real–, sorprendentemente desvalida e insignificante,[22] un poco ruborizada de repente y con un leve, ligerísimo temblor en la mano que mantiene extendida ante mí con el papel, un papel en que se manifiestan y reivindican y exigen muchas cosas, y que yo miro sin ver –voy a firmarlo de todos modos–, porque –mientras lo firmo y le explico que Maite me ha hablado de ella, mientras la invito a tomar un café– estoy pensando que tuvo que ser forzosamente ella quien escribió Shakespeare, Homero, Peter Pan, y, cuando estamos bajando la escalera oscura de paredes desconchadas, recuerdo que mi bar no existe ya, porque lo eliminaron hace muchos muchos años, después de un curso tumultuoso –yo había terminado la carrera y preparaba los cursillos de doctorado– en que uno de los primeros líderes universitarios, un tipo largo y flaco, un tanto desmañado, soltaba sus arengas encaramado en uno de los bancos del patio de Letras; el curso en que la policía irrumpió por primera vez en la universidad, y todos –profesores y alumnos– corrimos por los pasillos, nos refugiamos en las aulas, saltamos –los más afortunados– la verja del jardín, el curso en que aparecieron los primeros pasquines, las primeras octavillas, las primeras pintadas, y en que –un día

22. Se adelanta aquí el retrato físico no muy agraciado de Clara, que después se sintetiza en la imagen de un patito feo. En ella se superponen una descripción realista con una representación literaria, la procedente del cuento popular *El patito feo*, otro de los recogidos por los hermanos Grimm en su conocido repertorio. Este canon femenino no muy atractivo, sintetizado frecuentemente en la mencionada expresión, aparece reiteradas veces en Tusquets, al punto de convertirse en uno de los rasgos distintivos de su narrativa.

glorioso– una de las alumnas más chifladas de primero trepó a lo alto de la torre e hizo sonar delirante la campana de la libertad, de un tiempo nuevo, mientras la oíamos atónitos desde los claustros y las aulas y el jardín –y la oían las gentes agolpadas en la plaza–, y hasta paraba por un instante el golpear encarnizado de las porras, y aunque aquello no tenía sentido, ni eficacia ninguna, y cualquier jefe de cualquiera de los grupúsculos que estaban empezando a perfilarse y a operar en la universidad se hubiera opuesto de modo tajante a un acto tan gratuito y tan insensato, porque todos sabíamos, y ella la primera, que en algún momento tendría que bajar de la torre, antes, mucho antes sin duda de que los suyos –¿existirían unos suyos?– o los míos o los nuestros o quien fuera pudiera tomar cualquier parcela de poder, antes de que se estableciera algo remotamente parecido a una era de la libertad, antes incluso de que se retirase de allí la policía, aunque era, repito, una insensatez sin objeto, ¡qué hermoso oír sonar durante minutos, durante múltiples minutos enteros y redondos, ante la furia de los grises que, pasado el primer momento de estupor, reanudaron y arreciaron los golpes, aquel sonido claro, inusitado, en la mañana nueva! El mismo curso creo en que se encerraron alumnos, y con ellos algunos profesores, en el salón del paraninfo, y fuimos o creímos ser (también sin objetivo posible, sin otro posible final que cruzar cabizbajos y acontecidos o quizás secretamente orgullosos la puerta, esperando que no cayeran sobre nuestras cabezas las porras y que no nos quedaríamos demasiado tiempo sin el carnet de identidad, esperando sobre todo los estudiantes no perder la matrícula ni el pasaporte ni el curso, como mi alumna loca y libertaria no tenía otro posible final que bajar de la torre y quedar a merced de los tipos que la esperaban abajo o que subían ya a buscarla), fuimos o creímos ser dueños de nuestro destino en un recinto inviolable e inviolado. Y, aunque no estaban todavía los tiempos maduros para nada y fuera, en la ciudad, entre la gente congregada en la plaza o que escuchaba las noticias de la radio, crecía contra nosotros un ambiente hostil, una incomprensión cerrada, algo había empezado sin embargo a cambiar después de tantos años, tantos como llevaban viviendo la mayoría de aquellos muchachos, algo estaba naciendo, tibio y frágil pero embriagador, y aquel lanzar una campana al vuelo en insensato arrebato (aunque la policía esperara sin impaciencias al pie de la torre y fuera, en la ciudad, no sucediera casi nada), aquel encerrarnos sin consignas ni propósitos y ver surgir por vez primera un tipo especialísimo de íntima solidaridad (aunque a la puerta aguardaban los grises y más allá, en la ciudad, en el reino, no se movía todavía apenas nada) era terrible y hermoso y esperanzador.

Y ahora, al bajar la escalera oscura y desconchada, rememoro todo esto, convocado por el recuerdo algo tardío de que no existe ya en el bar aquel banco corrido a lo largo de las paredes, tan propicio a las tertulias y los conciliábulos y las confidencias, donde Maite se me acercó un día para comunicarme que ella era igual que Kafka, donde Marcos pontificaba sobre filosofía oriental con su hermosa voz de terciopelo, donde conocí a Jorge unos años –no muchos– después, el bar donde en los últimos tiempos se sucedían las reuniones apasionadas y los mitines semiclandestinos, y por eso sin duda lo cerraron durante un curso entero, y luego, al reabrirlo, el banco ya no estaba allí, las mesitas se alineaban equidistantes y separadas las unas de las otras, rodeadas de sillas de rígido respaldo. Y el bar, sin el banco, sin sus rincones, no es buen lugar para un primer café, por lo que agarro a Clara por el codo y la empujo otra vez escaleras arriba, y luego a la calle, hasta el Pasaje de los Cerezos, y allí otra vez hacia arriba, en dirección a la cima –hoy cubierta y otros días clarísima– de la montaña azul. Y,

106

mientras la arrastro en volandas paseo adelante, las dos sin decir palabra, apresuradas y veloces como si llegásemos tardísimo a ninguna parte, me pregunto si Clara atisba como yo entre las copas de los árboles el paso de una vaca danzarina en vuelo hacia la luna o si espera ver asomar tras cualquier tronco las cabezas rizadas de los mellizos.

El tercer vértice del triángulo mágico de mi infancia –hacia [X] el que arrastro a Clara esta mañana de nuestro primer encuentro– no se yergue en el aire como un buque empavesado y ostentoso, ni se hunde en las sombras cual gruta subacuática: se abre a la superficie misma de la calle, de la superficie marina, y tiene la cantidad exacta de luz. Está casi vacío a estas horas –aunque se llena por las tardes de señoras y niños glotones y vociferantes– y el aire gris de la mañana lluviosa se filtra tenue por los cristales de la puerta y de las ventanas. Nos sentamos en un rincón, aquí sí sobre un mullido sofá de terciopelo, y esperamos en silencio que una de las aburridas camareras abandone su tenaz inercia tras la barra para acercarse a averiguar qué queremos. Clara calla obstinada y no echa ni siquiera una ojeada al gran espejo que cubre la pared donde, en la parte inferior, una caligrafía cuidadosa, chiquitina –casi ni se lee desde aquí–, muy elaborada, hace un análisis objetivo, un análisis crítico, absolutamente científico y aséptico, del contenido: número y clase de bolas, aroma del jarabe, adiciones de guindas, almendras, licores, crema de chocolate o chantilly, mientras sobre estas letras minuciosas campean los dibujos en color, tan sugerentes y tan poco asépticos: mágicos ríos de chocolate y de grosella, espumosos océanos de nata, inaccesibles cumbres de crocante o de limón o de coco y naranja, fragilísimos flanes tambaleantes, en una apoteosis delirante de ocres tiernísimos, rosas de nube de ocaso en primavera, marfil de princesas pálidas aquejadas de un mal misterioso e incurable, rojos como la sangre, negros como el ébano, blancos más blancos que la nieve, muy bonitos los dibujos, mucho más bonitos que los helados de verdad. Y, sin embargo, no es esto lo definitivo –ni la explicación exhaustiva y científica del contenido, ni la apoteosis delirante de formas y colores–, porque lo definitivo es el nombre, situado en la parte más alta del espejo, en letras grandes, polícromas e historiadas, que contrastan ostensiblemente con la correcta caligrafía anodina de la parte inferior del espejo, para que nadie pueda llamarse a error. En la vieja heladería de mullidos sofás de terciopelo –por qué se mantendrá Clara tan rígida, tan tiesa, tan incómoda, en unos sofás ideados para hundirse, para sumergirse, para desmadejarse en ellos–, de sofás de terciopelo y grabados ingleses donde niños demasiado rubios persiguen aros de oro entre la fronda de los parques, yo aprendí (braceando entre nombres de cuento, nombres míticos, en un mundo donde en lugar de nata piensas Blancanieves y el rojo no es nunca simplemente rojo sino rojo como la sangre y el mar no es una reunión fortuita de mucha agua salada sino una inmensidad azul donde se oculta la más enamorada de las sirenas), en este mundo engañoso y maléfico, yo aprendí a malvivir eligiendo palabras, nunca realidades.[23] Y es una lástima que el

23. Toda esta escena de la heladería está montada mediante una compleja trama de influencias literarias tradicionales, evidentes en la cita expresa de Blancanieves y más difusas en la mención de las sirenas.
La evocación transformadora de Clara se hace yuxtaponiendo elementos de dos orígenes distintos. Las sirenas mitológicas y el cuento infantil *La sirenita* aludidos pertenecen a la categoría de lo fabulístico. En cambio, unas líneas después encontramos una anécdota realista: la chica quiere tocar una estatua rodeada de turistas y casi sufre una desgracia; se trata de la famosa escultura de la Sirenita de Copenhague, y

espejo –a pesar de todo limitado– ofrezca sólo combinaciones previsibles y ortodoxas, y que uno no pueda escandalizar a la aburrida camarera –que se limitaría por otra parte a seguir en su actitud de no entender ni interesarse por nada– solicitando pecaminosas mezclas incompatibles y prohibidas, inventando cada vez manjares perversos o imposibles, en lugar de pedir una vez más el helado de siempre –el punto único en el que desembocan desde hace más de cuarenta años mis andanzas dubitativas por el espejo–, aunque no me apetece mucho esta mañana lluviosa el sabor a limón, ni ese licor espeso que recubre y rezuma de las guindas.

En este rincón de terciopelo, junto a una muchacha desconocida que me ha seguido hasta aquí pero que ahora no habla ni me mira, ante un espejo que, entre letras historiadas y dibujos de múltiples colores, nos refleja borrosas, saboreo en tu honor, tiernísima sirena de senos adolescentes y hermosa cola casi piernas, un helado de sabores que en el fondo no me gustan, porque de un modo u otro yo siempre vuelvo a ti –esa imagen confusa y gris en el espejo de una mujer oscura que vuelve siempre a los mismos lugares–, y adorarte, sirena, darse de cabeza contra las rocas, ignorando la turba de japoneses ocultos tras sus cámaras, todos idénticos tras sus cámaras, ignorando las hordas de suizos sentimentales, de alemanes tan bien informados y tan supuestamente sedientos de lo que suponen forma parte de una supuesta cultura, gorduras y jadeos multinacionales prontos a ser engullidos de nuevo por los autocares que

---

no de un monumento imaginario, según información de la autora que agradezco.

Este pasaje muestra también la importancia de la imaginería marina y acuática en la novela, que cobra especial relieve en alguna secuencia posterior como la XVII.

aguardan en fila interminable tras el verde seto que bordea
el mar, ignorar todo esto y avanzar hacia el agua, por piedras resbalosas, por rocas que verdean, al borde mismo de
partirse la crisma en un traspié idiota, en ese intento idiota de tocar las piernas imposibles, nacidas del imposible
amor por un príncipe tonto que nunca entendió nada (como
no entienden nada los japoneses que fotografían todo, ni los
alemanes que lo han leído ya todo antes de llegar hasta
aquí, lo han leído en la guía antes de abandonar el hotel esta
mañana, ni los novios suizos o belgas o tahitianos que se
besan ahora, precisamente ahora, ante el más imposible de
los amores) porque resulta, mi sirena, hermosa niña del más
hermoso cuento, que este príncipe tuyo no fue siquiera
un soñador, no fue sencillamente qué no acertara por un
azar maléfico a entender –te aseguro que la bruja del mar
tuvo poco papel en esta historia–, fue simplemente un poco
bobo, y en sus ojos distantes nunca hubo misterio, fue
sólo bobería, incomprensión radical –no fortuita, sino irrevocable– de lo que era tu mundo mágico y submarino, y unas
ansias muy cortas, muy chatas y vulgares de sentarse glotón al festín –este festín que a ti, sirena, te pareció siempre
ajeno y asqueante–, al festín de la vida, unas ansias muy
cortas de toquetear princesas redonditas, tan chatas como él
en sus anhelos, princesas de boca de cerdito y buenas pan-
torrillas, princesas bien pensantes y de buena familia
–terrestre, claro, nunca submarina–, sólo fue esto, mi sirena, y avanzar cierto día, tropezar tontamente, resbalar en el
musgo humedecido, entre gordas albinas, novios chupe-
teantes, cámaras fotográficas y guías que "te" explican en
siete ocho nueve diez idiomas, todo para poner un segundo
la punta de mis dedos, este punto tan sensible y tan íntimo
de las yemas, en la suavidad fría de tu cola casi piernas –tan
cercana y tan lejos del mar– es lo mismo, princesa subacuática, que avanzar en la noche –y soy en cierto modo yo

la que con ellos avanzo–, las olas susurrantes como fondo, pleno ensueño amoroso tu carita dulcísima, para cortarte con cuidado y con saña –ay demasiado tarde, siempre se hace demasiado tarde– la cabeza, cortarte despacito la cabeza, con qué placer, mientras avanza la sierra, con qué dolor, milímetro a milímetro, por tu cuello tiernísimo, y arrojar luego esa carita de muchacha insulsa, con qué amor desolado, a lo más profundo e inencontrable de este océano del que no debió, no debiste, salir jamás, porque hay que cortarte la cabeza o ponerte unos grotescos sostenes de satén y de encaje, y vive el cielo que no los necesitas, hija del mar de hermosos senos adolescentes (aunque la dama inglesa y su sapientísima nieta griten a dúo que es una gamberrada que no entienden, y tampoco entenderían si les dijera que yo avancé en las sombras con los asesinos, que yo te decapité y escarnecí con ellos, y hubiera violado si hubiera podido, estoy segura de que te hubieran violado si hubieran podido, tu inútil sexo de bronce donde tejen sus ensueños las arañas marinas). O hay que acariciar un segundo fortuito (más allá de cualquier posible ridículo o vergüenza, e intentando no pensar en lo que dirían la anciana anglosajona y la doctora en Harvard, la divina Atenea y su más brillante sacerdotisa, a dúo y escandalizadas, o quizá sí pensándolo y hallando un incentivo nuevo en ello, porque es más vergonzoso amarte que decapitarte, es más terrible acariciar un segundo tu cola que cortarte la cabeza o ponerte sostenes de raso, a riesgo de romperse la crisma o mojarse el culo o estropear la foto de un japonés pequeñito, o darle la foto del año, cualquiera sabe), hay que acariciar, pues, un minuto fortuito, en un gesto furtivo, tu tierna, tu salobre, húmeda cola casi piernas, como hay que comer ahora en tu honor, sirena, un helado que en el fondo no me gusta, pero lleva tu nombre, mientras me pregunto una vez más si tú y el bobo insigne de tu príncipe, y este mundo

111

mágico del cuento donde aprendí a elegir palabras y a enamorarme de los sueños, no habréis contribuido un poquito, bastante, a hacernos, a hacerme, cisco la vida. Aunque Clara no entiende nada de todo esto, y mira sin verlos los dibujos y los nombres –Negrito, Blancanieves, Sirenita, Tropical–, y ni se le ocurre que tiene ante sí la posibilidad de elegir y de perderse sin remedio en los senderos del placer, ya que el menor de los tres príncipes ha llegado, también él, a la encrucijada de caminos y ¿cómo decidirse entre el sabor de moka o el de fresa, entre los nombres que indican los sabores o algo más secreto y más íntimo e infinitamente más peligroso que los sabores? Pero Clara no entiende hoy definitivamente nada, y yo no voy a darle la clave, aunque pienso que no puede resultar nada bueno de esta chiquilla paliducha, anodina y flaca, que prefiere un café solo y sin azúcar al más fantasioso de los helados o a la coronación gloriosa de espuma y nieve sobre el denso marrón del chocolate, una chiquilla que moja distraída los bizcochos que yo le ofrezco en su café amargo, sin darse ni siquiera cuenta de que los come, del mismo modo en que enciende uno tras otro los cigarrillos, y los fuma vorazmente –tiene los dedos amarillos de nicotina–, obsesivamente, viciosamente y sin placer.

[XI]   Despierto tarde, en un brusco sobresalto, después del sueño largo y casi siempre sin ensueños que sigue a una dosis excesiva de barbitúricos, con la boca amarga, los ojos turbios, el cuerpo entero desmadejado y entumecido –incapaz por lo que parece de habituarme a una casa sin gente, a una habitación que no comparto con nadie, a una cama grande que sólo mal lleno yo–, y esta transición brusca y sin matices desde un sueño de plomo a una vigilia total hace que hoy me sienta casi enferma, absolutamente incapaz de sumergirme de nuevo, siquiera unos instantes, en un duermevela tibio de tonos apagados, incapaz de reproducir aquellas mañanas de los días de fiesta de mi infancia, en que despertaba también sobresaltada —y no había necesitado para dormir un sueño profundo dosis alguna de valium o de aneurol—, sobresaltada por el miedo a llegar tarde, por la aprensión al frío oscuro de la calle, a los deberes a veces sin terminar o la lección sin aprender, para recordar de pronto que era domingo, y desperezarme en el calor de las sábanas, y volverme a dormir tranquilizada, y volver a despertar al poco en un sobresalto breve, más breve cada vez, cada vez más rápida y total la conciencia de una mañana de fiesta, hasta llegar al punto en que este grado mínimo de sobresalto, de creer por un segundo que una tenía que levantarse, entraba a formar parte del placer total de saber que me quedaba en cama. Ahora todos los días son domingo —las clases no las doy nunca antes de las once de la mañana— y en mis despertares no hay, ni aquí ni en casa de Julio, el menor asomo de placer. Despierto abruptamente a este mayo empolvado, sofocante y hostil. Y al poco estoy pensando en Clara, en esta colombiana silenciosa que sorbe café amargo, que fuma con vicio y sin placer, que apenas habla, que ama según parece a Shakespeare, Homero y Peter Pan, que va llevando arriba y abajo hojas subversivas para que las firmen sin leerlas profesoras que vegetan perdidas, demasiado lejos y desde hace demasiado tiempo, en parajes demasiado distantes de las realidades de la vida, esa muchachita colombiana de la que no sé apenas nada, y es sorprendente cómo puedo pensarla tanto tiempo, sin tener casi datos concretos a los que pueda aferrarse mi pensamiento, porque las explicaciones delirantes de Maite se han derrumbado y ya no sirven, puesto que no hay posible coincidencia con la muchacha de la que —cierto— aún no sé casi nada, pero que es, al menos en ciertos aspectos, próxima y real.

113

La pienso pues en un hieratismo estático, mezclado incoherentemente este pensarla con el recuerdo de otros despertares magníficos y que casi tenía ya olvidados, recién al terminar la universidad –y hacía poco, muy poco entonces, que había conocido a Jorge–, ya sin miedo a los exámenes, a los retrasos, a oscuridades frías, o a los deberes sin hacer de las mañanas de mi infancia. Se encendían en el techo, justo encima de mi cabeza, reflejadas desde la ventana, unas rayas paralelas de luz, y la misma mano que había abierto las rendijas en la persiana (una mano que no era ya la de Sofía, aquella mano suave, de piel finísima, casi transparente, que me había despertado un amanecer tras otro en la niñez, y en la que entonces, aquellos meses magníficos en que acabé la universidad y conocí a Jorge, en que despertaba todas las mañanas a la vida como a una fiesta recién dispuesta en mi honor, no pensaba nunca, aunque me pregunte ahora cómo me las habré arreglado para no recordarla un solo instante, para subsistir sin ella, sin su contacto protector y suave, durante esta infinitud vacía que ha durado millones de años) la misma mano que había subido la persiana, justo las rendijas exactas para que mis ojos recién salidos del sueño se habituaran gradualmente a la luz, una mano que no era en cualquier caso la mano de Sofía, sino la mano sucesiva de las tantísimas doncellas que mi madre introdujo y despidió de la casa, me alargaba un vaso enorme –con el borde de oro, con estrellitas de oro por toda la superficie– de naranjada helada.

Y yo lo cogía con las dos manos –me pregunto si Clara en su palacio de las selvas tropicales haría algo parecido, aunque a ella le servirían en bandejas de plata unas manos mestizas zumos misteriosos de nombres emponzoñados y exquisitos–, sólo para sentir el frío del cristal contra las palmas tibias. Y mientras lo bebía a sorbitos, oía el rumor de la bañera que se estaba llenando en el cuarto contiguo, e irrumpía inevitable mi madre aún en bata, las gafas y el periódico en una mano, la otra –todavía blanca y lisa, todavía muy bella– agitándose veloz en la penumbra, para explicarme lo mal que había dormido, las reformas que proyectaba introducir en el piso, lo espantoso que podía resultar que una hija como yo –o sea, supuestamente irrecuperable– se marchara de viaje sin pasar antes por la modista (tal vez se debía a aquella preocupación el que hubiera dormido tan mal aquella noche, que eran todas las noches, pese a las pastillas de válium o de veronal, y es curioso, pienso ahora, por qué caminos extraños terminamos coincidiendo con unas madres con las que parecía imposible la más remota coincidencia). Y sonreía yo secretamente divertida, porque me constaba que si mi madre hubiera sabido lo de Jorge, si mi madre hubiera sabido que había conocido a Jorge y cómo era él y cómo yo le amaba, si mi madre hubiera sabido que había surgido por fin en mi vida el hombre que yo esperaba, y que íbamos a decirles muy pronto adiós a todos, que iba a romper muy pronto con aquel futuro grotesco que tan cuidadosa como inútilmente habían ido disponiendo para mí, que iba a dejar un mundo que no era, que no había podido sentir jamás como mi mundo, e iba a romper también con mis ocultos subterráneos, con los amores prohibidos e incestuosos que me habían ligado al Minotauro, porque Jasón o Teseo estaban allí y me llevarían consigo en la nave de los argonautas[24] hasta un planeta

24. Se superponen aquí varios personajes y episodios de la mitología griega. El Minotauro, ser monstruoso con cabeza de toro y cuerpo de hombre, había sido encerrado en el laberinto de Creta. El héroe ateniense Teseo, guiado por el hilo de Ariadna (véase nota 32), logró darle muerte.

La búsqueda del vellocino de oro, una fabulosa piel de cordero hecha de ese noble material, fue organizada por Jasón y en ella intervino también Teseo. Para esta conquista, Jasón dispuso la nave Argos, en la que llevó consigo a otro puñado de héroes, llamados los argonautas.

desconocido aunque soñado, donde yo iniciaría a su lado
una vida ni siquiera imaginable pero desde siempre elegida,
si mi madre hubiera sabido todo aquello la reforma del piso
o lo improcedente de mi vestuario –qué podía importarme
mi vestuario, si nada de todo aquello, iba a servirme en
Marte– hubiera perdido de golpe todo peso y mi madre
hubiera tenido –como lo tuvo de todos modos unos meses
después, sólo que para mí era entonces definitivamente
tarde y no había ya esperanzas ni planetas habitables, porque hasta la tierra había dejado de ser habitable– algo serio
y mejor en lo que afanarse y ocuparse (puesto que tanto
parecía gustarle eso de sufrir por algo y dormir pésima-
mente casi todas las noches). Aunque era cierto que entonces,
los días de aquellos despertares magníficos de mi juventud
única y tan breve, quedaban atrás los años de mi batallar
desesperado, mi tumultuoso pataleo báquico por escapar a
su influencia olímpica y omnipresente, y a mí me parecía
muy cercano aquel momento en que yo, vencedora en las
últimas leves y casi juguetonas escaramuzas, podría lanzarme al ataque y proclamar rotunda "la guerra ha terminado:
yo vencí", sin que a la diosa le quedara otra arma que esta
carta postrera y un poquito innoble, un poquito sucia, pero
tremendamente eficaz, de su envejecer (en una metamorfosis que nos deja desarmadas e inermes de puro atónitas: el
dragón de los cien ojos transfigurado en gatito desvalido,
ratoncito blanco, pajarito que de tanto volar, y no de ignorar el vuelo, se ha caído del nido). Y quizá porque sabía que
la guerra estaba ya ganada, quizá porque se anticipaba en
mi imaginación la postrera carta, la última ficha que move-
ría inevitablemente mi madre sobre el tablero, no le había
hablado todavía de Jorge y esperaba a estar a bordo de la
nave, a que la nave hubiera levado anclas y se alejara mar
adentro, para decirle desde el puente, ya sin posible encono,
hasta con cierta dulzura: "nuestra guerra ha terminado y yo

vencí"; porque en aquellos días mamá Juno[25] estaba todavía muy hermosa, en sus batas de terciopelo grana, azul turquesa, rosa pálido, las zapatillas plata u oro, a veces de satén y con pompones, a veces babuchas carmesí bordadas asimismo en oro y plata, mientras la regia mano se agitaba frenética y sin pausa –demasiado frenesí para tan poco objeto, demasiado frenesí para una diosa– pero con gracia alada, y surgía en sus ojos fulminantes una mirada casi humana.

Todo en mi madre –su cuerpo, sus pañuelos, sus vestidos, sus guantes, hasta las mismas prendas que había arrinconado años atrás en el último estante de las ropas viejas– tenía un olor inconfundible: a tomillo y a bosques y a lavanda. Yo me sentaba a veces en su tocador, un tocador de palosanto vestido de tul blanco y lazos rosas de terciopelo, ante el juego de cepillos, de frascos y de peines, y destapaba el frasco y me ponía su colonia en el pelo, en el vestido, en la palma de la mano, y era un perfume similar pero distinto, una evocación fiel pero empobrecida de aquel aroma que brotaba de su bolso cuando yo curioseaba en él, de su cuello y sus pechos cuando se inclinaba para besarme –y en mi madre el inclinarse era siempre un inclinar más intenso que el de la distancia real que nos separaba–, de su mano de hada posada unos instantes en mi frente durante las noches de fiebre. Y cuando pienso en la madre de mi infancia, con sus ojos azules que podían realmente y sin metáfora despedir rayos de fuego, o tal vez fríos rayos de hielo, que te dejaban en ambas posibilidades fulminada, bien clavada en tu silla con el terror en el pecho, mi madre con sus palabras medidas, razonables, tan justas que no admitían réplica, con

25. Al atributo de la madre antes señalado –Atenea tonante– se añade, en alusión a sus momentos de esplendor físico, el de Juno, diosa romana tenida como reina del cielo, hermana y esposa de Júpiter.

117

sus labios distantes que besaban tan poco, tan asépticos
–los besos exactos que prescribía tal vez el manual de pe-
diatría–, creo que yo la amaba por el perfume agreste que
emanaba de ella y tomaba para siempre posesión de sus
cosas, y por aquellas manos tan suaves, tan hermosas –que
parecían adecuadas para poder ser, quizá, tan maternales–,
siempre secas y frías, que se posaban como manos de hada
sobre mi frente en las noches de fiebre.

Ahora mi madre, en una mano las gafas y el periódico en
ristre, me sigue, sin dejar de hablar, hasta el cuarto de baño,
frunce unos segundos la nariz ante el perfume denso, algo
dulzón, un poquito o un mucho vulgar, que brota de unas
bolitas blandas y multicolores que colorean el agua y lo
invaden también todo con su aroma (imposible percibir ya
el perfume, mucho más tenue, más matizado y más discreto, del tomillo, los bosques o las matas de lavanda), mi
madre se pregunta interiormente –también ella ha perdido
con los años las ganas de batallar conmigo– si obedecerá
todo a innata ordinariez, heredada posiblemente de mi
padre, o si se tratará más bien de formas múltiples de llevarle la contraria, condición que bien puedo haber hereda-
do asimismo de mi padre, ese perfume horrible aniquilando
su aroma discretísimo, y como –es evidente– no quiere
hacer ningún comentario sobre las bolitas multicolores
que enloquecen a las terceras concubinas de Harum-el-
Rachid,[26] la sultana, la única entre mil reinas, se limita a
fruncir la nariz, agitar el periódico como si mi baño estuviera invadido de moscas, y aventurar en voz amable alguna observación sobre mi piel morena –dice que incluso

26. Harum al Rachid ib Madri (763-809) funciona como personaje
central de bastantes cuentos de *Las mil y una noches*. Además de esta
dimensión imaginativa, fue Califa abasí de Bagdad y logró gran esplendor cultural para su corte.

ahora, en el invierno, demasiado oscura– y mis huesos pequeños –esos hombros estrechos, esas caderas escurridas, esas piernas flacas y larguiruchas–, porque la reina, claro está, ha sido traída como dueña y señora hasta el harem desde lejanas regiones nórdicas, y es rubia, blanca, grande, indiscutiblemente aria. Pero el agua está deliciosamente caliente y su voz me adormece –es una voz de tono amable aunque no sean cosas muy amables lo que la voz me diga–, y no me importa un pito estas mañanas –me está amando Jorge, me ha elegido Jorge– ser sólo la tercera concubina de un palacio que muy pronto habré de abandonar sin posible retorno.

Y más tarde nos sentábamos una frente a otra en el comedor, ella de espaldas a la luz, centrada ahora su atención en el periódico, yo ante un tazón de café negro –entonces tomaba también el café sin azúcar, como tú, Clara: debe de ser cosa de la juventud–, café negro y amargo, ante una montaña de tostadas crujientes y doradas, tibias, recién hechas, en las que se fundía la mantequilla. Y el sol entraba a chorros por las ventanas y hacía enloquecer el canto de los canarios.

Creo que todo aquello, la naranjada fría y grande, servida en un vaso constelado de estrellas, las rayas paralelas de la luz en el techo, las irrupciones periódico en ristre de mi madre, la lucha denodada de perfumes contrapuestos entre los azulejos rosas del baño, el amarillo intenso de los canarios en el otro amarillo más pálido del sol de la mañana tamizado por múltiples cortinas de muselina blanca, la charla intrascendente, siempre un poco punzante, siempre, aunque en este período fuera medio en broma, buscándome las cosquillas y la carne, ha quedado para siempre ligado a los recuerdos de mis meses con Jorge, de mi imposible escapada en la nave de los argonautas, de mi imposible abandono del laberinto letal, y me dejó esta nostalgia permanente, este gusto quizá por los grandes hoteles, por los ambientes confortables, por amplios dormitorios alfombrados, donde busco tan sólo el placer breve y tonto de que alguien me despierte con una naranjada fría y grande, tras haber entreabierto un poco las cortinas, haber abierto los postigos, subido tres cuatro cinco rendijas las persianas, mientras disponen café y muchas tostadas en una mesita próxima a la cama y se oye correr en la estancia contigua el agua de mi baño.

[XII]   Conduzco el coche por la vieja carretera que bordea la costa. Y el placer de la mañana limpia, del aire primaveral que entra violento por la ventanilla abierta, del mar azul que se riza y se cabalga a sí mismo en mechones sucesivos de espuma, es casi mejor hoy, con esa gata flaca y esquiva que se agazapa al otro lado del asiento, todo lo lejos de mí que le permite el espacio cerrado del coche, acurrucada junto a la ventanilla, obstinada y huraña tras el pitillo encendido –y es raro que el placer de un paseo en coche junto al mar sea más intenso con alguien al lado que a solas conmigo misma–, con esa Clara casi hostil.

Aunque es su maullido lo primero que he oído esta mañana al otro lado del teléfono: Soy Clara. Y luego un silencio largo, que se ha prolongado tenso y casi doloroso –quizá sea esto lo que ahora la pone contra mí–, porque me ha divertido no intervenir enseguida, callarme yo también a la espera de que balbuceara ella cualquiera de las excusas que habrá estado elucubrando estos días o la primera que se le ocurriera. Como si no supiera, yo, para qué llamaba, como si no hubiera sabido desde mucho antes –un mucho antes que se reduce a tres días reales– que era inevitable esta llamada, que en un momento u otro ella tendría que deponer en parte sus defensas y acabar de marcar los números –todos los números hasta el último– en el teléfono, después de haber marcado infinitas veces los primeros para colgar sin terminar, y tendría que dejarlo sonar sin colgar tampoco, y esperar hasta que yo descolgara y dijera ¿sí?; como si no supiera yo las vueltas que ha dado por su cuarto y los pitillos que ha encendido y apagado antes de decidirse (todos los que caben en estos tres días). Porque he entendido ya el juego de Maite y he entrado en él –imagino que el juego hubiera surgido de todos modos, aunque Maite no hubiera acudido a la casa de mis padres para alertarme, estimularme o prevenirme– y todo tendrá que sucederse de forma casi inevitable. Y ella tenía que telefonear antes o después, aunque no podía ser mucho después, y tenía que decir en un maullido agónico: Soy Clara, y yo tenía que dejar que se prolongara un silencio angustioso, más angustioso para ella que para mí, porque a mí me divierte callar. Como me ha divertido estos tres días dar las clases sin apenas mirarla, llegando con el tiempo justísimo –casi tarde– y precipitándome a mi tarima, ya con las palabras en la boca, para escabullirme al terminar, con tantas prisas como si hubieran prendido fuego al mapa de España en relieve justo a mis espaldas o hubiera estallado un petardo debajo de la mesa. Dejándolos a todos clavados en sus sitios y como alelados, con las bocas abiertas y los ojos incrédulos, porque nunca nunca han oído en la universidad algo tan disparatado como mis clases de estos tres últimos días (los mismos tres días que ha pasado Clara en su cuarto, fuera de la hora de clase, encendiendo y apagando cigarrillos, contando sus pasos de pared a pared, descolgando y colgando mil veces el teléfono sin haber marcado más que las primeras cifras de un número que se sabe, desde hace tres días, de memoria), con una Angélica[27] por momentos más flaca y más castaña, de

27. Famoso y arquetípico personaje literario, tratado repetidas veces en la literatura y el arte, a quien dio cuerpo Ariosto en su *Orlando furioso*. Es

labios voraces y ojos abrasados, que recorre cual bacante loca unas selvas inesperadamente tropicales, unas selvas inconfundiblemente amazónicas, mientras las altas ventanas conventuales son tapiadas por enredaderas densísimas, y silban las serpientes y los monstruos en el oscuro umbráculo, y enloquecen a lo lejos los roncos alaridos de Orlando enamorado.

Y he dejado que el silencio se alargara, como un hilo tensísimo y doliente, que podía malherirnos al romperse. Aunque sabía ya que por último iba a hablar yo, y sabía que iba a traerla aquí, a otro de mis ancestrales pozos de sombra, a lo largo de esta carretera vieja, por la que desde que inauguraron la autopista ya no transita casi nadie, en este recorrido junto al mar que hoy parece todavía más secreto, más mágico, más entrañablemente mío, con Angélica azteca sentada aquí a mi lado, todo lo lejos de mí que le permite la amplitud del coche, tan enigmática, tan hostil, tan replegada detrás de sus mil púas, que me echo a reír cuando una bocanada de viento inesperado se cuela por la ventanilla, y hay un revoloteo breve de largos cabellos oscuros y chispas encendidas, y una mano afilada y pequeña golpea vivaz el azul descolorido de los tejanos, el tapizado del coche, apaga lo que queda del cigarrillo humeante, devuelta la esfinge al movimiento y a la carnalidad, porque no quiere, de todos modos, quemarse. Y me río también cuando pregunta

---

uno de los muchísimos protagonistas de esta intrincada fábula renacentista y a su alrededor se teje, entre otras numerosas anécdotas, una historia de amor pasional. Angélica desprecia a varios amantes, caballeros cristianos, por su inclinación hacia un sarraceno, Medoro. Uno de aquéllos, el "Orlando enamorado" que da "roncos alaridos", según leemos unas líneas después, sufre por ella grandes desvaríos de amor, desesperación y locura. Angélica encarna la belleza, el amor irracional y el capricho. Ninguna de estas condiciones acompañan a Clara, por lo que la autora toma del original tan sólo la idea genérica de la mujer deseada, suprema aspiración y felicidad del amante.

–resulta que la esfinge, además de moverse, puede incluso hablar– si esto es la Costa Brava, ¿qué sabrán las princesas orientales, vengan de las nuevas o de las viejas Indias, de mis costas particulares? Y es en cierto modo su extranjeridad irreductible lo que hace posible introducirla aquí, en estos ritos que no entiende, y tal vez no sabe siquiera que se trata de unos ritos, como tampoco supo, hace tres días, que era asimismo un rito de iniciación secreta, una pagana eucaristía, la cúspide de nata cremosa y densa, el licor espeso rezumando de las guindas y el helado de limón, junto a la montaña de bizcochos dorados, no supo que estábamos en uno de mis templos, en la encrucijada de caminos que en el espejo mágico se abría a todas las opciones. La estoy introduciendo sin advertencias previas en un rito iniciático, quizá con la esperanza de que no entienda, o quizá con la secreta esperanza, con el prohibido deseo, de que después de tanto tiempo alguien pueda entender algo por fin.

Porque esto no es en absoluto un paseo junto al mar –no es por lo menos básicamente y ante todo un paseo junto al mar–, sino un paseo ¿por el tiempo?, un complicado ritual –tan delicado, tan frágil que puede destruirse o quebrarse en cualquier instante–, un complicado ritual que a través de tres pozos sucesivos de sombra –un pozo dentro de un pozo que está dentro de otro pozo: tienen que ser tres los pozos como han sido tres los días de la espera– puede llevarnos a un punto muy lejano. Si es que Clara quiere y puede seguirme, si avanza con muchísimo cuidado –porque cualquier error suyo, cualquier leve torpeza, la más ligera desviación del tono exacto, puede romper el hechizo, y yo no quiero prevenirla, ni darle instrucciones aleccionadoras ni prestarle hilo alguno para el laberinto, porque así es este juego, y en esto precisamente radica la prueba, tal vez tan sólo porque yo así lo he decidido–, si quiere y puede seguirme, si acierta a descubrir retazos de mi vida engarzados como gallardetes en las ramas de los plátanos y las palmeras del paseo, zarandeados –para siempre inmóviles– entre las olas que rompen en la playa, agazapados en el mercado, entre los tenderetes donde compré mis primeros manojos de claveles para la abuela y los tenderetes a los que traían desde la barca recién arribada a la costa los pescados rojizos, plateados, escamosos y coleantes. Tendrá que seguirme –si es que quiere y puede– de gruta en gruta, de pozo en pozo, sin dejar tras de sí hilo alguno que permita una airosa, una discreta retirada, sin saber tan siquiera tras qué peñasco, en qué recodo, bajo las aguas de qué lagunas subterránea, la acecha amoroso o asesino –amoroso y asesino– el Minotauro, seguirme por su propio pie –si es que quiere– hasta un tiempo distante que no comparte nadie, que no recuerda nadie, que no le importa a nadie.

Y en mi primer pozo de sombra –hemos dejado la carretera general y ahora se inicia el rito– hay altas ramas contra un cielo repentinamente más lejano –no en vano empezamos a sumergirnos–, hay cañaverales cercanos, viejas casas amigas entre troncos enormes, unos troncos tan gruesos que casi no puedo rodearlos con mis brazos de niña y cabemos holgadamente dos o tres de nosotras acurrucadas tras ellos en el juego del escondite, unos troncos que tienen la corteza delgada y quebradiza, de modo que si se mete bajo ella una uña por un resquicio y se hace saltar así por el aire la placa irregular y abarquillada, hay una huida aterrorizada de decenas de hormigas. Este mi primer pozo es verde y húmedo, y nos envuelve en un aroma dulzón, vegetal, ligeramente corrompido. Quizás aguarda ya muy cerca el mundo mágico de los secretos ritos subterráneos donde juega Deméter,[28] donde baila Deméter la danza de la muerte con el Minotauro, quizá nos baste descender un poco más

28. Diosa griega que encarna la agricultura.

y no sea demasiado duro el camino, Clara, para alcanzar a
ver la puntita erguida del rabo esquivo de un conejo petulante y blanco,[29] para encontrar a la bondadosa –a la cruel–
Comadre Nieve, o a tres enanos barbudos, que habrán de
devolvernos a la superficie convertidas en monstruos de
circo, cubiertas indeleblemente de oro o pez, vomitadoras
infatigables de rosas y perlas, o de sapos y culebras, ¿qué
más da?, igual podría ser una rosa y un sapo, una perla entre
serpientes, porque el bien y el mal quizá no estén tan sepa-
rados y distantes como en los cuentos de la infancia, y ¿soy
yo de verdad una niñita buena?, mirada preocupada en los
seis ojos de las tres maestras –porque las maestras también
son tres, como en las mejores historias, siempre uno o tres
o siete o doce, nunca podrían ser dos o cuatro o seis, con
esa chata redondez acabada y cerrada, en alguna parte leí
que femenina, de lo par–; las tres maestras resecas y ásperas, tan dulces ay también y tan conmovedoras, me miran

29. Del mundo mitológico se pasa a la literatura fantástica infantil. En
la secuencia siguiente se comprueba que este mamífero es el Conejo
Blanco que abre las aventuras de *Alicia*. A continuación se menciona un
personaje justiciero, que da título a uno de los cuentos de los Grimm: la
Comadre Nieve es una vieja maga que premia con oro a la joven traba-
jadora e impregna de pez a la holgazana. De ahí la aparente paradoja
–bondadosa y cruel– de los calificativos de Elia. La actividad mental de
la narradora mezcla sin cesar la historia suya y de Clara con estas figuras de ficción y así continúa y vuelve a entrelazarlas, repitiéndolas, o
añadiéndoles nuevos elementos, como hace, por ejemplo, en la secuencia siguiente (pág. 128), en la que se agrega a las ya citadas una convencional referencia a *La Bella y la Bestia*, célebre cuento de Jeanne-Marie
Leprince de Beaumont (1711-1780), recogido en la colección *Le Maga-
sin des enfants* (1757). No hará falta aclarar que Tusquets anula el sentido moralizador del relato de la escritora francesa. Obsérvese que la adju-
dicación de papeles no es inflexible: aquí se duda de quién es la Bella y
quién la Bestia, pero más adelante (secuencia XXIX, pág. 227) se concluye que ambas mujeres son igualmente la Bella y la Bestia.

preocupadas, qué será en el futuro de esa chiquilla loca loca, de esta chiquilla apasionada que parece pedir siempre la luna –y tenían toda la razón, les sobraba razón para preocuparse, porque no suele sucederles por el mundo nada bueno a las mujeres locas locas que andan por ahí esperando que alguien les regale, prendida en un ramo de rosas rojas o en la cola de un gato callejero, un cachito si no más de la luna–, y las tres maestras dejan oscilar sus tres cabezas, y en cada una de las cabezas arden dos pupilas rojizas y pequeñas de dragón, la doncellez y el monstruo fundidos estrechamente, doncellez con escamas de dragón, y una vagina húmeda y cerrada –paulatinamente un poco menos húmeda y un poco más cerrada a medida que van pasando los años–, una vagina que es también otro pozo ciego, una vagina que a fuerza de ignorada es como si no existiera y que grita tan fuerte desde esta casi no existencia que su aullido angustioso puede desquiciar el universo: vírgenes adustas que esperan vanamente a un San Jorge[30] tardón, perezoso y esquivo, capaz de hundir su espada en los tres pozos y liberarlas de su encantamiento, pero quizá San Jorge no haya descubierto todavía que la princesa y el monstruo son una misma cosa, que son una misma cosa las doncellas y sus dragones, quizá no sepa oír ese alarido desesperado y mudo que les brota del hueco oscuro y salobre, de la herida quemante entre las piernas. Torvas, severas, adustas, conmovedoras, tímidas, tiernísimas vírgenes escolares. Dejaban oscilar sus cabezotas grandes y pesadas,

30. Príncipe de Capadocia e hipotético mártir cristiano que murió hacia el 303. No se tienen detalles de su historia. Su figura se asocia con el mundo caballeresco y de las Cruzadas. Su presencia en la novela aglutina una feliz multiplicidad de tres sentidos asociados: primero, es patrón de Cataluña; segundo, la iconografía lo presenta luchando contra el dragón para salvar a una princesa y, por fin, da nombre al amante juvenil de Elia.

sus cabezotas torpes en las que el bien y el mal –verdades absolutas, realidades cerradas– libraban una batalla aburrida e interminable, dejaban oscilar sus cabezotas y me miraban compasivas con sus ojillos rojos de dragón –pero yo sabía que tenían un pozo oscuro y cenagoso entre las piernas, y que de este pozo brotaba un alarido desesperado y letal, llamas de fuego densas y larguísimas que todo lo agostaban, y sabía que este pozo les dolía como una herida incurable, de la que quizá no conocían siquiera la existencia, a la espera de la lanza milagrosa que ningún Lancelote,[31] que ningún San Jorge había de traer para hundir en ella–, me miraban compasivas las viejas, porque me querían a su modo –como las quería yo a ellas– y porque yo era al parecer una criatura débil y apasionada, tan orgullosa como vulnerable, condenada a los embates de una furia fatal, de una pasión devastadora, que habría de estrellarme inexorable contra los acantilados del vicio, o contra los acantilados, no menos escarpados, de la santidad y la virtud.

Y en este paseo umbroso de mi infancia, entre los mismos árboles enormes de cortezas resquebrajadas donde sólo habrán cambiado las hormigas en estos cuarenta años, oyendo el rumor apagado del mar contra la playa, adivinando cerca el silbido del viento en los cañaverales, donde otros niños nuevos deben de estar construyendo hoy idénticas cabañas, me acuerdo con muchísima lástima, con enorme desprecio, con tan honda ternura de mis vírgenes adustas, que me querían ángel o demonio, en una lucha constante

---

31. Lancelote o Lanzarote del Lago (apelativo debido a que el hada Viviana le instruyó en el fondo de un lago) es un famoso héroe de la Tabla Redonda. Tuvo amores con la reina Ginebra, esposa del rey Arturo, y, aunque mostró arrepentimiento, no pudo alcanzar el Santo Grial en castigo de su atrevimiento. Sus proezas pasaron a la literatura desde la alta Edad Media y forman el eje de la novela *Lanzarote* (s. XIII).

entre mi ángel y mi demonio particulares, abocadas a los más altos o –y– a los más sórdidos destinos, y me pregunto qué dirían si supieran que la vida –al cabo de tantísimas revueltas– me ha traído hasta aquí.

[XIII]   La casa está vacía. Huele muy levemente a polvo y a cerrado. Quedan fuera los rumores del mar y de las hojas, el viento adivinado más que oído en los cañaverales. En mi segundo pozo hay un silencio total –casi total, porque suena insistente el tic-tac de varios relojes– y una luz tenue. Porque alguien, aunque ahora no haya nadie en la casa, ha levantado las persianas, ha ventilado un poco las habitaciones, ha pasado una gamuza apresurada por encima de los muebles y hasta ha dispuesto algunas margaritas y claveles en los floreros. Incluso se han acordado de enchufar la nevera y ya están cuajados los cubitos de hielo. Y hay provisiones por si nos apetece comer en la casa: frutas, ensalada y pollo frío en las fuentes blancas y azules de cerámica. Ahora Clara se ríe, tímida y huraña aún, pero inconfundiblemente divertida: "¿Cuál de las dos es la Bella? ¿Y en qué rincón nos espera la Bestia?" Y seguimos avanzando por la casa encantada, entre muebles macizos y panzudos de caoba, mecedoras de mimbre, altos maceteros, transparentes visillos, cortinas floreadas, tapetitos de encaje bajo figurillas un poco desconchadas. Seguimos avanzando hacia el fondo ultimísimo de mi mundo subterráneo, hasta el tercer pozo, un pozo dentro de otro pozo dentro de otro pozo, porque allí, de aparecer en alguna parte, es donde podemos encontrarnos con la Bestia, donde puede revelarse el Minotauro, donde juegan todos los atardeceres Comadre Nieve y el Conejo Blanco. Y Clara es sin lugar a dudas la Bella de mi historia, y yo soy apenas un espectador tal vez curioso, tal vez ligeramente interesado, pero en modo alguno comprometido, porque no puedo comprometerme en esta trama que ocurre al otro lado de mil paredes de cristal o de espejo, prisionera yo y a salvo —o eso creo— en el acuario de mi tiempo ido, siguiendo en la bola hechizada del adivino o en la mágica pantalla donde se reflejan las futuras edades una peripecia a la que pienso no he de incorporarme.

Estamos en el patio interior, en el punto más hondo y sin salida de mi último pozo, en el mismísimo centro del santuario subterráneo, en la escondida cámara de los ritos inocentes, perversos y prohibidos. La luz ambarina de la mañana primaveral se tamiza de verde, de azul, al cruzar entre las buganvillas y las enredaderas de campanillas moradas, azules. Zumba la luz en el polvillo denso, como en los rayos que cruzan desde cristales polícromos la oscuridad callada de viejas catedrales, y hay también aquí el mismo frescor húmedo, la gozosa certeza de que la vida —esa bagatela vulgar, desordenada, tan molestamente ruidosa que es la vida— ha quedado detrás de las puertas, sigue vibrando fuera, nos da un respiro hasta el instante de la salida (porque siempre se sale de los patios y de los pozos y de las viejas catedrales). Sumergirse en este patio es como emerger desde la plaza del mercado de una tarde pueblerina de agosto al hondísimo silencio umbrío de una catedral casi vacía. Los ojos se acostumbran lentamente a la penumbra llena de matices, y vislumbramos ya en aquel rincón el lavadero grande. Antes de poder verlo, hemos oído el gotear monótono del grifo en el agua todavía invisible. Sólo este goteo monótono, acompasado, y el estallido inesperado de una campanilla que se rompe contra las baldosas, sobre la mesa de mármol, entre las macetas de hortensias.

Y aquí, entre las macetas, en una mecedora de mimbre, he sentado yo a Clara, como si fuera una de mis muñecas, la más zanquilarga, la más flaca, la menos expresiva de mis muñecas de antes. Debajo de las buganvillas y las campanillas, porque me gustaría que una flor densa, morada olorosa, vencida, le cayera madura en el regazo o entre el cabello oscuro. Si pudiera dejar de fumar por un instante y permanecer absolutamente inmóvil, esa muñeca grande vestida de azul... Estática y remota, todavía un poquito huraña, secretamente divertida quizás y burlona, deja sin hacer un solo gesto –más que el de llevarse el cigarrillo a los labios– que yo prepare las copas, acerque un cenicero, disponga sobre la mesa de mármol los platos y cubiertos, las fuentes con la ensalada y con el pollo frío, y no sé si esta naturalidad prodigiosa con que me deja hacer procede de cien generaciones de princesas aztecas –es cierto que no hubo aztecas en Colombia–, vestidas, bañadas, peinadas, cepilladas, alimentadas por esclavas morenas de pies descalzos, o si es la naturalidad mansa y conmovedora de un niño desvalido, porque surge en torno a ella la certeza de que, si alguien –yo por ejemplo esta mañana– le pidiera que transportara unos platos o trajera un tenedor, le iban a estallar entre las manos o iba a sucumbir tal vez bajo su peso.

[XIV]   Clara sube ahora todas las tardes a la casa del acantilado, sobre el mar variante de las hojas todavía recientes, todavía nuevas. Y el primer día me pregunta riendo –rota por un instante su huraña timidez, esa tensión incómoda que me cohíbe y que la paraliza– si tengo muchas más, si es que me dedico formalmente a ir coleccionando casas viejas y deshabitadas. Casas viejas, cerradas y vacías, con ese olor a polvo acumulado en las tapicerías y las alfombras, ese amarillear y apolillarse de cortinajes y visillos, moho y flores marchitas entre las páginas de los libros, discos pasados de moda, que evocan a veces todo un tiempo perdido, amontonados de cualquier modo junto al tocadiscos, y esa luz filtrada y ambarina propia de los acuarios y las catedrales. Y río yo también —es delicioso reír juntas durante unos instantes— y le digo que no, que tengo por principio no coleccionar nada de nada, dedicarme sólo a piezas exclusivas, aunque en el fondo quizá tenga Clara algo de razón, y esto que guardo y mimo y le exhibo sea en definitiva una valiosa colección formada por dos piezas únicas: la casa de mi abuela junto a la playa, entre el rumor del mar, el silbido periódico y acordado de los trenes, el viento en los cañaverales (menos oído que adivinado) y en lo más hondo y secreto el mágico pozo de las buganvillas, y el viejo piso de mis padres —de mi madre— con los tres balcones dominando el triángulo cabalístico sobre el mar variable —y también rumoroso— de las hojas primaverales. Dos casas vegetales y acuáticas, susurrantes y oscuras, en las que viví yo hace mucho tiempo y en las que algo mío, planta tenaz, soterrada y maligna, de muy hondas raíces, siguió misteriosamente creciendo, pues veo emerger ahora, brotar ahora, en el calor de mayo —como una enredadera magnífica y carnívora, como una enredadera voraz de vertiginoso crecimiento— una parte ignorada de mí misma, que yo creí ya muerta y que iba entretanto multiplicándose en las más hondas simas de las prohibidas profundidades.

Y en esta casa museo, en esta casa templo, en esta casa tumba, en esta casa umbral del mundo del ensueño, voy disponiendo a Clara Ariadna, una Ariadna[32] que tal vez no

<hr />

32. Personaje mitológico que proporcionó a Teseo un ovillo gracias a cuyo hilo pudo éste salir del laberinto en que dio muerte al Minotauro. Ariadna huyó con Teseo, pero fue abandonada en la isla de Naxos, en el mar Egeo. Esta fábula se convierte en la trama alegórica que representa el conflicto central y general de Elia, tal y como literalmente se dice en

ESTHER TUSQUETS

sirva de guía a nadie, pero que me sigue a mí sin hilo alguno
a lo largo de los complicados recovecos del laberinto, a Clara
diosa azteca –inútil recordar que no hubo aztecas en Colombia– de cultos sanguinarios y corazón purísimo, a Clara
Angélica morena que maduró en las selvas tropicales unos
labios dulcísimos y unos senos de miel cuyo sabor buscará
inútilmente en múltiples panales Orlando loco enamorado:
única habitante de mi tiempo deshabitado, de mi pasado
ido, muñeca zanquilarga que paseo morosamente por los
laberintos de mi tiempo inencontrable. La acodo en el balcón sobre la baranda de piedra, el viento agitando sus cabellos largos y oscuros contra el fondo verde tierno de las
hojas, trasladado mágicamente el torreón de Rapunzel
desde la selva oscura al borde de las olas; la siento en el
butacón de cuero donde papá leía el periódico y le voy
poniendo en las manos fotografías y cartas, libros subraya-
dos, libros dibujados, libros de memoria aprendidos, más
parecida que nunca a una muñeca grande y zancuda vestida
de azul –tejanos azul, suéter azul–; o la tumbo blandamente
sobre las alfombras, una lámpara tenue prendida en un rincón y el lamento amoroso de Isolda[33] –que se confunde a

la última frase de la secuencia XXXI (p. 240). Aquí, sin embargo, el papel
de Ariadna lo encarna Clara por el motivo que explicamos en la nota 58
(pág. 240). Ana María Moix identifica a Clara con Teseo y no carece de
enjundia esta sugerente idea, ya que la colombiana (al igual que hizo
Teseo con la Ariadna clásica) también abandona a Elia al regreso de
Julio.

33. Otro personaje legendario, también asociado al ciclo artúrico, que
ha dado lugar a distintas composiciones literarias. El rey Marco envió a
su caballero Tristán a que recogiera a Isolda, princesa de Irlanda. De
regreso, ambos bebieron por error un filtro que desató un amor sin límites. Casados Tristán e Isolda con personas a las que no quieren, el amor
entre ellos perdura, pero mueren los dos cuando logran encontrarse. Isolda encarna la idea del amor inevitable y desgraciado.

132

trechos con el lamento enloquecido de Orlando– inundando en embates enteros y redondos la habitación, como olas redondas que se persiguieran y cabalgaran unas sobre otras antes de romper en la playa o contra el acantilado, se derramaran por todo el piso, escaparan a través de los balcones abiertos hacia los ruidos de un exterior ahora anulado y vencido.

Y entre estas luces tamizadas, en estos interiores con música, mi muñeca flaca, tan insignificante en clase entre los compañeros –un gesto huraño y la gabardina gris ceñida a la cintura–, tan anodina y casi fea en las calles estallantes de sol, en las terrazas de los cafés, en las carreteras junto al mar o en el vestíbulo de los cines, florece con un encanto nuevo: muñeca de interior, su fragilidad y su torpeza se tornan graves, conmovedoras, entrañablemente distintas, mientras amanece un fulgor húmedo en sus ojos abrasados –tan intensa la mirada que no puedo sostenerla y me siento turbada como en la primera adolescencia–, y despereza su cuerpo largo y fino –relajado por fin–, su cuerpo de piel que imagino morena y mate, piel carnosa como un fruto, con la gracia lenta de un felino. Pienso que desde hace mucho la nueva Ariadna estaba buscando ella también sin saberlo mis mismos laberintos, y que es como yo subterránea, oscura, vegetal, propensa a extraños cultos selénicos y prohibidos, a perversas iniciaciones báquicas, rumorosa de mar y de cañaverales, predestinada a debatirse torpemente, lánguida y adormecida, entre las pezuñas agrestes del Minotauro y el aliento denso y ardoroso, el sexo bífido, de Dionisos[34] (en cierto modo Teseo estuvo siempre de más en

34. Dios griego del vino, hijo de Zeus, de vida ajetreada y vagabunda. Al final, recaló en Naxos y casó con Ariadna, que había sido abandonada por Teseo. Representa la vitalidad, la fertilidad y la alegría y se asocia a las fiestas licenciosas. Esta dimensión del mundo que Elia ve

esta historia: un fútil paréntesis de esperanza entre dos magníficas fatalidades, y Ariadna transitó en un ensueño letal, del que no pudo en instante alguno despertar, desde los laberintos a los bosques báquicos, nunca ella misma junto a un imposible Teseo proclive al abandono). Clara gato, Clara princesa más oriental que nunca –quizá Lancelote haya olvidado por fin sus amores con la ingrata Ginebra[35] y fuera él quien la subiera a la torre en que lo mantienen prisionero junto al mar, quizá no fuera en realidad la torre de Rapunzel– se despereza y florece sobre la alfombra persa, donde hermosos guerreros de largas lanzas encabritan sus corceles, y se pierden y ensortijan los cabellos oscuros entre los cascos ágiles y duros, en pleno campo de mítica batalla, y es por ella quizá que pelearon hace un milenio sin conocerla esos hombres extraños de ojos almendrados y negros bigotes lacios –me he preguntado siempre, desde niña, por qué reñirían esos tipos extraños de la alfombra persa tan encarnizada batalla–, los guerreros jinetes que hacen ahora caracolear sus caballos encima –debajo– del cuerpo hermoso de la muchacha en flor, tendido ahí como una ofrenda, como un desafío, como el premio quizá para el que sea más bravo en la pelea, mientras se extiende por la alfombra como una enredadera sin raíces –no necesita raíces–, enorme ella –tan pequeña– entre los guerreros miniatura, nuevo

---

con complacencia se opone a lo apolíneo, de lo que habla en esta misma secuencia poco después.

35. Esposa del rey Arturo con la que tuvo amores Lancelote. La mención apunta a este episodio de *Lanzarote del Lago*, pero la íntima trabazón de lo caballeresco a lo largo de todo *El mismo mar* permite pensar que el recuerdo de Elia proceda del *Orlando furioso*, que ha de tener muy presente en la cabeza por el curso universitario que está explicando; en el poema de Ariosto, la reina Ginebra protagoniza una de sus múltiples historias.

Gulliver[36] en el país de los enanos, pero un Gulliver hembra y flor e increíblemente delicado: la piel cremosa y suave, el largo pelo oscuro, el azul desteñido de los tejanos se pierden y se desvanecen absorbidos en los rosas, los malvas, los azules intensos del tapiz, hasta que sólo quedan vivos en ella los ojos abrasados que me turban y me devuelven a la adolescencia, y un palpitar insólito, levísimo, inquietante también, en ese cuello largo, flaco, desnudo e inerme, ya toda ella seda, toda ella tapiz, toda ella desconocida historia de hace casi un milenio, salvo los ojos quemantes y el ritmo agazapado en la garganta.

Y ante Clara tapiz, Clara en flor, Clara vegetal y lejana, abro yo el baúl de los disfraces −¿no es esto acaso un hermoso, un perverso juego de suplantaciones y disfraces?− y me voy vistiendo lentamente mi tristeza de niña, y descubro que es eso en definitiva lo que he vuelto a encontrar en este mayo sofocante y polvoriento; en esta primavera sin primavera de mi ciudad torpona que poco sabe de matices y gradaciones, en esta primavera de exámenes y flores a María y brotar secreto de las primeras hojas, me ha sido devuelta íntegra −me ha sido devuelta intacta− una tristeza vieja que creía para siempre perdida −que había tal vez incluso ya olvidado− y que no hacía otra cosa que aguardar paciente su momento, a salvo de todo deterioro en el baúl de los disfraces.

Es inútil que Clara me interrogue −está empezando a hacerlo− sobre los hombres o mujeres que yo he amado, sobre las aventuras que he vivido o los trabajos que he realizado, es inútil buscar rastros de la dama inglesa que recorre medio mundo tomando el té −con leche− a las cinco de la tarde, repartiendo sonrisas y propinas, entre los nativos,

---

36. Protagonista de *Viajes de Gulliver* (1726), novela de aventuras y satírica del irlandés Jonathan Swift (1667-1745).

mandándome postales con una letra tan grande, tan segura
y posesiva que sólo queda espacio para unos besos —asépticos y asimismo posesivos—, o mandando unos regalos siempre equivocados y magníficos —túnicas bordadas a mano
sobre sedas antiguas varias tallas más grandes que la mía o
pendientes aztecas de plata labrada para unas orejas que
ella misma, madre muy progresista y europea, no quiso
agujerear jamás—, como es inútil buscar indicios de la otra
mujer, esa Guiomar tan igual en el fondo a mi madre y también tan extranjera —aprisionada yo entre dos mujeres que
me son extrañas, una al comienzo y otra al término de mi
tiempo—, por más que recorra universidades americanas
buscando referencias exactísimas, escriba unas postales en
su letra menuda de médico o científico y mande unos regalos que de puro utilitarios y sensatos resultan peregrinos y
no me sirven tampoco para nada, inútil buscar indicios de
estas dos mujeres que me son extrañas y que están ahí, a
plena luz, autosatisfechas, divinas, apolíneas[37] —y como
todo lo autosatisfecho, como todo lo divino y apolíneo, un
poco bobas—, orgullosas la una de la otra, intercambiando
por encima de mi cabeza halagos y sonrisas, y lanzando
hacia mí, inquietas y llevadas por ramalazos de su mala
conciencia, un amor temeroso que no ha de encontrarme
nunca en mis subterráneos, que se pierde infecundo en los
laberintos. Y es inútil que Clara me interrogue sobre los
hombres que he amado, aunque han sido bastantes, y aunque
a algunos —por lo menos a uno— debí sin duda amarlos mucho,
y aunque hubo otro que fue el padre de Guiomar y que ha sido
parece mi compañero —¡mi compañero!— durante la casi totalidad de mi vida, por más que parta periódicamente en un spot

37. Lo apolíneo —apuesto, bello, luminoso—, característico de Apolo
(véase nota 41, pág. 148), define a la madre y a la hija de Elia y se opone
a la dionisíaco, hacia lo que se inclina la narradora.

televisivo con rumbo a mundos chatos y conocidos, porque lo cierto es que no hay rastros de ninguno de ellos en el baúl: ningún disfraz de novia, ni de amante, ni de mujer que ha descubierto el amor –hubo, no obstante, un día en que Ariadna conoció por fin a Teseo, un día en que cierta valquiria fue despertada dc su sueño por Sigfrido–,[38] ni de compañera fiel o de madre amantísima, ningún disfraz siquiera de mujer realizada o importante o simplemente feliz. Sólo encuentro en el baúl este disfraz agobiante e incómodo, que me oprime de una forma terrible el pecho y la garganta –ya oprimía de niña, y habré crecido tanto, ¿habré crecido tanto?, desde entonces–, tan pesado que hace que me tambalee y vacile bajo su peso, tan monstruoso que pienso puede arrastrarme en cualquier instante a morir, tan conocido y tan entrañablemente mío que se pega a mi cuerpo como una segunda piel, y sin embargo tan hermoso, el más hermoso de todos los disfraces, nacido de los delirios solitarios de una niña desoladora que quizá presintiera ya que algún día habría de conocer y perder luego a Teseo, que otro día –mucho mucho después– habría yo de vestirme este disfraz para danzar ante ti –o ante ella– la danza de la

38. Otro personaje del mundo épico, caballeresco y sentimental, así como de populares relatos infantiles. Sigfrido, hijo del rey de los Países Bajos, es el héroe de la *Canción de los Nibelungos*, epopeya germánica del siglo XIII. Acomete distintas empresas guiado por el amor y se ve enredado en una historia de celos que causa su alevosa muerte.

El recuerdo de este personaje quizá proceda de otras fuentes. Una podría venir de la ópera de Richard Wagner (1813-1883) *El anillo de los Nibelungos*; dos de las jornadas de esta tetralogía se titulan *La valquiria* y *Sigfrido* (véase nota 45, pág. 174). Un Sigfrido también conocido, y no ajeno al mundo de *El mismo mar*, es el enamorado de *La princesa cisne*; hacia este cuento apunta la cita en las páginas 151 y 153 de sus protagonistas femeninas, Odette y Odile. Sigfrido se llama asimismo en algunas versiones el príncipe de *La bella durmiente*.

más honda agonía bajo su peso letal, un disfraz guardado años y años en el baúl de los disfraces –el disfraz de todas las angustias, de todos los miedos, de toda la tristeza de una infancia–, y que me pongo lentamente, dolorosamente, ante ti, princesa enredadera, nueva imagen de una Ariadna que prefigura todos los abandonos, torva princesa en flor entre jinetes liliputienses, florecida mágicamente, entre los lamentos redondos de una Isolda también ella traicionada, florecida y fundida mágicamente en una alfombra persa.

[XV]   Clara antes de entrar en el juego, antes de adivinar siquiera que podía existir juego alguno, mirándome curiosa y progresivamente interesada desde uno de los primeros bancos del aula de las altas ventanas monacales, cuando yo todavía no sabía que era ella, no sabía cuál de aquellos rostros respondía a la descripción de Maite, o antes incluso de que Maite viniera a verme a casa de mis padres. Clara manifestándose por primera vez en Shakespeare, Homero, Peter Pan, levemente agresiva y juguetona en los primeros envites del juego. Clara ya desafiante –desafiante y asustada, o desafiante de puro asustada– tendiéndome al terminar la clase un escrito subversivo más –molesta en el fondo de que yo lo firmara sin leerlo–, siguiéndome por el Pasaje de los Cerezos, hacia la montaña azul, en la mañana lluviosa, mojando aséptica los bizcochos dorados en un café sin nata y sin azúcar. Clara –ahora sí definitivamente atrapada en el juego– dejando oír en el teléfono su voz al borde de la asfixia o ahogándose en los larguísimos silencios. Clara desamparada y adusta al otro lado del coche –enfadada quizá consigo misma por haber al fin cedido, por haberme llamado– y sacada luego de su mutismo hierático por un revoloteo de cabello oscuro y chispas encendidas. Clara muñeca única de mis escenografías, sentada en la mecedora del patio de las buganvillas, las flores maduras cayendo y estallando blandamente en su regazo y entre su pelo. Clara acodada en el balcón de piedra —¿la habrá traído Lancelote hasta su prisión al borde del mar, o será Rapunzel Rapunzel suéltate el pelo?— sobre el bosque de olas. Clara hojeando libros viejos, mirando viejas cartas y fotografías amarillentas, o tendida entre guerreros liliputienses, las pezuñas agudas de corceles enanos picoteando entre la enredadera de su pelo, donde se ocultan las moras más jugosas y dulces. Clara espectadora atenta e interesada de mis disfraces, oyente apasionada de mis historias, y ahora, por primera vez —¿por qué raro capricho la habré traído aquí?—, en un decorado de papel —ni siquiera cartón— entre personajes de pacotilla.

Bajo los siete colchones de pluma de cisne, la princesa, si es una auténtica princesa, si es la más princesa de todas las princesas, tendrá que detectar el engaño y levantar en alto, entre sus dedos afilados, un guisante incordiante y diminuto. Me ha preguntado burlona ya al entrar si era una fiesta de disfraces, y le he explicado —ignorando la burla de la pregunta— que nuestros abuelos se disfrazaban en ocasiones señaladas y casi siempre establecidas, que nuestros padres, los pobres, no pudieron disfrazarse casi nunca —hubo cuarenta años de un disfraz-uniforme que hacía imposibles todos los disfraces—, pero que nosotros, en los años setenta, nos mecemos de disfraz en disfraz. La princesa frunce el entrecejo y rezonga "tú no", pero no me pregunta a quién abarca mi nosotros ni si existe de veras para mí un posible nosotros. Y el nosotros y yo chisporroteamos en un relumbrón falso, extras segundones del peor Fellini, entre los árboles iluminados. Hay tanta luz en el jardín que la casa al fondo —me pregunto si una Vitti morena lee a

Pavese en algún rincón escondido–,[39] con todas las ventanas y grandes puertas correderas abiertas, y en el interior las arañas de cristal, las lámparas de pie o de sobremesa todas encendidas, parece oscura.

Y mientras discurseo y río y reparto besos a destajo y bebo quizá demasiado, intento imaginar cómo serían las fiestas de los abuelos y recuerdo que en cierta ocasión –me lo contó la abuela– los invitaron a una en que debía representarse el fondo del mar, y allí se presentó mi abuelo Neptuno con su gran tridente y sus barbas blancas, y mi abuela, tan frágil y tan hermosa bajo la malla color carne de cintura para arriba y de cintura para abajo cubierta de escamas, y recuerdo que otra vez participaron en un asalto infernal, donde todos, hombres y mujeres, llevaban idéntico disfraz, una malla roja que les cubría todo el cuerpo, una tela roja, blanda y afelpada, con dos pequeños cuernos en la capucha y un largo rabo en el trasero, un disfraz tan aparentemente inofensivo, tan poco suntuoso y tan falto de imaginación –ni siquiera era un disfraz bonito–, tan pobre incluso y deslucido en el estante de las ropas viejas, que a mí –quizá porque no podía relacionarlo con otra cosa que con el apolillado y siempre burlado Lucifer de las representaciones navideñas– me costaba entender qué era lo que lo hacía tan terriblemente pecaminoso, aunque sabía sin lugar a dudas que lo era, mucho más pecaminoso incluso que el disfraz de

39. Un sector de la filmografía de Federico Fellini (1920-1993) tiene un propósito de crítica social y moral. Intencionalidad también crítica posee el novelista italiano Cesare Pavese (1908-1950), una de cuyas obras, *Entre mujeres solas*, adaptó Michelangelo Antonioni (1912) a la pantalla con el título *Las amigas*. La referencia a la actriz Monica Vitti nos lleva a una de las mejores películas de Antonioni, *La notte* (1961), que desarrolla el sinsentido vital, la incomunicación y el deterioro de los sentimientos en un ambiente burgués en cierta medida coincidente con el de nuestra novela.

sirena, éste sí voluptuoso y suntuoso y bonito y que dejaba adivinar seguramente los senos de la abuela, pero el disfraz de demonio era mucho peor, bastaba ver la mirada adusta y escandalizada, el instintivo gesto de rechazo de nuestra Generala, y ver sobre todo cómo, en este preciso instante en que la Generala iniciaba sus aspavientos y me arrebataba los trajes y los lanzaba a lo más hondo del estante más alto, mi madre y Sofía intercambiaban a sus espaldas y por encima de mi cabeza guiños de divertido entendimiento, risas ahogadas, porque mi madre y Sofía se llevaban muy bien en aquellos tiempos, aunque después pasara lo que pasó. Y fue Sofía, como en tantas otras ocasiones, la que intentó explicarme lo del disfraz, aunque tampoco la entendí yo del todo, porque no había aprendido todavía el significado de esta palabra tan sonora y bonita, tan sugerente: promiscuidad, ni alcanzaba tampoco a imaginar que lo malo, lo malísimo, radicara en que mis abuelos y sus amigos fueran, con casi cien años de antelación, precursores del unisex.

Y hoy, en esta fiesta de disfraces, que no es una fiesta de disfraces pero que –Clara tiene razón– lo parece, descubro bajo la aparente diversidad un orden secreto y se me ocurre que nos hemos disfrazado siguiendo un lema común, que no es hoy El Fondo del Mar, ni El Reino de Lucifer, como en los carnavales de mis abuelos, sino otro lema con el mismo afán de perversión –capaz de escandalizar a las Generalas, y sólo a las Generalas– e idéntica conmovedora ingenuidad: la fiesta parece consistir en una apoteosis gloriosa, o grotesca, en cualquier caso hermosa y cómica, de los senos: Apoteosis de las Tetas. Surgen por todas partes. Por el centro de los escotes largos, cuyos márgenes casi paralelos rebasan la cintura (se encuentran bastante antes de alcanzar el infinito) –cúpulas blancas y estremecidas, breve aparición de pezones malva–, por los costados de los vestidos sin espalda –reiterada visión frustrada en el vértice,

141

ESTHER TUSQUETS

obsesiva en su carácter de incompleta–, surgen tras la transparencia de las gasas o la adherencia del tricot –pezones encabritados y en pie tras la rugosidad de las telas sensibles a la brisa nocturna–, tras la leve envoltura de los lamés, pechos en plata, en bronce, en oro, cincelado ornamento de antiquísimas y siempre jóvenes divinidades. Pienso que nosotras hemos traído nuestros senos a la fiesta, orondos y sedosos como gatitos, michinos muy mimados con un lacito rosa, liberados de ataduras y sostenes. Y los hombres rondan desorientados y perdidos a su alrededor, ¡tan relegados a un segundo papel!, mientras las tetas bullen divertidas y esplendorosas, tímidas o peleonas, estremecidas de frío y de champán, y nosotras intercambiamos saludos de pezón a pezón.

Clara no ha traído gatitos a la fiesta –al menos no visibles–, ni gatitos ni los menores deseos de participar. Mi princesa guisante de piel sensible –ya no queda duda de que es una princesa verdadera, la más princesa de todas las princesas– me mira ahora burlona desde el borde de la piscina.[40] Se ha sentado allí, la espalda apoyada en la baranda de la escalerilla, los pies balanceándose casi en el agua, seguro que acabará mojándose los pies, metida en los tejanos de siempre y en un suéter gordo que debe estarla matando de calor –mientras todas las demás nos morimos de frío con los senos y espaldas al aire–, aunque sabía que veníamos a una fiesta y a mí me consta que dispone de otra ropa. Pero no he

40. Nueva presencia de la literatura infantil. La "más princesa de todas las princesas" remite al cuento *Una verdadera princesa*, también conocido como *La princesa y el guisante*. En esta historia del repertorio de Hans Christian Andersen, una joven despierta dudas sobre su rango real. Desvanece, sin embargo, todas las sospechas al quejarse de la mala noche que le ha hecho pasar un guisante que le han colocado –como prueba y sin que ella lo sepa– bajo veinte colchones de lana y veinte de pluma.

142

querido decirle que subiera a cambiarse –para qué– y me la
he traído con esa pinta de golfo descarado: sólo yo sé que
es la princesa guisante disfrazada de pilluelo y que esconde,
bajo la lana que los asfixia, los gatitos más ronroneantes y
más suaves de la fiesta. Y la princesa-pillete me sonríe
y hace un gesto para que me acerque, y ahí me tiene, incó-
modamente agachada al borde de la piscina, con los pies en
el borde mojado y resbaladizo –además de mojarse los
pies, la tontorrona se está mojando el culo–, hablando y
hablando –ella que no habla casi nunca–, sin hacer el
menor ademán de levantarse, sin erguir siquiera la cabeza
o subir el volumen de la voz para que yo pueda seguir
oyéndola pero incorporarme –y casi ni así, agachada a su
lado, entiendo bien lo que me dice–, con la misma arro-
gancia torpe, con la misma naturalidad o la misma insolencia con que deja que le preparen la comida, la ayuden a
ponerse el abrigo, le enciendan los pitillos, o le empujen
dentro del coche brazos y piernas antes de cerrar tras ella
la portezuela.

Me sumerjo de nuevo en la fiesta de disfraces –en este [XVI]
nosotros que en realidad no es más que una ficción, porque
ni ellos ni yo podemos estar nunca seguros de ser de veras
una misma cosa, y siempre hay en mí vestigios de una rara
incomodidad, un sentirme fuera de lugar, y hay en ellos un
leve desasosiego envuelto en sutiles suspicacias–, me sumerjo en la fiesta de disfraces y reanudo la tierna apoteosis de los
senos, el intercambio de sonrisas y de besos, mientras deci-
mos a coro, sacándonos unos a otros las palabras de la boca,
las más monstruosas ridiculeces y arrebatamos blandamente de las grandes bandejas de plata las copas delicadas, por
cuyos largos tallos se desliza la espuma del champán, y ya

es idea esta profusión de champán en una fiesta, como si estuviera adivinando y siguiendo mi juego y quisieran buscar una sutil analogía con las bacanales de nuestros abuelos, aunque Clara, ella sí y no sé cómo, ha conseguido encontrar en algún lado una botella de whisky y un vaso grande, sin tallo, y se sirve y bebe al borde de la piscina, y seguramente por eso, porque también ella está bebiendo demasiado, no nota que sus pies chapotean en el agua y que tiene mojados los zapatos y el trasero, o si lo nota no le importa, porque me mira, me sigue obstinadamente con la mirada mientras yo deambulo por el jardín, me mira y me sonríe y levanta en alto el vaso en un brindis burlón, y bebe por mí o por ella misma o por todos nosotros. Y yo pienso que nunca la había visto beber y que quizás esté bebiendo más de lo debido, pero quién no bebe más de lo debido en una de esas fiestas, y cómo sería posible, sin beber, soportarnos los unos a los otros, y soportar la memez ajena y potenciar la propia, y hasta creernos ingeniosos y guapos y tremendamente importantes como grupo, cuando sólo somos una copia mala del peor o del mejor Fellini –y seguro dentro de la casa en ningún rincón encontraré a la Vitti releyendo a Pavese–, los mezquinos residuos de una raza a extinguir y que quizá no existió nunca como la imaginamos; cómo sería posible, sin beber, estrechar así las filas del clan, y mantener como un fuego sagrado ese chisporroteo cálido en miradas y sonrisas, ese alegre encresparse de pezones bajo la suavidad o la rugosidad de unos terciopelos y lamés que cabalgan a pelo, sin riendas y sin silla, sobre nuestros pechos; cómo podríamos llevar adelante la farsa, porque esta fiesta como todas nuestras fiestas es una farsa, menos real incluso que la Casa de la Troya de nuestra juventud, y representamos ahora un papel distinto pero con mucha menos convicción que cuando pretendíamos ser unos jóvenes y despreocupados estudiantes que se fuman la clase y bajan paseando hasta el mar, quizá porque el entusiasmo se ha ido quedando con los años por el camino o quizá porque no tenemos ahora suficiente público –dónde están los viejos que leían el periódico sentados en los bancos, las mujeres gordas desbordadas por los niños y las cestas de la compra, los adustos conserjes del Ateneo–, aquí somos nosotros público y espectáculo porque los criados son sólo sombras, fantasmales soportes de unas bandejas de plata que parecen deslizarse solas por el jardín, aquí no hay otro posible público que Clara, y por eso brinda burlona en nuestro honor, desde la escalerilla de la piscina, y sabe que estamos interpretando mal, que somos actores de segunda, y sospecha que quizá la he arrastrado hasta aquí para tener al menos un espectador ajeno a esta representación lamentable, porque sin un espectador, aunque sólo sea uno, el teatro ya no existe –tendré que explicarle luego que no es eso, que la he traído en realidad para ponerla a prueba y descubrir si encontraba el guisante y era la más princesa de todas las princesas–, y he de reconocer que también a mí me gusta representar, me gusta disfrazarme, me gusta sumergirme en esta interminable sucesión de farsas que se inició en la adolescencia: antes de la adolescencia no había farsas, sólo juegos, y los juegos han sido y son siempre sagrados, nacemos y crecemos en el mundo sagrado de los juegos –donde todo es real– para desembocar después en esta mascarada de los adultos.

La casa está vacía y en penumbra –han apagado hace rato las arañas de cristal y sólo quedan algunas luces bajas–, hermosa como un decorado sin gente. Y ante el tocador de mármol rosa, ante el gran espejo que cubre casi la pared, me divierte –como cuando era niña y me escabullía en el baño de mi madre– empolvarme la nariz con la borla satinada color crema, pasarme el cepillo de marfil por el cabello, rociarme el cuello y las mejillas con las minúsculas gotitas de colonia muy fría que salen disparadas del perfumador de cristal. Me inunda el aroma intenso y desconocido, y cierro los ojos un instante largo, lo bastante largo para que alguien se deslice a mis espaldas, y yo piense Clara, pero sepa que no es Clara –ni es tampoco Maite, que nos ha estado mirando toda la noche con curiosidad creciente– la que me ha seguido hasta aquí, que no son las de Clara estas manos sin peso que se me posan en los hombros, que no es de Clara este jadeo leve, la respiración un poco más rápida y difícil de lo normal, que me roza el oído, que me roza la nuca, ni este segundo aroma, también desconocido pero mucho más agresivo e intenso, que se mezcla ahora con el que yo he extraído del perfumador. Las manos inician desde mis hombros una caricia lenta, graciosa, casi un ademán de pantomima o de ballet, como si más que tocarme me dibujaran en el aire; se deslizan por mis costados, me rozan la cintura, se demoran unos instantes, ascienden hasta mis pechos y se inmovilizan allí, alcanzada por lo visto su meta, con un temblor levísimo. Después en una decisión súbita, suben de nuevo hasta mis hombros y me obligan a darme la vuelta. Y me enfrento ahora a unos ojos verdísimos –que no son los de Clara y no son los de Maite, claro–, dos piezas gemelas de hermosísimo jade, en lo hondo de la sima sobre la que aletean asustadas las larguísimas pestañas de oro, me enfrento a una boca rosa pálido, un rosa fragante y húmedo que florece en el rosa mate y más claro de la piel, porque alrededor de las piedras verdes y las pestañas doradas el rosa se difumina y se tamiza, en una imitación casi perfecta de la carne, y lo real y lo imaginario encuentran un punto de conjunción exquisita en esa delicada muñeca de salón (porque es la señora de la casa la que me ha seguido hasta el tocador), y el rosa mate de las mejillas se atenúa todavía más en la garganta, deja transparentar allí muy levemente las venas azuladas, para volver a enriquecerse en tonalidades más cálidas al alcanzar los hombros y el pecho, hasta la cúspide violácea de los senos, semejantes a las puntas de los capullos de las flores de nardo, una repetición, una suave consonancia con el rosa de los labios y el rosa, sólo un punto más encendido, de las uñas. Es un objeto rarísimo y exquisito, tremendamente costoso, importado de tierras muy lejanas para solaz del miembro más poderoso del clan, es la pieza mejor lograda de una amplia colección de marfiles y jades, de tallas góticas y armas renacentistas, el más precioso de todos los tesoros que llenan este palacio de pacotilla en el que todo es costoso y auténtico pero en el que nada es real, soberbia pieza de orfebrería cincelada por artistas expertísimos, magnífico ruiseñor de oro y esmeraldas traído hasta aquí desde muy lejos para recreo y ornato de un falso emperador, aunque para consolarle esta vez por la pérdida de nada, pues por quién o por qué podría estar un día triste el señor de esta casa. Un valioso juguete de pedrería que cantará tan bien quizá como un pájaro verdadero, porque lleva en el pecho hueco una voz oculta, toda ella —la voz— oro halagador y rosa acariciante, una voz opaca y melodiosa, que rima delicadamente con el esmeralda de los ojos, con el mate marfileño rosado de la piel, una voz programada para encresparse a veces hasta la intensidad voluptuosa del rosa carmín, para que languidezca luego, tan exquisitamente, en el rosa nácar, una voz que debe conocer una única canción, bien grabada y aprendida, un disco de una sola cara que el emperador puede accionar cómodamente oprimiendo un botón.

Pero algo debe de haberse roto hoy —y por qué precisamente hoy, que he venido a esta fiesta con Clara, mientras Maite nos espía a las dos, o a las tres, con sus ojos al acecho— en el complicado mecanismo, y sin duda el ruiseñor de pedrería se ha metamorfoseado en un pájaro loco, y si al menos hubiera enmudecido, pero no, no ha enmudecido, sino que está distorsionando monstruosamente la canción y está musitando ahora en mi oído una salmodia blasfema, una salmodia oscura y sin sentido –sin sentido al menos en el mundo de Apolo[41] y del emperador–, con una voz sangrante y turbia, como coágulos viejos de una sangre sucia, una voz que ningún orfebre habilidoso pudo disponer en su pecho, y que no rima ya con los suaves tonos marfileños ni con el verde purísimo de las esmeraldas, aunque también allí en lo más hondo de las piedras traslúcidas y frías, está naciendo ahora un brillo alucinado, y se ha incendiado el rosa tenue de las mejillas, y en las sienes de nácar está brotando algo que se parece muchísimo al sudor.Y es monstruoso ese despertar a la vida de un ser inanimado, es terrible ese segundo ser que emerge vivo, perfilándose línea a línea tras los rasgos evanescentes de la muñeca-ruiseñor, hasta engullirla y eliminarla, como si la devorara desde dentro para poder crecer él hacia afuera, esta mujer de carne que ahora nace, o que yo descubro ahora tras sus máscaras, y que no es ni siquiera una mujer hermosa. Me envuelve el graznido ronco –dime que tú también sientes lo que yo, dime que no has podido pensar en otra cosa desde que nos conocimos..., ¡qué disparate en un ruiseñor de esmeraldas!–, y siento que me diluyo en el rosa y el nácar, en el brillo enfermizo de pedrerías locas, en el aroma pegajoso y demasiado denso de los dos perfumes que se mezclan, en el chirrido del disco equivocado que musita una canción imposible, mientras tengo la lengua de la mujer-pájaro, de la mujer-serpiente, enroscándose a la mía, hundiéndose hasta lo hondo de mi garganta, y sus labios me chupan como ventosas encendidas, y las garras terribles –de dónde demonios sacarán su

41. Dios griego, hijo de Zeus, tenido por la divinidad del sol y de la medicina; por aquélla ostentaba el calificativo de "el brillante", condición que casa bien con la madre de Elia (recuérdese la nota 37 de la p. 136).

fuerza insospechada– me lastiman el pecho y la garganta, desgranan en un gesto monótono, obsesivo, mis pezones asustados, y me repito que debo hacerla entrar en razón, devolverla lo antes posible –antes de que entre Maite, de que nos vea Clara, de que se dé cuenta de algo el emperador– a su magnífica envoltura de objeto suntuario, a la seguridad inerte de piedras y metales, a la lujosa inmunidad de sus mil máscaras, debo advertir a esa muñeca rota que no puede permitirse aquí tales desmanes, que nunca debe adivinar su dueño y señor –me conozco tan bien a los emperadores de mi tierra–, el señor que la trajo de muy lejos para exótico ornato de sus salones y, esto ya es más dudoso, para placer de su cama, nunca debe descubrir, por mucho que la agasaje y que la mime y la cubra de obsequios y caricias, nunca debe entrever, por más que esté dando en su honor las fiestas más fastuosas de la ciudad –que a Clara, todo hay que decirlo, no le parecen tan fastuosas, porque a ella, también llegada de otro mundo, todo, los coches y los whiskies y las joyas y la servidumbre, le parece pequeño y corto y ajado y mezquino en este mundo nuestro–, nunca debe intuir, pues, el emperador que hay algo en su magnífico juguete que no funciona como es debido, que hay un rostro casi humano y ni siquiera especialmente hermoso detrás de tantas máscaras, y en el pecho un disco secreto que conoce y murmura otras palabras, para él blasfemas, y que la sofisticación obra de habilísimos orfebres del Oriente puede arrastrar algunas veces a senderos prohibidos o ignorados. Porque mi pobre mujer-serpiente, mi desvalida mujer-pájaro, sólo programada para ser ornato de camas y salones, sería devuelta de inmediato a los más lejanos confines en un paquete cuidadosamente lacrado, y eso si no le ocurría algo todavía peor.

La aparto pues muy suavecito de mí, sus manos todavía en mis pechos, las mías en sus hombros, le doy un beso

cariñoso y breve, y me escabullo veloz hacia el jardín
—Clara sigue en el borde de la piscina y no creo haya adver-
tido nada—, un poco divertida en el fondo, y un poco conmovida también, porque no asiste una todos los días a la
dolorosa metamorfosis de un ruiseñor de oro en una bacante desmelenada —y que hasta olía un poco a vino, no a
champán—, con la ferviente esperanza de que nadie nos
haya visto en el tocador ni nadie pueda poner en peligro el
triste porvenir, el brillante futuro, de un pájaro tan elegante
y tan hermoso, aunque también, para su desgracia, tan inoportunamente real y vivo.

[XVII]   Hace mucho tiempo —porque el tiempo ha empezado a
transcurrir con un ritmo distinto, y cuatro o cinco o seis días
son ahora una enormidad de tiempo dentro de nuestra historia, la historia de Clara y la mía, que tal vez no sean tan
siquiera una misma historia, sino dos historias absurdas y
paralelas que no habrán de encontrarse en ninguna parte,
porque quién cree todavía en el infinito, o mejor, antes que
una historia, un mero pretexto mío para contar y revivir viejas historias—, hace mucho tiempo pues —exactamente cinco
días—, desde la mañana en que la introduje por vez primera
en el hondo verdor de mi pozo encantado, entre el rumor
constante y apagado de las olas y los cañaverales, y, a intervalos, el pitido y el traqueteo de los trenes antes de adentrarse en el túnel, desde el día en que buscamos a la Bestia
entre las hortensias y cayeron las buganvillas maduras
sobre el regazo inerme de mi muñeca azul, desde entonces,
proyectamos esta salida al mar en primavera, un mar limpio
y sin gente, todavía virgen, o nuevamente virgen después
del invierno.

    Pero algo se ha trastocado en el juego y ahora somos

cuatro en la barca, cuando eso debió haber sido una salida a dos en persecución de alguno de mis viejos fantasmas. Porque el ruiseñor de oro se nos ha subido a bordo –insensible a mis resistencias, por otra parte no irreductibles ni demasiado difíciles de vencer, no sé si por una secreta debilidad hacia el ruiseñor o tal vez por malignos deseos de mortificar a Clara–, ha subido metamorfoseada en cisne negro a la barca: tiene sin duda preferencia por los disfraces de ave, y aunque pienso que hubiera sido mucho más adecuado un blanco atuendo de gaviota, algo sencillo, mañanero y marino, la reconozco deliciosa con su largo pescuezo de nácar y su cabello azabache recogido en la nuca, mientras emergen cuello y brazos de una nube levísima y espesa de volantes negros. Y efectivamente tiene también la boca roja como la sangre, aunque en realidad se parece más a la pérfida reina que a la princesa candorosa que juega bobamente entre palomas, porque esta Odette[42] medio bruja odia inequívocamente a las ingenuas muchachitas inocentes, advenedizas y tropicales, y Odette me acosa desde el día de la fiesta en el jardín con un deseo torpe y denso, que debiera ofenderme o quizá asustarme, pero que me divierte y me conmueve, tan patética y desvalida en el fondo la hechicera de los disfraces de pájaro, de las máscaras innumerables.

Sostengo el timón sin esfuerzo, el mar está levemente

42. Protagonista femenina del cuento tradicional *La princesa cisne*. Un malvado brujo, enamorado de Odette, la convierte en cisne durante el día para evitar que trate con otros hombres. El príncipe Sigfrido quiere deshacer el encantamiento con su amor y le ofrece matrimonio. Pero el día en que Sigfrido tiene que elegir públicamente esposa, el malvado hace que su hija Odile (mencionada en la pág. 153) tome el aspecto de Odette, de modo que el príncipe se compromete por error con la bruja joven. Así, además, el espíritu maligno podrá hacer suya a la princesa. Se descubre el engaño y, derrotado el brujo por Sigfrido, éste se casa con Odette.

picado, muy poco, y no hay otra embarcación más que la
nuestra –las barcas de los pescadores que siguen haciéndo-
se a la mar están a estas horas ya muy lejos–, y mantengo
yo los ojos cerrados, aunque veo perfectamente al cisne
negro, petrificado en un gesto altivo, la mirada vacía, y el
largo cuello emergiendo entre volantes, tan artificiosa y tan
bella que nadie adivinaría en ella a la bacante del gesto des-
compuesto y la voz ronca, y veo la espalda flaca y el cabello al viento de mi patito feo enfurruñado, petrificado también él en la proa como una cariátide, cabalgando con una
pierna a cada lado del espolón, demasiado ofendida para
mirarnos ni para dirigirnos la palabra a ninguna de las tres,
ni a la pérfida reina negra de los malignos hechizos, ni a mí,
que la he traicionado introduciendo pájaros brujos en nuestro santuario, ni siquiera a esta muchachita que se ha traído
ella consigo, cuando supo que la salida al mar no iba a ser
solas como la habíamos proyectado, una jovencita esplen-
dorosa que lleva su juventud como una profesión y su belleza como un estandarte –a Julio le volvería loco–, toda ella
largas piernas, hociquillo gracioso, ojos traviesos y almendrados, bronceado uniforme: una juventud de calendario,
de anuncio en tecnicolor, esa juventud estereotipada en la
que parecen creer algunos tontos y cuatro viejos como
aquellos que nos veían bajar por el paseo hacia el mar, tan
envidiosos o tan alejados de su propia juventud que todo –la
angustia, la soledad y hasta las largas noches de furia, desconcierto y llanto, aunque nada de esto parece afectar a la
amiga de Clara y quizá sea una excepción– lo habían ya
olvidado. Yo me he traído un pájaro exótico y maligno con
sus cien disfraces –debajo una bacante sucia y enamorada–,
y Clara se ha traído ese emblema simplista de juventud y de
belleza, esa envoltura perfecta –debajo cualquiera sabe.
Nos hemos sacado de la manga dos peones disparatados y
tramposos, lanzados ahora al tablero de juego de dos reinas

locas, y aquí estamos las cuatro, en la banca panzuda que corta de un modo tan hermoso el mar levemente rizado –y si estuviéramos solas yo le explicaría a Clara que no existen dos barcas que corten el mar de modo parecido, que cada barca compone una escultura única con su quilla y las olas–, chocando la proa en limpias acometidas contra el agua y dividiéndola en dos bandas de espuma que se deslizan raudas a lo largo de los flancos suaves. Salta en el aire dorado la espuma blanca y salpica los eternos tejanos de mi patito feo hoy casi princesa cisne blanco, una Odile que se mantiene obstinadamente de espaldas y avanza mayestática –en juego de cariátide– con los pies –otra vez, ya es manía– casi sumergidos en el agua; salpica la espuma salobre los volantes levísimos, satinados y enhiestos de Odette, un cisne negro de sonrisa distante, hija perversa y única del hechicero –me pregunto si mantienen tal vez relaciones incestuosas de las que nacerá algún extraño monstruo– que retiene cautivas a tantísimas doncellas otrora cándidas, cisne negro que invoca tal vez secretos maleficios para cerrar para siempre en su cárcel de plumas a ese patito torpe y desdichado –no cabe duda de que hoy es desdichado– que ha de llegar a ser muy pronto la esposa de algún príncipe o el cisne más hermoso de todo el lago: cisne negro y cisne blanco salpicados de espuma dorada, hostiles los dos, obstinadamente mudos y enfrentados –aunque ellas no se miran– y entre los dos unas piernas soberbias, absolutamente impersonales, más remotamente humanas que los mismos pájaros, un pulpo en un garage o una anunciante de pepsi-cola en una asamblea de aves, piernas soberbias y no humanas recubiertas también a trechos por brillantes chispitas de espuma.

Y yo sigo con los ojos entrecerrados, y el sol me pone estrellitas de colores detrás de los párpados, y sé que si los oprimiera levemente –como hacía de niña, como hacen

todos los niños– con las puntas de los dedos, los estrellitas
bailarían una danza de metamorfosis como los cristales de
un caleidoscopio, pero con una mano sujeto el timón y con
la otra me aferro al borde de la barca, y es tan delicioso el
sol y el sabor a sal entre los labios y el entrechocar constante y repetido de la quilla contra las olas, y me importan
tan poco de repente las querellas de reinas o las riñas
de pájaros –y sé por otra parte que está echada a perder
desde el comienzo la búsqueda de cualquier tiempo perdido
o de cualquier fantasma apolillado, incompatibles los fantasmas con las chicas anuncio, con las chicas emblema, con las
chicas que llevan su belleza y su juventud como un estandarte, incompatibles los entrañables fantasmas de la infancia
con los perversos cisnes negros cautivadores de doncellas–,
que me dejo arrastrar amodorrada y lenta, perezosa como
un lagarto, o como la imagen que tenemos los humanos de
los lagartos adormecidos al sol, ajena a todo, aunque las
otras tres mujeres se han lanzado a hablar, roto por fin el
mutismo obstinado, y el ronroneo o el graznido de sus
voces secretamente agresivas se mezcla al de las olas, al
rumor del viento, se mezcla ahora al alarido repentino,
áspero, salvaje de las gaviotas, porque la barca se ha deslizado en el interior de una rada, y un círculo casi cerrado de
rocas agrestes, cortadas a pico sobre el agua, altísimas y
oscuras, nos rodea, y el agua queda ahora súbitamente
inmóvil y es de un azul profundo, casi negro, y ha cesado
también de pronto el viento, y en lo más alto de los riscos,
apretadas la una al lado de la otra, en una línea densa e inin-
terrumpida, lanzan las gaviotas un alarido irritado, nos
increpan furiosas desde las rocas negras que se hunden en
su base en las aguas negras, destacan contra un cielo que
parece repentinamente sombrío y amenazador. Y estoy
echando el ancla, aunque en este mar denso, metálico, la
barca no se mueve, y, cuando cesa el zumbido del motor,

aumenta y se multiplica terrible el alarido de las gaviotas, y siento casi frío, y me tumbo de espaldas en la madera tibia, al sol —porque sigue haciendo sol aunque parezca que el día se ha entenebrecido—, me tumbo con los ojos nuevamente cerrados, y pienso que en definitiva quizá no estén tan lejos mis fantasmas, mecida yo suavísimamente por el agua de plomo o de mercurio, tan plata y tan oscura, con un cielo del que parece —sólo parece— haberse borrado el sol sobre mi cabeza, y esos pájaros salvajes increpándonos airados a miles desde los riscos, apagando casi el parloteo trivial que mantienen un cisne negro, un patito feo y un pavo real, aves en definitiva de corral o de estanque, que pelean con rabia pero sin brío, sin alcanzar ese alarido terrible de las gaviotas enfurecidas, aves de corral en tonta competencia gallinácea, una competencia que aun siendo por mí —porque hablan para mí, por más que parezcan estar hablando entre ellas— ha dejado de interesarme —no tiene sentido esta pelea de corral en tan soberbio decorado wagneriano—, hasta que algo me obliga a incorporarme, el codo sobre la madera y la cabeza apoyada en la palma de la mano, algo me obliga a abrir los ojos e incluso a olvidarme de las gaviotas y de los fantasmas, porque en la proa inmóvil, contra las rocas negras, la muchacha emblemática se ha quitado el suéter y el slip, en un gesto rápido, natural y sencillo, y se yergue desnuda, toda la piel uniformemente bronceada, más parecida que nunca a la portada de una revista, toda ella imagen, sin la menor evocación al olfato o al tacto, tan tremendamente impersonal, tan joven y tan hermosa, y cerca de ella el cisne negro se está despojando en gestos sabios y lentísimos de volantes y plumas, emerge laboriosamente de múltiples encajes y bordados, prendas íntimas minúsculas y exquisitas, como pedacitos de espuma negra, como el ajuar de una muñeca lujosa de otros tiempos —aquí sí se expanden los aromas, aunque apenas si llegan hasta mí absorbidos y devorados por el aire salobre que huele a mar–, y ella se demora, se estremece al contacto de una brisa imperceptible, se despereza lenta y sin sonrisas, y emerge milímetro a milímetro un cuerpo escueto y suntuoso, de muslos escurridos, largas piernas, senos pequeños y erguidos que culminan en unos pezones ásperos, rugosos y casi violetas, suntuosa carne satinada en tono crema. Y es un hermoso espectáculo el de las dos mujeres –tan natural, la una, tan artificiosa la otra– espléndidamente ataviada en su propia desnudez, más cubiertas que nunca, más a salvo que nunca, tras la coraza de sus cuerpos desnudos, erguidas allí, entre el círculo casi cerrado de los riscos negros y amenazantes, bajo el graznido airado de las gaviotas, sólo que en los ojos grises de mi patito feo, que por fin ha vuelto también la cabeza y ha perdido por fin su compostura de cariátide, hay un fulgor herido, una rabia desconcertada y salvaje, pobre gaviota atrapada en extrañas redes y más que nunca vulnerable, más que nunca un gatito famélico y perdido, pero que acorralado aquí, en la proa inmóvil sobre el mar quieto y negro, va a tener que saltarme forzosamente a los ojos o a la garganta, porque no cabe duda de que es un animalito inerme y herido, pero no me cabe tampoco la menor duda de que es un animalito salvaje. Y el salto se produce repentino, fabuloso en el aire, tan brutal y violento tan doloroso para ella –porque la agresión es más contra sí misma que contra mí–, que me deja atónita y conmovida: no ha saltado a los ojos ni a la garganta de nadie, se ha lanzado al más vertiginoso vacío, y veo surgir la espalda flaca, traslúcida la piel que recubre los huesos pequeños, delicados, veo surgir los brazos blanquísimos, la cabeza con el pelo oscuro ahora revuelto, mientras sostiene valerosa en alto, como una bandera, el suéter azul, y ahora queda ahí, ligeramente temblorosa, firmes los labios y desconcertados los ojos, más parecida que nunca a una niña que no sabe, pero las dos sabemos que tiene que seguir, porque yo no puedo gritar me rindo, ha sido un juego estúpido, vuelve a ponerte la ropa, ni puede ella volver a alzar en alto el suéter bandera y deslizárselo por la cabeza, y en esta pantomima idiota –que nos lastima a las dos– habrá que llegar necesariamente hasta el final, y Clara se quita en bruscos tirones desmañados los tejanos, el sostén –para qué diablos llevará sostén– y las bragas, y queda ahí su cuerpo niño, casi ni adolescente, los largos cabellos oscuros desparramándose hasta la cintura, blanca como la nieve, negra como el ébano, roja como la sangre, no los labios –ahora morados de tan lívidos– sino las mejillas que se incendian, en un rubor que ella detesta pero no puede contener, y si la hermosa joven pepsi y el fascinante cisne negro se han vestido su desnudez, como un atavío suntuoso y magnífico, el propio cuerpo cubriéndose a sí mismo, y no puede decirse propiamente que estén desnudas en este nuevo disfraz, ahora el cuerpo de Clara, tan crispado y tan pálido entre el cabello oscuro, este cuerpo que no es siquiera todavía un cuerpo de mujer, que no es siquiera adulto, resulta tan terrible, tan turbador en su ambigüedad y en su desamparo, que ha concentrado en sí toda la posible desnudez del mundo. Y mientras oigo las tres zambullidas sucesivas de los tres cuerpos en el agua, vuelvo a tumbarme en la popa, esta vez con un frío más intenso y distinto, buscando el calor reconfortante de la madera tibia.

Bajo una mirada febril, extrañamente fija, en unos ojos [XVIII] demasiado abiertos –que no estoy segura de que me vean, ni a mí ni a nada– se agita una boca ansiosa e ignorante, que parece haber intuido en sueños, o haber aprendido en otras vidas pasadas y a medias olvidadas, todos los besos, una boca salobre y ardorosa, de labios cortados y levemente

ásperos, que arremete una y otra vez obstinada –en un oleaje intenso, furioso, desolado– y va a estrellarse contra la
mía, mientras tiembla todo el cuerpo de Clara en convul-
siones incontenibles y rueda su cabeza de un lado a otro de
la almohada, y uno de sus brazos me rodea con fuerza sorprendente la cintura –estoy arrodillada en el suelo, a su
lado, junto a la cama– y la otra se aferra a mi nuca, a mis
hombros, a mi pelo, y atrae mi cabeza repetidamente hacia
la suya, hacia su boca abierta, anhelante, sedienta y abrasada, su boca que me besa y emite al mismo tiempo –o entre
beso y beso– un gemido ahogado, que no es humano ni animal siquiera, un gemido ronco como el del mar o el viento
en las noches sin luna de sábados terribles, en que andan
sueltas las meigas y las brujas calientes del sur, entre mau-
llidos de gatos negros encelados y furioso restregar de
sexos ávidos contra las escobas.

Y yo no sé si Clara está realmente muy enferma, o si está
sólo drogada y borracha, porque ha pasado, hemos pasado
las cuatro, horas enteras delante de la chimenea encendida,
tan agradable el interior iluminado por las llamas después
de la mañana en el mar, y el cisne negro se ha vestido una
vieja bata de mi abuela, absolutamente disparatada y fastuosa, una bata de terciopelo escarlata con volantes de encaje, y me pregunto cómo es posible que mi abuela se atre-
viera a llevar, ni siquiera en privado, semejantes ropas, una
bata que se desliza acariciante a lo largo de los muslos finos
de la mujer pájaro y se abre una y otra vez dejando aparecer los senos de pezones oscuros, y la francesa, porque la
muchachita pepsi ha resultado para colmo francesa, se ha
puesto un batín de mi abuelo, de seda azul marino con diminutas flores de lis en oro, ceñido a la cintura con un cordón
también dorado, y las dos han hablado interminablemente,
se han secado la una a la otra el pelo, se han untado cremas
hidratantes, se han arreglado las uñas, todo sin que cesara

el charloteo, Clara y yo finalmente al margen, finalmente
ignoradas, finalmente dejadas por imposibles, porque yo me
he tumbado en el sofá, como antes en la barca, viendo
bailotear ahora los reflejos de las llamas en el techo, bebiendo perezosamente una taza tras otra de un té muy car-
gado y oyendo su parloteo como si oyera el rumor del mar
o de los cañaverales, un rumor placentero y sin sentido en
el que casi me adormezco y en el que no pienso intervenir,
como tampoco interviene Clara, acurrucada junto al fuego,
en un gesto hostil, replegada sobre sí misma, una botella y un
vaso al lado, un vaso que llena y que vacía sin cesar, pero
estoy demasiado cansada para protestar, o quizá no sabría
simplemente qué decirle, cómo reñir a una muchacha loca
que está bebiendo demasiado, y que acepta y chupa en silencio, con un gesto aplicado de niñita buena, de primera de
clase, el cigarrillo que las otras han preparado morosamente, voluptuosamente, calentando con cuidado la barrita gri-
sácea, mezclando sus pedacitos en el tabaco mentolado,
liando el cigarrillo con la pericia de viejos campesinos o
viejos marineros, más agradable el ritual de las dos mujeres
ante las llamas que el placer mismo de fumar. Y pienso
fugazmente que no debiera permitir que Clara fumara
ahora, después de haber bebido tanto, pero cómo inmis-
cuirme y qué pereza infinita, y me adormezco en el sofá,
porque también yo he aceptado el cigarrillo y he fumado en
silencio, y floto relajada en un vértigo delicioso, pronta a
escapar en un vuelo, a encaramarme al palo de la escoba de
la bruja más bella y joven, la del sexo más ávido y la del
gato más negro, no, no es esto, a encaramar a Clara al palo
de mi escoba, porque entre las brujas quizá puedo ser yo
todavía, a mis casi cincuenta años, la más bella y la más
joven, y pueden venir con nosotras todos mis gatos, sólo que
Clara está tan enfadada conmigo, y cuando me vuelvo hacia
el fuego –y no sé si han pasado unos minutos o han pasado

horas– ya no está allí, ha desaparecido de la habitación, donde, sobre la alfombra, el charloteo de la joven-muchacha-francesa-hermosa y del cisne-pájaro se ha transformado en un ronroneo de felinos encelados como los de las brujas, los dos cuerpos enzarzados en una lucha extraña en que se confunden muslos, largas piernas, pechos erizados, bocas anhelantes. Y yo me he levantado y he buscado a Clara por la casa, hasta encontrarla aquí, temblando en esta cama, con ojos de demente, unos ojos que no estoy segura tan siquiera de que me vean, la cabeza agitándose de un lado a otro de la almohada, el cuerpo estremecido, y yo no sé si tiene una curda fenomenal de alcohol y hachís, o si está al borde de un ataque de pura histeria, o si está cultivando y desarrollando, ayudada eso sí por el vino y la droga, una representación con trampa de la que soy única espectadora, y no sé bien tampoco si debo ponerle colonia en la frente, prepararle una infusión de manzanilla, llamar a un médico o propinarle una buena tanda de azotes en el culo.

Y el mirar se torna más y más fijo y paulatinamente más ausente, y aumenta el temblor en todo el cuerpo, el gemido marino o mineral en que se mezclan palabras incoherentes, y arrecian los besos, aunque no sé si son propiamente besos ese restregar y golpear y morder con sus dientes y sus labios los míos, entre un aroma mareante a algas marinas, a tabaco y vino, y todo esto resulta terriblemente irritante y fuera de lugar y muy incómodo –tan bochornosamente adolescente–, pero yo sé que aunque sus manos me soltaran ahora, yo ya no me levantaría de su lado, y que estos besos agrios y rasposos, tan torpes o tan sabios, cualquiera sabe, me encuentran extrañamente vulnerable, y cuando esta inquietante princesa llegada de un planeta peligroso e ignorado, cuando mi muchachita mineral y marina rompe por fin a llorar –en una avalancha de lágrimas incontenible e histérica–, se enciende a una todas las alertas rojas de mi nave —quizá la bruja joven y hermosa de sexo ávido contra el palo de la escoba no cabalgue en realidad una escoba sino una nave espacial con rumbo a lo imposible—, entre un ensordecedor alarido de alarmas y sirenas, y presiento que si una sola de estas lágrimas tibias y salobres que descienden en catarata por las mejillas redondas de mi muñeca azul llega a tocarme, no habrá ya salvación posible para la nave, para la tripulación ni para el capitán. Porque unas plantas maléficas avanzan desbordantes en un crecimiento monstruoso —no sé si las habrá traído la extranjera del planeta desconocido, o si son aquellas plantas que crecieron ocultas durante años en mis propios subterráneos particulares—, y han invadido ya las salas de mando, los camarotes, la enfermería, los largos pasillos, y entre gruesos tallos que no sé si son raíces o son ramas —que no sé si han nacido de mí o han nacido de Clara, y cuál de las dos va a ser definitivamente Teseo o Ariadna—, entre hojas carnosas y empapadas de savia o de rocío, entre enormes flores rojas que huelen a vino y a mar, me muevo torpe, dificultosamente, como en un mal sueño, una angustiosa —deliciosa— pesadilla de la que no puedo ya querer despertar.

El suéter otrora bandera se retrae hacia arriba como la corola de una flor nocturna y móvil a la caída de la tarde, y mis manos se hunden y quedan aprisionadas en la cintura fina, como en una ciénaga sin fondo, fija cada una de mis manos a cada lado de su cintura, que tiene exactamente la carnosidad fragante, levemente húmeda, de una flor tropical en el pantano. Y sus pequeñas zarpas —sus terribles zarpas de gatito desvalido y acorralado— me han soltado ya, porque sabe muy bien que no podré escapar de estas blancas arenas finísimas que me devoran, que no tengo ni la más remota posibilidad de levantarme, de decir una frase trivial, de salir de la habitación encendiendo quizás un cigarrillo o proponiendo traer una taza de té, sabe que el arrullo de las otras dos mujeres –que han reanudado su parloteo abajo en la sala– queda ya ahora a una distancia infinita, en la que agonizan todos los cines negros del pasado, en que se frustran todos los cisnes negros de cualquier futuro, porque aquí –en este ahora– sólo hay lugar para una muchachita mágica y azul que se ha subido al palo de la escoba, que ha invadido la nave, que lo ha poblado todo de enredaderas carnívoras –que ignoro aún si nacen de mí o si nacen de ella, pero que en cualquier caso ella ha provocado–, de rojas flores lujuriosas, de ciénagas sin fondo en las que ambas naufragamos sin aliento, sólo hay lugar para esta princesa desnutrida llegada de un planeta remoto, princesa sin mamá, princesa para siempre poco amada, ignorante con una sabiduría de siglos no aprendida, una muchachita tan frágil y vulnerable que parece que alguien debería acudir en su ayuda y salvarla de sí misma, alguien debería acunarla, mecerla, hacerla germinar entre caricias cálidas, tumbarla al sol, darle a comer gruesos filetes sangrantes, tazas rebosantes de espeso chocolate con nata, darle a beber tibios vasos de leche y miel, tal vez la más guapa y joven de las brujas, o tal vez este mismo capitán, este deplorable capitán que sucumbe sin remedio entre ciénagas que no tienen fondo y muchachas flor, y que mantiene ahora –que mantendrá la noche entera– el cuerpo pálido, sudoroso, flaco de Clara estrechamente abrazado, atrapado y seguro entre sus brazos –que han empezado a mecerlo, que han empezado a acunarlo, entre un arrullo de palabras tiernas y de besos suaves–, mientras las lágrimas han alcanzado ya a todos los miembros de la tripulación y naufragan o se pierden en el espacio todas las naves con rumbo a lo imposible, y no hay otra salvación para princesas azules ni muchachas flor que hundirse hasta lo más hondo de las ciénagas, hasta el mismísimo fondo de las arenas blandas y cálidas, porque unas plantas carnosas, perfumadas, terribles

162

y antropófagas se han adueñado de la nave o han florecido en las escobas.

Coloco la carta en la mesa del desayuno, junto al café muy [XIX] negro y muy amargo, las tostadas crujientes, el vaso grande de naranjada helada (un intento más de mantener los viejos mitos, aunque he sido yo la que ha tenido que preparar hoy, como todos estos últimos días, el desayuno, y es curioso que pueda renunciar fácilmente al almuerzo o a la cena pero no a este desayuno ritual, y aunque mi madre no deambule arrogante y todavía hermosa por el salón, en bata y zapatillas, el periódico y las gafas en ristre, siempre dispuesta a meterme el dedo en el ojo o a buscarme las cosquillas, y aunque soy también yo la que abriré dentro de unos minutos los dos grifos del baño, y no echaré en el agua unas bolitas blandas de colores que se disuelvan y la tiñan de rosa o de verde y azul, mientras un olor dulzón, supuestamente lujurioso, versión en tecnicolor de las Mil y Una Noches, impregne la habitación, sino que echaré el contenido de unas botellitas minúsculas y exquisitas que llevan en una etiqueta dorada el nombre francés, y que no responden demasiado a lo que ahora soy, responden a lo que hace muchos muchos años, cuando aún no sabía que existieran aceites franceses y compraba las bolitas Myrurgia en la perfumería de la esquina, me hubiera gustado poder echar en mi baño) deposito pues la carta –que acaba de entregarme el portero– sobre la mesa del desayuno, y, mientras sorbo el café amargo y fuerte sin azúcar –a estas horas sí me gusta el café amargo y sin azúcar– y cubro de una mantequilla cremosa y pálida, que se funde y desaparece, y de una densa capa de mermelada de frambuesas –otro mito– las tostadas doradas y recién hechas, doy vueltas a la carta, sin

163

demasiada prisa por abrirla, y pienso que la habrá escrito de un tirón, después de iniciarla y romperla dos o tres veces: siempre se escriben así estas cartas, durante la noche, en un largo insomnio que se habrá prolongado hasta el amanecer, porque habrá querido releerla mil veces y habrá esperado luego enferma de impaciencia y de angustia junto a la ventana, hasta que ha sido realmente de día y ha podido salir a las calles todavía frías –llenas de grave gente malhumorada que se precipita hacia lugares inhóspitos en los que no quisiera estar–, para llegar a mi casa y entregar personalmente a los porteros la carta, quizá con un aviso inútil de que era personal, o no tan inútil –puesto que la han subido ahora mismo, antes del desayuno– de que era urgente.

La carta aún no abierta huele a juventud, a primera juventud todavía sumida a medias en el sueño grave de la adolescencia: inconfundible olor a cachorro, y es extraño que la juventud en sí privada de cualquier otra consideración, esa juventud torpe, turbia, inerme, ese aroma cálido a leche tibia, pueda de pronto conmoverme. Quizá porque he alcanzado hace muy poco la distancia precisa y estoy ahora por primera vez definitivamente al otro lado, porque están ya tan lejos aquellas noches mías, el encierro opresivo de la habitación y de la casa, el oscuro frenesí contra las puertas cerradas, mi corazón golpeando contra las paredes, noches de adolescente bien nacida, que no sale a las calles, que no recorre de noche las largas calles hasta el mar, que no conoce aún esos oscuros templos casi particulares, a menudo subterráneos, tapizados de terciopelo grana o de arpillera marrón, donde unos camareros amables o impersonales te sirven largos vasos de menta con mucho hielo y te encienden los cigarrillos, mientras alguien canta quizá un tango muy triste o suena el último disco rock, adolescente bien nacida que no ha aprendido todavía los recursos, las trampas, para escapar a sí misma y a la soledad, que no sabe que esta tristeza y esta angustia y este miedo pueden quizá conjurarse con unas copas, o con una charla estúpida que ocupe –sin llenarla– la noche entera o con una parodia más o menos grotesca –a veces casi tierna, casi verosímil algunas veces– del amor, y que por más que lo supiera no iba a encontrar copas ni charla ni amor, porque, a las tres a las cuatro a las cinco de la madrugada, las adolescentes bien nacidas no pueden escapar de sus casas, porque les están prohibidas las calles y la noche, y tienen que quedarse apresadas allí, entre sus muebles y sus cachivaches, limitado su deambular –un deambular que debería llevarlas ahora más que nunca hasta la mar– al espacio que media entre el armario de caoba y la consola con espejo, o a una escapada con frío –los pisos de las niñas bien nacidas están fríos de noche– hasta la biblioteca o la cocina, en busca de un vaso de agua helada –que se bebe sin sed, porque la sed no es ésta– o de un nuevo libro –que se hojea sin lograr descifrar una tras otra las palabras–, limitada toda posibilidad de espacio libre a la ventana abierta. Y ahí estoy yo, con la luz apagada para que no me vean desde la calle –las niñas bien nacidas no se asoman medio desnudas a la noche, ni siquiera a esta noche pequeña de la ventana–, respirando hondo, tan hondo como puedo, tiritando de frío, escuchando a unos tipos que hablan en la esquina, ante la puerta del único bar que no ha cerrado, y un ladrido de perros a lo lejos –me pregunto si quizá tan encerrados como yo–, hasta que, cubierta toda de distancias y sombras, me meto de nuevo en la habitación y cierro la ventana y prendo las luces, y, como no puedo lanzarme a recorrer las calles, ni mezclarme con la gente, ni meterme en estos garitos entrañables por lo imposibles que soñamos en la adolescencia –viejos barracones en ruinas, viejas barcazas desvencijadas amarradas ahora en los muelles oscuros, pálido deambular de mujeres en rojo y adolescentes tristes, y tan tristes como una misma, entre licores glaucos, música de tango o de bolero y palabras desgarradas que se arrastran letales–, como no puedo estremecerme en los brazos de hombres aún sin rostro (aunque aquello no es propiamente sexo –un ahogo en la garganta, una opresión en el pecho, un dolor casi en el corazón– y la emoción tuvo que seguir un largo camino descendente hasta llegar a las regiones que yo entonces ignoraba, porque a mis catorce a mis quince o a mis diecisiete años yo no tenía muslos, ni vagina, ni vientre, y no sabía nada todavía de una posible herida entre las piernas, no sentía siquiera mis senos: sólo un deseo macizo ineludible, de amar, una necesidad de amar tan feroz, tan desesperada, como imaginaba pudieran serlo el hambre o la sed, una errabunda y perpleja necesidad de amar, como un peñasco enorme bajo el que agonizaba la niña que yo había sido). En noches así a veces escribía una carta muy larga –acaso parecida a la que tengo ahora entre las manos–, una carta con toda la soledad y con toda la angustia de la noche, cartas arrebatadas, delirantes e inciertas, que casi siempre se rompían antes del alba, pero que algunas veces, cuando llegaba sorpresivo el día sin que se hubieran disipado por entero los vapores nocturnos, y cuando llegaba el momento en que una adolescente bien nacida podía disertar por fin de los muebles de caoba, las cortinas de tul y las consolas panzudas con espejo, y podía escapar del dormitorio y de la casa, recorrer precipitada y sin aliento las calles, entrar en un portal o en el vestíbulo de un hotel, y entregarle aquel sobre –siempre con las letras de personal y de urgente y siempre con cierta vocación de mágica transparencia, que nos llenaba de sofoco por si alguien podía leer en su interior– a un conserje soñoliento o a un portero aburrido, que nos miraban con suspicacia socarrona o con glacial indiferencia, y entonces, en estas rarísimas ocasiones, una de las cartas llegaba a su destino.

Y ahora, millones de años después, soy yo la que recibo una de estas cartas. Y aunque hace eternidades que no puedo escribir una carta así, aunque ya nunca nunca, ocurra lo que ocurra, podré volver a escribirla –porque crecí, o maduré, o me pudrí o morí, cualquiera sabe–, lo cierto es que no necesito abrir el sobre para saber lo que dice, y la carta tiembla entre mis dedos con todo el frío de la noche, y un aleteo de escarcha que añora cualquier nido me asciende brazos arriba, me cosquilletea en la nuca, me hace sonreír, y dejo a medias el zumo de naranja, y mientras mordisqueo una tostada, estoy marcando el número de teléfono –que también yo me sé ya de memoria–, aunque después de los besos sonámbulos de la otra noche –besos de los que no hace mención en la carta, y que no sé si recuerda ni si tan sólo sabe– me había propuesto cortar esta historia tan tonta, tan artificiosa y egoísta por mi parte, y no obstante quizás solapadamente peligrosa, pero cómo cortar una historia apenas iniciada, cuando una está por primera vez al otro lado de la juventud, y cuando empieza a temer que hayan terminado para siempre todas las historias, y cuando es tan chato el mundo a nuestro alrededor y nos aburrimos todos tanto y tan desesperadamente, y sólo un pasado doloroso y remoto parece a veces todavía vivo, parece conservar todavía los aromas y el gusto y el color, en un universo que se nos ha vuelto poco a poco gris e insípido e inodoro, tan poco a poco que ni siquiera nos hemos dado cuenta del cambio, hasta que es ya muy tarde, demasiado tarde, y estamos inmersos en un vacío opaco y sin contornos, y entonces, en este preciso instante –entre un marido fatuo que escapa siempre hacia islas posibles y conocidas, de las que regresa también siempre, una madre remotísima viajera que manda abrazos en postales, y una hija sabihonda que nunca ha entendido ni podrá entender, porque nació incapacitada, nada de nada, un marido una madre y una hija que me lanzan su amor al abismo, un amor benévolo que no me encuentra nunca en mis subterráneos, como echarían a tientas alimentos a las fieras que vagan errabundas y heridas por los fosos oscuros–, en esta soledad sin esperanzas, emerge de otro mundo, de otro tiempo, de otros planetas, una muchacha que trae consigo toda la magia de las noches insomnes, el perfume cálido de los sueños, el fervor de las primeras pasiones no aprendidas, una muchacha de cuerpo flaco, rostro pálido, largo cabello oscuro, un poco patito feo, un poco muñeca grande, un poco gato perdido y salvaje, y cuando el patito feo se nos mete de rondón en el jardín y sabemos que puede ser, que va a ser ciertamente muy pronto aunque él mismo no lo sabe, el más hermoso de los cisnes del lago, cuando la muñeca vestida de azul se sienta en la mecedora de la abuela, en lo más hondo y sombrío y secreto del patio, y una buganvilla o una campanilla morada puede caerle vencida en el regazo o entre el cabello, cuando el gatito inerme –pero siempre salvaje– se lanza contra nuestra boca en acometidas desoladas o araña insistente con su patita el cristal de la ventana, pronto a acurrucarse junto al hogar, quizá por mucho tiempo, y a escuchar ronroneante todas nuestras historias –historias que creíamos muertas–, pronto a dejar que nos vistamos en su honor, en nuestro propio honor, tantos viejos disfraces, y su presencia quieta, el mero hecho de que exista y nos escuche y nos vea, hace que todo pueda parecer de nuevo vivo, cuando esto se produce, entonces ¿quién es capaz de expulsar del jardín a un patito cisne, de arrinconar en el desván una muñeca grande, de cerrar la ventana a un gato vagabundo?

Y aquí estamos pues otra vez, en la heladería de siempre, casi vacía a esta hora, porque no son ni siquiera las doce de la mañana y no hay ni sombra de hembras vocingleras que toman té con pastas, o de mamás gritonas, regañonas, más o menos impotentes y desesperadas, que intentan meter vanamente en cintura a los críos que trepan y berrean y sorben juntamente mocos y chocolate –ninguna, esto hay que reconocérselo, tan hermosa, tan rubia, tan maniblanca y ojiazul, tan riente y olorosa a bosques como lo fue la mía–, sólo algún cliente varón y apresurado que bebe abrasándose un café en la barra. Y nosotras nos hemos sentado en la mesa del fondo y de la esquina, la que más nos gusta, en realidad la que más me gusta a mí, porque Clara no ha dicho nunca cuál es la mesa que le gusta más, y todas estas cosas parecen traerla sin cuidado, y yo he pedido –aunque a estas horas y ya desayunada no tenga ningún hambre, pero no se trata de tener hambre, sino de afirmar oscuramente algo que tal vez pudiera ser importante– un chocolate con nata y con bizcochos de oro. Y los cojo uno a uno entre los dedos, y los hundo a poquitos, y sobre el dorado de los bizcochos rezuma un marrón denso y humeante salpicado de espuma, mientras Clara sorbe su café, que sigue tomando sin nata y sin azúcar y sin otros bizcochos que los que yo le paso –también esto debe de ser una afirmación de algo, que hoy me irrita, como tal vez la esté irritando a ella mi modo de tomar el chocolate–, y enciende como obsesa pitillo tras pitillo, obstinada en no hablar y en que sea yo la que pregunte.

Y pienso que Clara sorbe, bebe, fuma, se chapuza en el agua, todo sin placer, siempre concentrada y tensa, como si el café amargo, o el whisky rubio y frío, o incluso este tabaco –tan delicioso si se mezcla morosamente con sabores picantes o muy dulces–, como si el mismo mar, o hasta mis propios labios, fueran tan sólo un trámite a cumplir, o mejor algo que hay que apurar frenéticamente, viciosamente, dolorosamente, hasta las heces, aunque sin saber quizá muy bien el porqué y desde luego sin placer. Pienso que ni siquiera allí, en la proa, una pierna colgando a cada lado de la barca, el viento salobre rizándole la piel caliente bajo el sol de mayo, el mar saltándole hasta las sienes y los labios –esos labios resecos, un poco cortados, ligeramente febriles–, ni allí tuvo Clara un instante de languidez o de abandono, y pienso también que fueron sólo angustia, desconsuelo, borrachera o histeria momentánea aquellos besos de unas horas más tarde, aquel dejarse acunar y mecer entre mis brazos hasta el alba, besos y noche por los que no voy a preguntar, aunque ella esté esperando que sí pregunte, y me haya escrito la carta y me haya arrastrado hasta aquí esta mañana y se obstine ahora en su silencio oscuro, sólo para que sea yo la que pregunte, y le insista, cada vez más acuciante, para resistirse ella primero e ir soltando luego a poquitos la verdad, como a regañadientes, pero yo no le voy a preguntar, porque no quiero entrar hasta tal punto en el juego que me impone, y del que quizá ni ella misma conozca las reglas, y porque repentinamente ha dejado de interesarme averiguar si se debieron al mal vino, a la droga, a su propensión a la histeria, a torvas artimañas o a un comienzo de amor, aquellos besos tristes como el grito de los pájaros marinos perdidos lejos del mar en las tardes de tormenta, como el golpeteo desolado de las olas contra los peñascos.

[XX] Clara lleva sus eternos tejanos, un suéter de cuello alto –no demasiado limpio– y encima, absolutamente fuera de lugar, un espléndido abrigo de pieles: demasiado largo, demasiado grande –las mangas la cubren casi hasta las uñas–, con el forro descosido y colgante por uno de los lados, pero es de todos modos un abrigo de pieles sedosas, brillantes, ligeras, magníficas. Se me ocurre que en cualquier momento va a acercarse alguien y a preguntar de dónde lo ha cogido, o del armario de qué pariente insospechada lo ha tomado prestado sin permiso, o si se han equivocado tal vez en el guardarropa, pero nadie nos dice nada, nadie se acerca con aire cortés y no obstante amenazador –porque imagino que en sitios como éste los asuntos turbios y engorrosos se resuelven con amenazadora cortesía, doblemente amenazadora por la aparente delicadeza bajo la que se oculta una brutalidad inalterable–, y cruzamos el vestíbulo, las dos atónitas y divertidas, yo de esta niñata larguirucha que se prueba a escondidas –quién iba a sospecharlo en ella– los vestidos de gala de su mamá y ella de esa amiga tan extraña que se empeña en arrastrarla a sitios increíbles –¿qué demonios estamos haciendo en un teatro de ópera?, ¿qué hacíamos en un baile de disfraces no disfraces, o a bordo de una barca con un cisne brujo y una francesa pepsi como polizontes?– en un peregrinaje cabalístico, nostálgico y –me pregunto si Clara lo sabe– ritual. Me mira de reojo, sonrojada y burlona, mientras avanzamos por el pasillo largo y curvo, sobre una alfombra rameada de un rosa desteñido, bajo unas bombillas tristísimas que difunden una luz pobre y lúgubre, más lúgubre aún en las paredes desconchadas de un color bilis sucio –y es característica en nosotros esta mezcla de esplendor y sordidez–; me mira curiosa, a la espera de una explicación, de la clave secreta que pueda hacer interesante para ella este Visconti de pacotilla –o el Fellini apócrifo bajo los árboles del jardín– y justifique que la haya traído hasta aquí; me mira a la espera de un guiño cómplice que le permita saber con certeza que nada de esto ha de tomarse en serio, que se trata de una broma y podemos reírnos sin reparos de los señores fatuos en esmoquin y de las señoras enjoyadas, emplumadas, escotadas, casi siempre ridículas, ocasionalmente –como era el caso de mi madre– muy hermosas.

Lo malo es que ni siquiera yo sé si la cosa va en serio o en broma, sólo sé que de un modo u otro vuelvo siempre, porque este teatro es una parodia lamentable, pero, parodia

o no, es el templo[43] más auténtico de mi raza –un templo
paródico para una raza de fantasmas–, y aquí acudimos,
más o menos en serio para sentirnos nosotros, para saber-
nos clan, para inventarnos quizá –ayudados por la hostilidad que reina en la calle contra nosotros, ¿nosotros?, una
hostilidad incómoda desde que se ha tornado agresiva, pero
que refuerza no obstante la vigencia de oxidados mitos, de
cultos en los que hace ya mucho dejaron de creer los propios dioses–, inventarnos quizá durante unas horas que
somos los mejores, o quizás algunos, como yo, volvamos
sólo de tarde en tarde para constatar una vez más y todas
hasta qué punto somos mediocres, feos, irrelevantes.[44] En
cierto modo, Clara, esto también es un rito, pero no es un
rito privado, como la heladería o el patio de las buganvillas:
es el rito de una gente enana que pasó hace ya muchos años
de ser una raza niña a ser una raza vieja, pero sin crecer ni
madurar jamás, sin conocer la plenitud ni alcanzar un real
esplendor –por eso no hay aquí Visconti ni hay un auténtico crepúsculo de los dioses, sino una decadencia interminable de un sueño que duró apenas un instante y que lleva
más de un siglo desmoronándose–, el rito de una clase
hecha de gentes chatas y mezquinas: todo es en nosotros
pequeño y encogido, como frustrado antes de nacer, porque
hubo hace mucho unos niños pujantes y entusiastas que des-
cubrieron algunas cosas –tampoco tantas– y creyeron quizá

43. Este "templo" designa al Gran Teatro del Liceo de Barcelona, casi
una institución representativa de la cultura de la alta burguesía catalana,
de cuya inautenticidad se hace en toda esta secuencia una fuerte diatriba.

44. La decadencia colectiva y el fin de raza que se describe en esta
secuencia tiene un correlato artístico en una película del italiano Luchi-
no Visconti (1906-1976) que de forma disimulada, pero transparente, se
cita poco después, en esta misma página, *La caída de los dioses* (1968).
Este filme, por su fecha, debe de estar muy fresco en el recuerdo de la
protagonista de *El mismo mar*.

que se podrían comer el mundo, pero el mundo los engulló a ellos antes de dejarlos crecer y los vomitó convertidos en unos vejestorios grotescos —nunca trágicos—, que se sobreviven enconadamente a sí mismos para nada, y es extraña una decadencia tan larga y que no arranca de una grandeza real, sino sólo de un pueril sueño —nunca realizado— de esplendor.

Y tienes todas las razones, Clara, para mirarme cada vez más sorprendida y burlona, a la espera de un guiño cómplice que no llega y a punto tú de soltar la carcajada —más burlona todavía que aquel día de la fiesta en el jardín, sentada al borde de la piscina—, porque no entiendo tampoco yo, no lo he entendido nunca y no voy a empezar a entenderlo hoy, por qué amo en cierto modo todo esto, por qué asumo una historia que no me gusta y para colmo termina mal —jamás debieran asumirse como propias las historias colectivas que terminan mal—, por qué sucumbo siempre a la tentación de enorgullecerme —aunque sea un instante, aunque sea fugazmente— de un pasado mediocre, y vuelvo una vez y otra al recuerdo de aquellos niños, en los albores de una raza, tan pujantes, tan ingenuos en su misma malicia, en su codicia desenfrenada, en su crueldad, tan esperanzados, los niños que hace más de cien años construyeron entre otras cosas —ni muchas ni importantes— este templo absurdo y para mí maravilloso. Porque es un templo como el que han soñado todos los niños del mundo, con mucho falso oropel y mucha purpurina, con mucho terciopelo grana —en los cuentos, te habías fijado, el terciopelo es siempre grana, rojo como la sangre—, con una gran escalinata por la que se puede subir majestuosamente arrastrando suntuosas colas de brocado o bajar de estampida a riesgo de perder una chinela de cristal, porque la raza —hasta esta miserable raza mía— es en sus albores lo bastante pujante para permitirse absorber sin demasiado riesgo algunas cenicientas, y las muchachas de

cuatro cinco seis generaciones se han disfrazado, con o sin
ayuda de algún hada madrina, por ver de hallar aquí algún
romántico príncipe encantador; un templo con espejos y
columnas, con lámparas doradas de múltiples brazos, con
mármoles veteados, con pesados cortinajes, con maderas
oscuras, y en el techo, entre la yesería de oro, unas estampas
muy iguales a las que ilustraron los cuentos de mi infancia,
y un redondel vacío donde pudo haber colgado –siempre he
supuesto que la hubo, pero nunca lo he averiguado– la más
fastuosa araña de cristal del más fastuoso cuento. Hay
muchos elementos de pacotilla, lo sé, y muchos sucedáneos
–¿acaso no es mi clase, la raza enana que construyó este
templo, el mero sucedáneo de una raza?–, pero esto a los
niños no les importa demasiado, y cuando los abuelos de
mis abuelos terminaron este templo, que como todos los
templos que levantan los niños –y quién iba a levantar
ya templos como no fueran los niños– era un templo consa-
grado a sí mismos –por más que se adscribiera a sonoras y
en este caso musicales divinidades–, como lo habían levantado ellos para ellos y era suyo, hicieron la más increíble y sin
embargo la más consecuente de las niñerías: lo distribuye-
ron entre sí, lo repartieron para sí y para sus hijos y para los
hijos de sus hijos, lo repartieron para la eternidad.[45]

45. En la obra de Wagner que mencionamos en la nota 38 (p. 137), los
nibelungos, enemigos de los dioses, son una raza de enanos. Parece
como si Elia quisiera establecer una relación entre este templo, construido por los suyos para consagrarlo a sí mismos, y el Walhalla, erigido por
Wotan para su propia gloria. Aunque esa burguesía esté endiosada, no es
más que una raza de enanos: de ahí la resonancia wagneriana. El parentesco entre la descripción del clan y *El anillo de los Nibelungos* vendría
favorecido por hallarse las amantes en un teatro musical.
Este pasaje avalaría que el Sigfrido nombrado en la citada página 137
provenga de la ópera de Wagner y en el apoyo de esta hipótesis aduci-
mos el revelador recuerdo autobiográfico de la propia autora en la "Carta

Y yo soy una de las hijas de sus hijos. Y esta parcela es mía. Y ahora sí que Clara me mira atónita, porque mientras el acomodador matusalénico que he visto aquí desde siempre y que venimos heredando también conjuntamente con el teatro de generación en generación, nos trae unos emparedados y una botella de champán –había que rizar el rizo y llevar el número hasta sus posibilidades límite–, mientras yo echo por dentro el pestillo de la puerta –no vaya algún intruso o algún espectador despistado a molestar a las señoras o a llevarse el abrigo de nutria–, le voy explicando que todo esto, lo que queda del lado de acá de la puerta, es literalmente mío, que puedo venderlo, arrendarlo, clausurarlo, mantenerlo para siempre vacío, hacer que se prohíba mediante un reglamento la presencia en el palco a los señores calvos y bajitos con bigote o a las señoras vestidas de rojo –o simplemente a las mujeres, como ocurre en otro de los proscenios–, le explico que cada mueble, desde la mesita de patas curvas y madera veteada, hasta los sofás tapizados de terciopelo azul, pasando por los grabados ingleses y las fotos de divas debidamente dedicadas, todo, todo, ha sido comprado, elegido, traído aquí por mis papás o por mis abuelos... Seguro que en tus selvas tropicales no existe nada parecido, Clara, seguro que allí los templos –que, no lo niego, deben de ser más grandes y quizás más suntuosos y dorados, quizás más europeos– pueden tener en ocasiones un solo dueño, un tirano veleidoso y grandilocuente que los levanta un día para su propia gloria o para regalo y placer de una hermosa dama que agoniza interminable entre sábanas de blonda, pero estoy segura de que no se ha dado

___

a la madre". Esta era –dice– aficionada a las divinidades de la mitología germánica, "que figuraban en las óperas de Wagner". Y añade: "Sí, mamá, tú sabías quién era Sigfrido y quién era Gunter y lo que aconteció a Brunilda [...]" (pág. 120).

allí un reparto tan organizado, tan inalterable, tan conmovedor
y tan grotesco, tan propio de mi gente, una gente que ríe, tose,
habla a gritos, deja prendidas las luces del antepalco –todo
esto en plena representación– y que se larga infalible y olím-
picamente antes de que el espectáculo termine, porque para
algo son ellos los que pagan, y quien paga manda, y suyo es
todo esto, incluidos los bufones que se desgañitan para casi
nadie en el escenario –y, no han cobrado acaso, pues sólo faltaría que además se les aplaudiera o se les escuchara–, y en
definitiva el espectáculo no son los cantantes sino ellos, y la
auténtica función tiene lugar siempre en los pasillos, en los
salones, en el círculo o en los antepalcos, porque una cosa
es que uno financie ciertos niveles controlados, ciertos grados asimilables de cultura, y otra cosa muy distinta –y quizás
incluso peligrosa– sería tomarse la cultura en serio.

[XXI]   Hemos bebido champán –porque aunque Clara me haya
mirado sorprendida y suplicante, no he querido ceder y
pedir al bar unos vasos de whisky–, hemos bebido casi toda
la botella de champán en unas copas largas y finas de cristal tallado, sentadas las dos, un poco rígidas y sin hablar
apenas, en el sofá de terciopelo azul, el mismo sofá en el
que me senté yo niña durante años, tantos años y hace tantos años, las piernas colgando sin llegar al suelo, un vesti-
dito beige con florecillas rosas bordadas, todos los pétalos
y hojitas en relieve, saboreando marrons glaces y caramelos de menta, mientras se iban apagando las luces. Y este
modo tan lento en que se apagan las luces de la sala, dejando sólo prendidas unas lamparillas rojas, este silencio breve
que precede al estallido de la música, al alzarse de los telo-
nes, me sigue resultando tan delicioso y excitante como
entonces, o quizás más delicioso y excitante ahora, después

de todos estos años y con Clara sentada aquí a mi lado. Y cuando la sala está definitivamente a oscuras y ha empezado hace unos segundos la música y se ha alzado el telón y he apagado yo también las luces del antepalco, cojo repentinamente a Clara de la mano y la arrastro conmigo hasta la escalera larga y empinada, alumbrada sólo en rojo, y emprendo audaz, sin soltarle la mano y sin volverme a mirarla –aunque esto no es una huida, sino una bajada a los infiernos–, el descenso por el estrecho túnel sangriento y aterciopelado, mientras Eurídice[46] sigue dócil tras de mí, y es tan sólo una mano temblorosa y un poquito húmeda, un levísimo jadeo, unas inciertas pisadas a mi espalda, porque no puede ver en la oscuridad los peldaños y no los conoce como yo de memoria desde siempre y yo avanzo quizás demasiado aprisa para alguien que no sabe el camino ni el lugar al que vamos, y de todos modos parece que estemos mil eternidades bajando esta escalera, y, aunque hay al llegar abajo un poco más de luz, ella sigue sin ver, y tengo que agarrarla por los hombros y empujarla y sentarla –otra vez igual a una muñeca– en el banquillo a mi lado. Quedamos quietas y calladas en las sombras rojizas, muy cerca la una de la otra pero sin rozarnos, y ante nosotras, muy muy lejos, a la otra orilla de hondos mares de sombra –seguramente insalvables– evolucionan en torno a un príncipe de cartón piedra –ojos densamente maquillados, labios rojos y sexo abultado bajo los pantalones de raso celeste– gráciles ninfas de pies alados. Pero a Clara –sentada rígida, en una posición que debe

46. Se acude a la figura de esta ninfa griega porque expresa el temor de Elia de que le ocurra con Clara lo mismo que al personaje mitológico. Al morir Eurídice de mordedura de serpiente, su esposo, Orfeo, le pide a Plutón que la resucite. Así lo hizo, pero le puso a Orfeo la condición de que cuando bajara a buscarla a los infiernos no la mirara hasta que salieran a la tierra. Orfeo volvió la cara para comprobar si ella venía detrás y la perdió para siempre.

de resultarle forzosamente incómoda, el ceño fruncido y los ojos fijos en el centro de luz– le interesan muy poco las muchachas inocentonas abandonadas en su noche de bodas por príncipes perversos o inconstantes, esas muchachas que viven con repetido fervor una historia de amor que terminará irremisiblemente mal, o quizá no se trate de una muchacha campesina sino de la sirenita bobalicona y dulce de mis cuentos de hadas, porque todo allí abajo parece diluirse y distorsionarse como en las imágenes del fondo del mar, o será tal vez porque esta historia tan necia y eternamente repetida sin posibles variantes –escrita de una vez por todas con su final no feliz– me ha llenado de nuevo los ojos de lágrimas, y sólo faltaría que Clara, a la que evidentemente no le interesa la historia y que está mirando sin ver lo que ocurre en el escenario, como no le ha importado tampoco hoy mucho mi templo –aunque la haya intrigado o divertido– o lo que pueda o no pueda significar esa leyenda de razas viejas y enanas que viven –como las muchachas campesinas, como la sirena– unas historias tontas que terminan siempre mal, una única, una misma aventura, con un único previsto final, como no le importan tampoco seguramente nada hoy las andanzas de su raza, quizá más noble, de aventureros y señores, perdidos hace siglos en junglas tropicales; sólo faltaría que Clara, que –ella sabrá por qué– se ha forjado de mí una imagen estereotipada de mujer fuerte y superior –o quizás no–, viera que estoy llorando, y adivinara que lo único que irremisiblemente habrá de hacerme llorar no son las catástrofes que ocurren en la India ni las atrocidades del Vietnam, no es siquiera lo absurdo de la condición humana, ni los abandonos de Julio ni mi propia irremediable soledad, ni este vacío sin fondo en el que ha naufragado mi vida, sino los tontos cuentos para niños con princesas infelices y muchachas abandonadas, las historias de patitos feos, de panteras que mueren en la nieve, de sirenas convertidas en espuma.

Esther Tusquets con Miguel Delibes en Sedano, 1961.

Foto de Oriol Maspons

Con su hijo Néstor, y dos cachorros de Mila, 1984.

Foto de Oriol Maspons

Y esto no lo sabe Clara, que sigue mirando muy seria
–menos rígida, cierto– hacia el escenario, sin volverse ni
una sola vez hacia mí, aunque una mano frágil, unos dedos
delgados, de rumbo inseguro, están recorriendo leves el
dorso de mi mano, mi muñeca, mis propios dedos apoyados
en la barandilla. Y me reclino contra el respaldo de terciopelo y entrecierro los ojos –las lágrimas se deslizan ahora
mejillas abajo, pero tengo el rostro tan quieto que Clara,
aunque me mirara, no se daría seguramente cuenta de que
estoy llorando– y es delicioso estar aquí, en la oscuridad,
tan distante de los demás espectadores que tendría que
asomar todo el cuerpo sobre la barandilla para adivinar sus
cabezas abajo, hundidas en la platea, estar aquí, en esta segura madriguera tan cálida y aterciopelada, como si hubieran
trasladado mi cama de niña, conmigo dentro, invisibles las
dos, al mismo centro del espectáculo, y no sé si todos los
niños –no sé si también Clara– habrán soñado como yo en
una cama mágica que los lleve en volandas por callejas y pla-
zas, a través de ferias, circos y palacios, al centro de escena-
rios, bien arrebujados entre colchas y mantas, a salvo y pre-
sentes, sin participar. El mundo entero discurre y gira
incesante en torno a mi cama pequeña, a mi cama de niña,
mientras un dedo largo y afilado –ahora es un solo dedo–
deambula errante en un leve cosquilleo por mi muñeca. Y
aunque las lágrimas y la oscuridad casi no me permiten ver,
siento que las muchachas sílfide me rodean en su danza, que
se han sentado a mi alrededor, y que la reina de la noche o la
reina de las hadas –pero no, no es la reina de la noche ni de
las hadas, es sólo una muchacha tonta, una sirena loca, la ondina más torpe del estanque– se ha arrodillado en el suelo a
mi lado. Ciñe con sus brazos flacos mi cintura y apoya la
cabeza en mi regazo; jadea un poco, aunque trata de conte-
nerse, y tiene las manos húmedas; quizás se deban, sudor y
jadeo, al esfuerzo de la danza. Es una ninfa alada de ojos

muy verdes y temerosos, y se ha aferrado a mí como si en mí radicara –qué sarcasmo– el centro mismo de la vida. Ha emergido de las aguas, misteriosa y ambigua como cualquier anfibio, temblorosa como una ondina asustada que no habrá de encontrar jamás a su príncipe, que no adquirirá nunca un alma de mujer –para qué demonios puede quererla– y deberá vagar eternamente convertida en espuma.

Le pongo una mano compasiva en el pelo suave –qué extraño, está seco– y recorro despacio la cabellera larga, cabello de sirena, que llega casi hasta el inicio de la cola, mientras ella deja de temblar por un instante, se aferra aún con mayor fuerza a mi regazo y después, firmes las dos manos en mi cintura, levanta su cuerpo casi en vilo, apoyado todavía en el suelo por los pies o las escamas últimas de sus aletas, y se acerca así, tan lenta como un sueño –sólo en los sueños o en los fondos marinos puede desarrollarse la acción con tanta lentitud– hasta mis labios. Lástima que la boca no tenga sabor a mar, remotas reminiscencias lacustres: sabe a ducados y a champán. Pero cuando abandona la cabeza húmeda sobre mi pecho y la música languidece en unos acordes apagados, se restablece íntegra la pureza del ensueño, con esa cabeza que casi no tiene peso refugiada ahora en el hueco de mi hombro, y esta manita diminuta, mojada y fría en el borde mismo de mi escote, acariciando una y tantas veces un pedazo tan pequeño de mi carne que al final casi me duele la insistencia del levísimo roce, y siento un asomo de escozor, como un calambre, y pongo mi mano sobre la suya, mi mano tan suavecita, tan hermosa, tan delicada, que siempre han dicho que parece –casi como las de mi madre– una mano de princesa o de hada, pero que ahora, por contraste, colocada sobre la mano de Clara, parece una mano grosera de giganta, y es que nunca hasta hoy había tenido que competir en blancura y suavidad con la manita de una ninfa. Pongo mi mano pues sobre la suya, en un intento de interrumpir su caricia interminable, pero ella no entiende, o tal vez yo me habré expresado mal, porque lo cierto es que la mano interrumpe la caricia incesantemente repetida y cambia de lugar, pero no precisamente para alejarse, y ahora ha rebasado el límite frontera que marcaba el escote de mi vestido, y se sumerge y pierde bajo la ropa y va rondando cautelosa mi pecho hacia su centro, como un gnomo curioso y travieso aunque asustado que pretendiera robar el diamante que fulgura en la cumbre –no se concibe tamaña audacia en una ondina, ni siquiera loca y enamorada–, rodea el gnomo una y otra vez la colina, siempre un poco más arriba, pero no mucho, sólo un poquito más alto, e incluso alguna vez, en una de las vueltas y revueltas, la altura disminuye, y el pequeño duende parece resignado a retroceder, a iniciar el descenso, a renunciar por hoy a coronar la cima, pero yo sé muy bien que no lo hará, he cerrado los ojos –ya sin lágrimas– y espero vacía de impaciencias: es delicioso este cosquilleo, este avance tan lento y plagado de parciales retrocesos, y ahora me están besando además con cuidadito el cuello, las orejas, las sienes, me mordisquean el cuello –será una caterva de gnomos o una bandada de ondinas–, con mucho cuidadito todo para que yo no despierte, porque a ciertas montañas esquivas no les gusta que las coronen y coloquen en su cima una banderita de no sé qué país –quizá en este caso del reino de las hadas–, y bastaría que la montaña se enfadara un poquito, que sintiera un asomo de alarma o desagrado, para que se sacudiera de un solo gesto al gnomo temerario que asciende cauteloso por sus laderas. Pero son precavidas y sin peso estas criaturas de las aguas y de las profundidades, y la ondina ha elegido tal vez al más astuto y artero de sus gnomos para enviarlos a esta expedición virgen por tierras ignoradas, y ahora han cesado los besos y la ondina yace a mi lado, muy cerca pero sin tocarme, mientras su emisario,

el único y breve punto de contacto, se aproxima más y más
a la cumbre, y de repente oigo que la ondina, muy bajito, ha
empezado a gemir, en un lamento ronco y prolongado que
yo he oído ya antes en alguna parte, el llanto de una niña
pequeña en lo más hondo del pozo, y el gemido me ahoga
como si brotara de mi propia garganta, me pesa intolerable
sobre el pecho, me araña cruel entre las piernas, no es otra
cosa, no, es el gemido, mientras el gnomo ha seguido
ascendiendo y la ondina jadea, tan próxima y siempre sin
rozarme, y entonces el gnomo ha llegado por fin a la cima
y olvida toda cautela –ya innecesaria– y aferra feroz el diamante con su mano tan dura y tan pequeña y hunde en la
cumbre algo –seguramente una bandera– y a la montaña le
duele, pero no tengo tiempo de preocuparme del posible
dolor de la montaña, ni de averiguar si le han hincado un
gallardete o si son sólo las uñas, porque en este preciso instante el cuerpo de la ondina, todo su cuerpo, rompe en un
temblor desconsolado, y siento que la herida que el gemido
ha abierto en mí se hace honda y lacerante, la punzada feroz
de un hierro al rojo vivo, y me levanto, mientras el gnomo
se despeña por las laderas de la montaña incorporada, y
cojo a la ninfa entre mis brazos, y la oprimo, la mezo, le
acaricio una y mil veces el pelo largo, sedoso, lacio, las
mejillas mojadas, los hombros estremecidos, y, entre beso y
beso, en los breves momentos en que mis labios se separan
un poco de sus labios, la arrullo con palabras increíbles, tan
extrañas, palabras que no he dicho nunca a ningún hombre,
que no dije ni siquiera nunca a Jorge, ni siquiera a Guiomar
cuando era chiquita y no había adquirido todavía estos
ojos duros de mujer que sabe, palabras que ignoraba yo
misma que estuvieran en mí, en algún oscuro rincón de mi
conciencia, agazapadas, quietas y a la espera de ser un día
pronunciadas, ni siquiera pronunciadas, sino salmodiadas,
cantadas, vertidas espesas y dulcísimas en una voz que

tampoco reconozco aunque debe de ser forzosamente la mía, tantos años ocultas esta voz y estas palabras en un centro intimísimo y secreto, para brotar al fin en esta oscuridad grana, en este cubil con aroma a mar y a cachorro, en esta guarida cálida y aterciopelada donde me he sentado año tras año a lo largo de casi toda mi vida, en este templo mío donde asumo todo lo que soy y lo que no soy y lo que amo y detesto a un tiempo, mientras suenan trémulos –siempre desafinados– los violines, y las princesas cisne, las muchachas abandonadas en la noche de bodas, las sirenas enamoradas, aletean, se estremecen, agonizan en los brazos de un príncipe de cartón, y quedan lejos, tan lejos las cabezas confusas de los espectadores, y estoy yo sola, aquí, en esta primavera polvorienta en que me he sentido tan exaltada y tan triste, en que he tenido por primera vez conciencia de empezar a envejecer, aislada aquí con esta niña grande y flaca, con esta muchacha loca loca, de largo pelo oscuro y ojos tempestuosos, que se queda ahora muy quieta, como adormecida –sólo un estremecimiento fugaz riza a ráfagas su piel suavísima–, mientras la tiendo sobre las pieles lustrosas –¿será para esto que las habrá traído?– y acaricio sin prisas las piernas de seda, me demoro en la parte tiernísima, turbadora, del interior de los muslos, para buscar al fin el hueco tibio donde anidan las algas, y, aunque la ondina ha salido hace ya mucho del estanque, el rincón de la gruta está extrañamente húmedo, y la gruta es de repente un ser vivo, raro monstruo voraz de las profundidades, que se repliega y se distiende y se contrae como estos organismos mitad vegetales, mitad animales, que pueblan los abismos del océano, y después cede blandamente, y desaparecen los gnomos y las ninfas, y yo no siento ya dolor, ni oigo ningún ruido, porque he llegado al fondo mismo de los mares, y todo es aquí silencio, y todo es azul, y me adentro despacio, apartando las algas con cuidado, por la húmeda boca de la gruta.

[XXII]   Ascendemos las tres enlutadas como viudas sicilianas, por las callejas tortuosas, estrechas, mal empedradas. También aquí las casas son muy blancas y está el mar al fondo de cualquier paisaje, un mar muy próximo ahora todavía, porque hemos salido todos, el ataúd delante, de la casa junto al mar –la casa rumorosa de olas y cañaverales, a intervalos el pitido de los trenes, la casa con su patio tan íntimo, tan turbador, tan mágico, otra gruta marina, donde la Bella y la Bestia se buscan y se acechan y persiguen bajo las buganvillas, la casa a la que trajimos ayer muerta ya a mi abuela, porque estaba decidido desde hace mucho que ella, o quizá todos nosotros, seríamos enterrados en el pueblo–, ha salido el cortejo pues, y es mucha muchísima gente, pero yo no los veo, porque quedan todos, como el mar, a mis espaldas, y nosotras avanzamos las tres, negras negrísimas, erguidas como espingardas, sin una sola lágrima –qué lejos esto de los alaridos salvajes de las viudas italianas del cine de estos años–, solas las tres a la cabeza del duelo, hacia lo alto de la colina cubierta de viñas y de olivos, hacia el cementerio en el que, y es extraño, no he estado nunca, ni siquiera sabía dónde estaba el cementerio del pueblo, pero que será sin lugar a dudas un cementerio marino, donde mi abuela yacerá cara al mar, entre árboles y vides, en el panteón que mandó construir a su regreso de las Indias un tatarabuelo que yo no conocí. Asciendo por la colina entre mi madre y Guiomar, porque mi madre ha tenido que suspender abruptamente el viaje en una de estas ciudades raras desde las que me manda postales en color –muchos besos mamá– y preciosos regalos increíbles, y Guiomar habrá interrumpido supongo algún curso o algún congreso en alguna importantísima universidad americana, algo muy matemático y exacto, con muchísimos números y gráficos y estadísticas, porque Guiomar no ha comprendido nunca que alguien

pueda perder el tiempo en saberes tan dudosos e imprecisos, en el fondo un fraude, como eso que llamamos vagamente humanidades, de Angélica y Ariosto nada. Y aquí las
tengo por fin a las dos, traídas por la muerte de la abuela,
ya que no pudo atraerlas mi sensación insospechada de
abandono, mi inesperada angustia y soledad, ante lo que era
sólo una escapada más, una de tantas, de un marido al que
ni siquiera quiero, aquí me tienen las dos, una a cada lado:
por qué se habrán situado vigilantes una a cada lado, igual
se les ocurre que voy a escapar o a lanzarme en el momento más impensado a la peor extravagancia, es curioso que
mi madre y mi hija teman todavía, ambas al unísono, lo que
yo pueda hacer, casi casi me halaga, después de una existencia, o lo que llevo de existencia, que viene a ser lo mismo, dedicada involuntariamente a tranquilizar todos sus
miedos y a demostrarles que –aparte de dedicar algunos
ratos libres a la literatura, y no deja de ser un entreteni-
miento de buen tono, puesto que ni la insensatez he cometido de tomarme nunca mi trabajo en serio– no voy a hacer
ya nada, nada más que seguir y ahogarme y aburrirme y
morir de tristeza algunas primaveras. ¿No estoy acaso aquí,
tan correctamente enlutada, tan erguida y sin lágrimas, tan
filial y sobre todo tan señora, tan digna nieta de la muerta,
tan eslabón en esta sólida cadena de mujeres? (porque de
repente me parece como si en mi familia no existieran, no
hubieran existido jamás, elementos masculinos, por más
que se hayan movido hombres a nuestro alrededor y hasta
hayan ejercido el poder). Sigo el ataúd erguida y enlutada,
y hasta en la misma capilla del cementerio, en el primer
banco de madera, tan cerca del féretro que podría tocarlo si
alargara la mano –es un ataúd de madera brillante y oscura,
con muchos herrajes, angustiosamente pequeño–, sigo rígida y quieta, los ojos sin lágrimas fijos en el suelo, y aunque
no puedo arrodillarme ni persignarme ni responder en voz

alta a los rezos del cura ni muchísimo menos mirarle a la cara mientras nos habla –e intento no escucharle, intento con todas mis fuerzas no atender a lo que dice– de las virtudes patricias de mi abuela, esto son unos tics insignificantes en los que nadie ha de fijarse, y que tampoco a mí debieran servirme para nada ni afirmarme en nada.

Y no me sirven, sólo que no puedo evitarlos, porque no tengo como Guiomar –como cree firmemente tener Guiomar– una lucha real entre las manos, empeñada en la cual estos formulismos pierden todo sentido y una puede incluso plegarse a ellos, ni tengo, como mi madre, ese regio cinismo descreído que casi puede encontrarse únicamente entre los papas o los altos prelados de la Iglesia –mi madre sigue el rito como los cardenales del Renacimiento, Guiomar como si repartiera besos en un cóctel o alargara unas entradas al acomodador–, y aquí estoy yo, incapaz de persignarme, incapaz de ponerme de rodillas, incapaz de responder a las invocaciones de los rezos, infinitamente a disgusto e incómoda, pero digna y en pie, y sin ni la más remota intención –mi madre y Guiomar podrían tranquilizarse y dejar de dedicarme esta vigilancia solícita, suspicaz y cariñosa, que lo pone todo peor, más difícil, cada una a uno de mis lados, como enfermeros o alguaciles–, ni la más remota intención de desnudarme de repente para bailar en torno al féretro la danza de la muerte o de la vida, ni de cepillarme, pobrecitos, a los señores del duelo, ni siquiera de levantarle la sotana al cura o sacarle la lengua o darle un tirón de la nariz. Decidme, amigos míos, la gente qué diría... No, nadie tendrá nada que decir, porque, incluso sintiéndome un poco incómoda y con la constante sospecha de que no estoy en mi lugar, de que no es éste ni por otra parte ningún otro tampoco mi lugar, lo cierto es que he aprendido a comportarme, he aprendido los gestos, al parecer sólo para mí difíciles, de una cotidianidad que no he logrado convertir en mecánica. Ni repartir los besos en un cóctel ni alargar las entradas al acomodador es para mí un gesto sencillo —¿lo adivinan mi madre y Guiomar?—, o no lo es al menos todos los días, porque los besos pueden ser demasiado cálidos, o demasiado esquivos, pueden ser besos de verdad y no besos de cóctel, aparte de que nunca sé muy bien a quién tengo que besar y a quién debo dar la mano, y tampoco sé si hay que dar uno o dos besos, y me quedo cortada con un beso perdiéndose en el aire, o se queda el otro inmóvil, la mejilla hacia mí, a la espera de un segundo beso que no llega, y que llega por fin, precipitado y mal, cuando el otro está ya mirando hacia otro lado. Es una maravilla Guiomar repartiendo besos neutros y precisos, con el grado justísimo de calor y afectuosidad, o de distancia y frío, sin necesidad siquiera de haberlo aprendido, porque ha sabido desenvolverse desde siempre, desde niña, con una naturalidad magnífica, tan olímpica como la de mi madre, y a ninguna de las dos se les ha ocurrido jamás que el acomodador pueda de repente reñirlas, o que el pasillo sea demasiado largo y esté demasiado iluminado para recorrerlo sin vacilaciones y tropiezos entre la doble fila de miradas acechantes. Magníficas las dos, el mismo esqueleto grande, de huesos largos, la misma piel blanquísima, con transparencias y reflejos de cristal o porcelana, con la suavidad y el vello leve de los frutos y el aroma fragante de los bosques, y estos ojos —idénticos ojos en las dos— azules, grandes, despiadados —hasta qué punto, cielos, pueden ser despiadados los bellos ojos enormes y azules—, unos ojos que siento fijos en mí hasta cuando, como ahora, están mirando hacia otro lado, y que me obligan a replegarme una vez y otra y todas a las silenciosas y oscuras profundidades lacustres o marinas, a los más hondos y secretos recovecos de mis galerías subterráneas, de mis grutas sin fondo.

[XXIII]   He querido, quedarme sola en la casa, después de tantos besos húmedos, de tantos estrechos abrazos, de tantas palabras flotando entrañables y vacías a mi alrededor, he querido que todos se marcharan antes en sus coches y quedarme yo la última, para ordenar un poco todo esto he dicho, y mi madre y mi hija, aunque han intercambiado rápidas miradas de consulta y extrañeza, han decidido no intervenir y dejarme aquí sola –tiempo tendrán después, en la ciudad, para aleccionarme, para convencerme de que Julio es el mejor de los maridos y de que en un hombre como él sus escapadas no tienen importancia, tan cortas siempre además, y yo debiera estar ya muy habituada y no se comprende que esta vez me haya subido así a la parra–, y se han largado juntas, tan impecables y fragantes como al llegar aquí unas horas antes, lustroso el pelaje sin sudores ni espuma, dos magníficas jacas que saltan con soltura y sin esfuerzo sobre ese torpe obstáculo que algunas veces interpone la muerte en el soberbio paseo que es la vida, que es su vida, hermosas jacas relucientes de ojos limpios y claros, mientras yo quedo aquí jadeando y ahogándome, sabiéndome húmeda y sucia desde la cabeza hasta los pies, contaminada por la proximidad de la muerte, por el manoseo de los vivos, apestosa a sudores y a salivas ajenas, arrugado el vestido, polvorientos los zapatos, torcidas las medias, y entre el olor a sudores y el olor a los besos, el tufillo inconfundible de la angustia y el miedo: huelo a animal asustado. Un desastre.

Y, por primera vez, soy yo la que recurro a Clara –se invierten finalmente los papeles–, y la llamo con dedos temblorosos, equivocando los números, teniendo que recomenzar cinco o seis veces, y oigo sonar el teléfono allá en su casa con el corazón en la garganta, invocando a todos los espíritus benignos para que no me digan que ha salido, y repito –cuando oigo su voz al otro lado del teléfono–, repito su nombre como una exhortación, una mágica palabra de dos sílabas sonoras, y le pido que venga, ahora mismo, inmediatamente, que lo deje todo y venga, porque ha muerto mi abuela y el entierro ha sido un horror y estoy sola en la casa y la necesito –te necesito, Clara–, no importa que no tenga dinero, que suba al primer taxi y yo la esperaré en la puerta para pagarlo.

Y, ya segura de que Clara va a venir –me pregunto qué le habrá parecido esta mujer que ella inventó segura, hoy desmoronándose, esta pretendida mujer distante y superior, cómo odio esta imagen de mí misma, reducida ahora a una bestezuela angustiada, y de repente me traspasa la certeza de que Clara, ella única entre todos desde hace tantos años, me supo desde el principio así, sin necesidad siquiera de seguirme dócil hasta lo más profundo de mis pozos y de que yo vistiera para ella mis disfraces, me traspasa el presentimiento de que tal vez por fin alguien ha vuelto a amarme en mis tristezas y mis miedos, en mi soledad irrecuperable–, segura de que Clara estará a mi lado antes de una hora, me sumerjo en una bañera llena a rebosar de agua perfumada y tibia, me adormezco casi en el colchón de acuosas plumas, mientras un espeso vapor va empañando los cristales, el espejo, los azulejos, y pienso que podría desmayarme –estoy de veras un poco mareada– y morir aquí, en este intenso aroma de un aceite francés que se llama sortilegio de amor, placeres de Venus o algo parecido. Y pienso que en cuanto salga del agua –si es que no muero aquí– voy a encender la chimenea para quemar en ella ese horrible vestido negro, que no sé siquiera quién me consiguió ni de dónde ha salido, esas asquerosas medias tupidas y oscuras, hasta los zapatos y la ropa interior –todo huele a muerte–, y pienso que nunca voy a recordar a mi abuela –muy pocas veces, cierto, pero hasta éstas sobran, porque no hubieran debido ser ninguna, hubiera debido yo largarme de viaje o inventar cualquier excusa, o llevar simplemente a sus últimos extremos mi egoísmo feroz y sin resquicios– como la vi estos dos últimos meses, una figura informe y vacilante, con sus tontas manías, sus olvidos, sus insoportables insistencias y reproches, con los huesos deformados por la artritis y la boca sumida y los ojos sin brillo, tan ajena y extraña –ni siquiera acertaba a llamarme por mi nombre–, sentada en la silla de ruedas o recostada –más tarde, ya reducida su existencia a un sobrevivirse vegetal– entre montañas de almohadas, tan ajena y extraña que me era imposible asociar estas imágenes con las de aquella abuela que había sido, en mi infancia y hasta en mi juventud, una figura mítica, la más exquisita entre todas las hadas madrinas, cuando sentada en el patio de la casa de verano junto al mar –una belleza muy dulce y delicada, muy distinta a la imponente belleza, siempre distante y sobrecogedora, de mi madre o de Guiomar, mucho más parecida a mí, siempre dijeron que nos parecíamos, aunque yo, y esto no lo decían, claro, nunca fui tan hermosa–, una mujercita frágil de cabello oscuro, me contaba historias vividas o inventadas de otros tiempos y me cantaba habaneras o boleros, mientras realizaba en relieve unos bordados increíbles, mezclando los tonos de unas madejitas sedosas de colores pálidos. Una abuela delicada y tiernísima que narra historias en el patio, entre las hortensias y las buganvillas, entre el trino áureo de los canarios, y que, pese a ser todavía muy bonita, pese a ser indiscutiblemente encantadora, me costaba asociar entonces con la arrogante muchacha desafiante y sacrílega de la que hablaban en voz queda mi madre y Sofía, de la que se escandalizaba la Generala, la joven malcasada que acudía a los bailes de carnaval envuelta –ella y los otros– en una malla roja y unisex, que participaba en báquicos asaltos, en desaforadas verbenas, que permitía se le atribuyeran múltiples amantes y se llenaba la boca con las increíbles hazañas que llevaría a cabo en cuanto muriera su marido, una muchacha que se veía tal vez a sí misma como una mezcla extraña de princesa de Éboli[47] y de sensible alondra, esbeltísima gacela temblorosa, puesta por la inclemencia de la suerte en la cama de un toro, o de un oso, o quizá de un buey, en cualquier caso de una bestia torpe que nada podía entender de sus anhelos, y que no quiso hacerle tan siquiera el favor mínimo de morir cuando todavía era tiempo, cuando ella hubiera podido asumir su elegante disfraz de viuda alegre y llevar, utilizando astutamente sus encantos femeninos y su inteligencia de varón, una vida magnífica y disipada, o hubiera podido encontrar tal vez la pareja adecuada que la hiciera feliz, porque mi abuelo vivió mucho, vivió lo suficiente para que a ella se le acabaran la juventud y los impulsos y la belleza —es curioso que en esta cadena de mujeres, en esta familia matriarcal donde en cierto modo sólo parecemos existir nosotras, los machos castradores e importunos sobrevivan siempre demasiado—, de modo que cuando por fin murió el abuelo, ya no la dejó libre, la dejó únicamente un poquito más sola —o tal vez como mucho vengada—, y en cualquier caso yo no podía asociar aquella gentil malmaridada de los comentarios de mamá y Sofía, unida por error o por torpeza o por impaciencia de una madre casamentera o por exceso de inexperiencia y juventud al destino de un buey, y que, frustrada para siempre cualquier posibilidad de dicha, condicionada a la previa muerte del otro —que no parecía dispuesto a morir nunca—, se lanzó —vestida en malla roja y con rabo y con cuernos de diablo— a un esplendoroso carnaval desolado, porque le estaban permitidos —como

47. Ana de Mendoza y de la Cerda, Princesa de Éboli (1540-1592), dama de la corte de Felipe II y amante de Antonio Pérez, todopoderoso secretario del rey. Anduvo mezclada en intrigas y tal vez también en una muerte. Estas actividades desembocaron en una orden real de reclusión en su palacio de Pastrana.

le han estado permitidos a mi madre o a mí misma– los disfraces y los amantes y hasta las orgías, pero no le estaba permitido liberarse del buey que la pisoteaba, que la poseía noche tras noche en la cama sin entenderla. Sólo la muerte hubiera podido liberarla, y el viejo no moría, mientras ella –nosotras– sí iba muriendo un poco cada día, un poquito todos los días, yo no podía asociar aquella casada joven, loca y desesperada –no lo bastante loca sin embargo, o quizá nadie lo era en aquellos tiempos, ni siquiera en los míos apenas, para romper el yugo– con la encantadora mujercita madura que bordaba con sedas multicolores y finísimas entre las hortensias y las buganvillas –habíamos regado el suelo del patio y cantaban delirantes en la tarde los canarios–, adorada por todos, por todos finalmente respetada, tan hermosa los domingos con su mantilla de blonda en la misa del pueblo, tan digna y tan afable en la guantería –tan pequeñas sus manos que se deslizaban sin esfuerzo en los guantes más chiquitos y la dependienta tenía que sacar sonriendo unos guantes casi de niña–, en la floristería, en la pastelería, donde mozos y camareros –y hasta el mismo dueño– se apresuraban a atenderla, a abrirle las puertas, a llevarle hasta el coche los paquetes, como si quisieran también ellos compensarla por algo, quizá por su belleza y su juventud y su pasión tan burdamente desaprovechadas. Porque mi abuela no tenía ya amantes –cuando yo nací había concluido esa etapa, que se perdía en la bruma de chismorreos y leyendas– y no asistía ya a quiméricos asaltos vestida de sirena o de diablo, no iba siquiera a fiestas, pero siempre –hasta que quedó medio paralizada, hasta que la enfermedad y la vejez la convirtieron en ese ser informe y vegetal que, por fidelidad a su recuerdo, yo debí haberme negado a visitar– entró en cualquier habitación, pública o privada, con la absoluta suficiencia de su propio encanto –igual en esto, y sin embargo el estilo era distinto, a mi madre o a Guiomar–, siempre se dirigió a los hombres, a cualquier hombre, con la certeza ciega de que aquel hombre concreto hubiera podido y querido amarla, y se dirigió a toda mujer, a cualquier mujer, con la condescendencia amabilísima que se dedica a aquellos que nos suplen porque hemos querido cederles graciosamente el puesto, pero a los que podríamos suplantar en cualquier instante. Porque mi abuela había elegido finalmente la virtud, pero la eligió como un encanto más: ella era una dama muy virtuosa –puestos a ser virtuosos, su ambición le llevaba a serlo más que nadie–, y su vida se había malogrado, pero persistía incólume la certeza –tanto más incólume cuanto que ya no podía ponerla realmente a prueba– de que ella era por derecho propio, como todas las mujeres de mi familia –rota la tradición en mí, único eslabón débil en una cadena por lo demás irrompible–, la primera entre sus pares. Y mientras bordaba en finísimos hilos de seda de colores matizados hasta el infinito unos maravillosos ramos y pájaros en realce, y me contaba románticas historias de otros tiempos, y se inventaba otras –siempre ella en el centro, siempre protagonista–, y cuidaba de las flores y de los canarios, e impartía órdenes al servicio, y era querida y admirada por los amigos, los parientes, los conocidos, los dependientes, los porteros y hasta los desconocidos que se cruzaban un día al azar con ella por la calle –al menos así lo creía ella a pies juntillas, y así lo creí yo que, eso sí era bien cierto, la adoraba–, dentro de ella, en su centro, ardía como un diamante vivo la certeza de que cualquier marajá oriental con rebaños de cientos de elefantes y un rubí como un puño en lo alto del turbante, cualquier excelso poeta que acumulaba premios nacionales o incluso extranjeros, el arrogante militar cubierto de cicatrices y condecoraciones –con unos ojos tan dulces– que hacía caracolear ante ella su caballo en el desfile, o el presidente del banco al que acudía para abrir una cuenta y pagar a través de ella el teléfono o la luz, y que la recibía obsequioso en su despacho, hubieran debido forzosamente amarla hasta la muerte con sin igual pasión, con inalterable ternura, de no darse la extraordinaria circunstancia, absolutamente fortuita e inexplicable, de que una mujer como ella hubiera despertado una triste mañana en la cama de un buey.

[XXIV]   Clara me encuentra de bruces ante el fuego encendido –encendido para quemar ropas y cartas y fotografías, y también porque hace todavía frío aquí, tan cerca del mar, en las noches de mayo–, sobre la alfombra: al fondo, a través de los cristales del balcón ahora cerrado, se vislumbra el sombrío rincón de las macetas de hortensias, las campanillas moradas, las buganvillas. Estoy rodeada de viejos libros polvorientos y, mientras ella busca el dinero en mi bolso y sale a pagar al taxista que espera, mientras se quita la chaqueta, se sirve un vaso de vino y se sienta cerca de mí, yo sigo pasando un trapo por las cubiertas, volviendo las páginas de mis libros de niña, ilustraciones coloreadas por mí a lápiz y calcadas infinitas veces en leves papeles de seda, que escapan ahora de entre las páginas y se deslizan sobre la alfombra. Atmósferas verdiazules de las que emergen narizotas malignas y hermosos rostros pálidos: la grácil princesa que avanza –siguiendo algún extraño hechizo que he olvidado– a lomos de una tortuga gigante, la mirada ensoñada y la oscura trenza tupida cayéndole a lo largo de la espalda hasta el caparazón del animal lentísimo en su marcha: se parece mucho a Clara, y yo debo de ser una de estas altivas reinas ya maduras, con rígidos vestidos de tejidos pesados y suntuosos, una enorme corona en la cabeza, todavía hermosas sin embargo, aunque tal vez un poquito acartonadas y duras, haciendo tontas preguntas a unos espejos que no pueden ser a un tiempo aduladores y veraces, o pinchándose las yemas de los dedos con cuchillitos de oro para dejar caer tres gotas de sangre maternal y protectora en leves pañuelitos de encaje (cualquier parecido entre las inermes princesitas bobas que cuidan de enanitos en el bosque o cabalgan sobre Falada[48] y Guiomar sería pura coincidencia, y tal vez por eso yo no haya podido asumir nunca una imagen arquetípica normal, tan tranquilizadora para una misma: madre envidiosa y agresiva o/y clemente madre bondadosa).

Voy pasando despacio las páginas de mis viejos libros, mientras siento crecer cerca de mí la impaciencia y el enojo de Clara, una impaciencia y un enojo que van invadiendo como un gas denso y picante la habitación, de modo que no necesito mirarla –apenas la he mirado desde que ha llegado, sólo una ojeada breve y un gesto indicándole mi bolso sobre el sofá– para saberla impaciente e irritada, sino que me basta respirar para que su enfado y su impaciencia me llenen con el aire los pulmones, me estallen como burbujas levemente cosquilleantes en las orejas y en las sienes, y sigo centrada no obstante en mis dibujos, sin levantar siquiera la cabeza, porque –primero– esa furia espumeante de animalito joven me conmueve, y –segundo– debo hacer que Clara pague de algún modo el hecho de que sea yo la que hoy la haya llamado, debe compensarme en algún modo por el temblor de mis dedos en el teléfono, por mi voz de ahogada que pide auxilio, por esta necesidad

---

48. Nombre del caballo de una princesa que va de viaje para casarse y es suplantada por la institutriz que la acompaña. La cabeza del animal, al que la criada manda matar para que no pueda decir lo que ha ocurrido, habla y descubre el engaño. Este cuento, *Falada o el caballo prodigioso*, figura en la compilación de los hermanos Grimm y también es conocido como *La pastora de gansos*.

imperiosa y desvalida de tenerla junto a mí, o quizá sea sobre todo –y tercero– el gusto de la espera, el placer de dejar que Clara y yo y el aire se vayan cargando lentamente hasta que la tensión estalle libre de controles, capaz de transgredir todos los límites. Sigo pues hojeando mis libros, y ahora cojo otro del montón, sin poner atención en la cubierta, y lo abro al azar, y tengo ante mí a un niño duende, mallas, blusón y caperuzas amarillos, lindo rostro de niña, y, a sus pies, en blanco camisón con una cintita rosa anudada a la altura del pecho, con unas trencitas rubias increíblemente bien peinadas para alguien que se supone acaba de levantarse de la cama y estaba ya durmiendo, con expresión calma y dulcísima y –me doy cuenta ahora por primera vez– repugnantemente posesiva y maternal, una niñita está cosiendo. La escena transcurre en un interior entrañable y hogareño, con un muñeco de peluche en el estante donde se apilan los juguetes, una vela encendida en el suelo y el cestito de la labor junto a la vela, todo muy habitual y familiar, pese a la indumentaria un poco rara del niño con carita de niña, a no ser porque fuera, al otro lado de la ventana cerrada, junto a la luna menguante, flotan unas figuras equívocas, verdeantes y aladas, y porque todos sabemos –Clara y yo sabemos– que lo que la pequeña está cosiendo tan cuidadosamente a los mocasines del niño es ni más ni menos que su sombra, y tiene vagas connotaciones inquietantes esto de que alguien haya perdido su sombra, y más si el accidente se produce en noche de luna menguante y si minúsculos homúnculos verdosos asoman la nariz tras la ventana. Lo cierto es que esta imagen hace que estallen por fin los gases espumeantes que han ido llenando la habitación, como una botella de champán agitada demasiado rato junto a la chimenea, y me echo a reír y digo quedamente: "Homero, Shakespeare, Peter Pan". Y le agarro la mano –siempre fina, pequeña, temblorosa y sudada– y la atraigo hacia mí en un gesto casi brusco, juguetonamente violento, y la mantengo estrechamente abrazada, las dos tumbadas en la alfombra delante del fuego, hasta que por fin va dejando de temblar, y han debido de transcurrir eternidades porque son sólo brasas los leños de la chimenea y hace rato que ha oscurecido ya tras los cristales –ni siquiera se adivina al fondo el rincón secreto de las buganvillas–, pero aunque pienso vagamente que debiera hacerlo, no me decido a levantarme para añadir madera al fuego ni para encender la luz, se está bien así, casi a oscuras, y no hace ningún frío, y también está bien que todo discurra muy muy despacio, que se consuman eternidades entre gesto y gesto, porque tenemos por primera vez todo el tiempo –se lo digo a Clara: no tengas prisa, disponemos de todo el tiempo– y no habrá de interrumpirnos nadie en la vieja casa de mi abuela, que es desde ahora mía, y esta noche, con Clara a mi lado, estoy tomando en cierto modo posesión de ella, porque la casa, Clara, mi infancia, son de repente una misma cosa temblorosa y cálida, tan entrañablemente mías, tan para siempre y desde siempre mías, que tengo todo lo que me queda de vida para lentamente desvelarlas y poseerlas, y estaría fuera de lugar cualquier impaciencia, y no se trata por otra parte –acabo también de descubrirlo– de posesión: no quiero poseerlas, quiero hundirme en ellas, quiero perderme en ellas, quiero sumergirme en ellas como en un mar quieto y templado, y que no exista ya posibilidad de retroceso o de retorno –que no exista sobre todo posibilidad de retorno–, y lo único que importa ahora es que Clara haya dejado de temblar, porque quiero que se expanda y florezca esta noche sin miedo y sin sudores, que triunfe Angélica segura y terrible, mi fragante princesa tropical, sobre la niña ansiosa y asustada, y la mezo, la arrullo, la consuelo durante horas y horas –me consuelo al consolarla– de todos los miedos que ni tienen nombre, la freno suavemente –despacio,

Clara, despacio, tenemos todo el tiempo– porque no quiero una vez más, no quiero aquí esta noche, esa agresión febril, esa acometida de animalito salvaje y desamparado, ese placer sombrío y terrible de otras veces.

Y sólo mucho más tarde, cuando estamos desnudas, hermosa su blancura escuálida y ya no avergonzada a la luz de las llamas –ahora sí he añadido leña al fuego, he cerrado las cortinas, he buscado unas mantas– entre el cabello oscuro y lacio de sirena, sólo ahora, casi de madrugada, dejo que se apretuje contra mí con este deseo oscuro, torpe, desolado que casi me da miedo, pegada a mí, la piel contra la piel, iniciando un gemido que muere en estertor, restregándose contra mi cuerpo, sus dos piernas enlazadas como una trampa mortal en torno a mis caderas –suavecito, Clara, despacio, tenemos todo el tiempo–, hasta que me desprendo del estrecho lazo de sus piernas y sus brazos –quieta, Clara, quieta, amor–, la tumbo de espaldas, la fuerzo a no moverse, la sujeto contra el suelo con mis dos manos, y mi boca empieza un recorrido lentísimo por la garganta fina, palpitante, donde agonizan los gemidos, la garganta de alguien que se está ahogando y que no quiere gritar –silencio, Clara, quieta, todavía es de noche, tenemos todo el tiempo–, un recorrido lentísimo por los hombros redondos que no logran de cualquier modo contener el temblor, por los huesos que se le marcan delicados en el escote, por los pechos chiquitos, por los pezones pálidos, de pezón a pezón mi boca mordisqueante, hasta que crecen hacia mí erizados y locos, encrespados bajo el aire abrasado de mi boca, bajo mis labios duros y mis dientes punzantes y breves, y son ellos ya los que buscan dientes y labios, y los muslos de Clara que se levantan hacia el vacío, también buscándome, porque yo sigo con mi boca sobre ella, mis manos inmovilizándola, mi cuerpo todavía distante –despacio, Clara, despacio, pronto llegará el alba–, y los flancos de Clara

arqueados de un modo tan violento y contorsionado, tan
pálidos y flacos a la luz de las llamas, evocan imágenes
sombrías de terribles torturas ancestrales, y ahora sí deslizo
mi cuerpo sobre el suyo, y dejo que me aferren frenéticas
sus piernas –despacio, Clara, despacio, amor, despacio–,
y mi mano va abriendo suavemente el estrecho camino
entre su carne y mi carne, entre nuestros dos vientres con-
fundidos, hasta llegar al húmedo pozo entre las piernas,
unas fauces babeantes que devoran y vomitan todos los
ensueños, y yo me hundo en él como en la boca de una
fiera, arrastrada en las ondas de un torbellino en que nau-
frago, y crece el vaivén de nuestros cuerpos enlazados y el
roce de mi mano entre sus muslos, y el gemido de Clara es
de pronto como el aullido de una loba blanca degollada o
violada con las primeras luces del alba –pero no hay temblores locos esta vez, no hay gemidos entrecortados, porque el placer brota, seguro y sin histerias, de lo más hondo
de nosotras y asciende lento en un oleaje magnífico de olas
espumosas y largas–, y después Clara yace a mi lado, desmadejada como un muñeco de estopa, jadeante todavía,
pero relajada al fin, recuperada finalmente su sombra o
liberada para siempre de la caterva de los niños perdidos.

No me pregunta ¿y tú?, ¿estás bien?, ¿te ha gustado a ti? [XXV]
Qué maravilla, Clara no pregunta nada, ni tan siquiera dice
que me quiere, queda ronroneante y desmadejada –los ojos
cerrados y fugitiva en los labios una sonrisa a lo Giocon-
da–, hasta es posible que esté medio dormida, porque no
hace ningún gesto cuando me levanto, sigue tumbada quieta entre almohadones y mantas, ante las ascuas, igual que
un gatito satisfecho que hubiera encontrado por fin su sitio
en el hogar, que hubiera dejado para siempre –o al menos

por mucho tiempo, o al menos por un instante– de gemir a la luna desde los tejados y de arañar esquivo y desolado los cristales de las ventanas. Y como no quiero llevar a Clara a la cama grande, muelle y baja –toda la habitación es cama– donde he dormido tantas noches con Julio, ni a la alta cama dorada de dosel y colcha de ganchillo color crema donde ha estado hace sólo unas horas –aunque esta última imagen sí me he negado a verla– el cuerpo de la abuela, subo a la habitación de los niños –de tantas generaciones de niños– y uno las dos camitas –un poco demasiado cortas quizá para nosotras– de madera clara. Hay unas niñitas inglesas con cofia y con botines en las cortinas –remotamente emparentadas con los niños rubios que corren tras el aro en los jardines de la heladería–, y el gran oso de peluche —un poco apolillado, pero siempre mítico– nos mirará benévolo desde lo alto del armario de las muñecas. Y encuentro en uno de los arcones una piel suave y dorada, definitivamente suntuosa, como para cubrir las piernas de una princesa rusa o a la mismísima reina de las nieves en su trineo de plata tirado por seis renos blancos: uno de esos objetos amables, hermosos, disparatados, que compro de vez en cuando –a veces los días en que me siento demasiado triste– sin terminar de saber para qué los quiero ni cuándo voy a utilizarlos; y a causa de una tristeza cuya causa he olvidado hace ya mucho compré en cierta ocasión esta manta de pieles, y ahora resulta que era –sin que yo lo supiera, y menos ella, perdida en los calores de sus selvas colombianas– para Clara, para envolver su carne pálida y su cabello oscuro, para enmarcar sus ojos febriles y su boca lastimada –se le han hinchado los labios y en el inferior va surgiendo moradorojizo un hematoma–, para frotar tibiamente con el pelo suave y oro de mi vellocino encantado sus pezones adormecidos –ahora todavía no duelen, pero sé que mañana, en los claustros de la universidad, en plena calle, en mi casa junto al mar, le arderán como dos heridas gemelas bajo el vestido, la harán gemir a cada paso, y aborrecer el roce del sujetador, el jersey o la camisa, aborrecer todo roce que no sea el roce de mi boca, de mis propios senos sobre los suyos, de mis manos–, mi vellocino encantado para ceñir sus muslos tibios, para retozar cosquilleante y rubio contra el pubis rizoso, húmedo y oscuro.

La cojo entre mis brazos, bien envuelta en la piel, y la subo casi en vilo hasta el dormitorio, y ella apoya la cabeza en mi hombro, pasa su brazo en torno a mi cintura, susurra palabras sin sentido –tal vez sea el idioma de las hadas o de los gatos–, y yo sucumbo bajo una avalancha brutal de ternura que me corta el aliento y me para el corazón, porque el amor es ciertamente terrible como un ejército en marcha, y cruel como la muerte es la ternura, y empiezo a musitar también yo palabras muy extrañas, palabras que tampoco tienen sentido y que pertenecen a un idioma no aprendido, y recuerdo que ya me pasó otra vez con Clara algo semejante, pero esta vez yo no quiero detenerme, porque las palabras surgen en una embriaguez sin fin, y sé que han caído todas las barreras y se han bajado todas las defensas, y estoy aquí, inerme en mi ternura, inerme ante el embate terrible de esta ternura mil veces más fuerte que la muerte; estoy aquí, desvalida y desnuda como nunca lo estuve en el pasado –ni siquiera en el más remoto e íntimo de los pasados jamás contados–, deshaciéndome en palabras, fluyendo toda entera de mí misma en un torrente de palabras, palabras que Clara no podría seguramente entender –ni aunque estuviera atenta y despierta, en lugar de languidecer medio dormida entre mis brazos– y que desde luego no escucha, palabras que tal vez intuí yo hace tanto tanto tiempo para una Guiomar niña, que quizás adiviné cuando ella dormía, cuando no podía mirarme con sus ojos azules –ya entonces implacables– muy abiertos, palabras que estuve a punto de iniciar algunas veces cuando la pequeña se dormía en el suelo o sobre un sofá y había que llevarla dormida hasta la cuna, pero que no le dije, que no llegaron a brotar nunca, y que no formulé ni siquiera en pensamiento. Y es que este lenguaje no nace en el pensamiento y pasa desde allí hasta la voz hecho sonido: nace hecho ya voz de las entrañas y la mente lo escucha ajena y sorprendida, ni siquiera ya asustada o avengonzada, porque estamos repentinamente al otro lado –mucho más allá– del miedo y la vergüenza, y es evidente y claro que en cualquier instante yo tendré que morir, porque la ternura me ha traspasado como cien alfileres de diamante, la ternura me ha pisoteado y arrollado a su paso como el más terrible de los ejércitos en marcha, y me voy deshaciendo, disolviendo, desangrando en palabras, tan dulcemente muerta que ya casi no puedo con el peso de Clara –que no pesa nada–, y menos mal que hemos llegado juntas a las dos camas gemelas y la deposito allí y le deslizo una almohada bajo la cabeza –sin que ella, como Guiomar de niña, abra tan siquiera los ojos– y la cubro con la sábana y la manta de pieles –hace frío con la ventana abierta, y yo quiero mantener abierta la ventana porque la habitación olía a cerrado, y porque es imprescindible que oigamos el mar y el viento entre los cañaverales y el pitido del tren al adentrarse en el primer túnel de la mañana–, y ahora le pido quedo que no despierte, que se duerma, y me tumbo a su lado, a sus espaldas, y ella despega por fin los labios y gime "Elia no te vayas",[49] y sé que podré repetir un

49. Única ocasión en que se menciona el nombre de la narradora, Elia. La precisión no figuraba en ninguna de las ediciones precedentes de *El mismo mar*. La perentoriedad de la comunicación y el estado psicológico de Clara piden el vocativo, lo que subraya el acierto en la elección del lugar en que se desvela el nombre. No se me alcanza por qué R. Bollinger da a la narradora el nombre de Adriana; no se trata de un lapsus ocasional, pues lo repite varias veces.

millón de veces el mismo recorrido suave de su cuerpo con mis manos, susurrar interminablemente las mismas palabras tontas en su nuca tibia, escucharla dormir plácida y a trechos suspirante, mientras espero la muerte con el alba.[50]

Despierto con un sobresalto, porque hace tantos tantísimos años que yo no podía dormir así, enlazado mi cuerpo a otro cuerpo dormido, respirando al unísono, mecidos en un mismo torpor, en idéntica tibieza húmeda, los dos cuerpos desnudos, hace tanto tiempo, que había perdido el recuerdo y hasta la memoria, y cuando me tumbé ayer, casi de madrugada, al lado de Clara, a espaldas de Clara, y ella murmuró quedo "no te vayas", y cuando luego dio en sueños media vuelta y se enroscó estrechamente a mí, hechos enredadera sus largas piernas y sus finos brazos, Clara pulpo envolviéndome, ciñéndose a mí por todas partes, entonces pensé que iba a pasar la noche en vela, oyéndola respirar, sintiéndola dormir, viendo surgir luego paulatinamente su rostro en las luces del amanecer, y sin embargo debí de quedar dormida casi en el mismo instante. Y ahora despierto sobresaltada y no creo posible todavía haber dormido tanto, y Clara se ríe de este despertar abrupto –como un cowboy fugitivo que duerme, la pistola al cinto, al refugio de un árbol y bajo las estrellas, me dice– y chasquea la lengua contra el paladar, en este ruidito tierno con que se apacigua a los niños que despiertan asustados en mitad de la noche, aunque la noche queda muy atrás y ni siquiera en sueños he oído yo el pitido del primer tren de la mañana –cómo he podido dormir así–, que debió de cruzar hace ya

[XXVI]

50. Este hermoso y poemático cierre de secuencia podría contener una cita involuntaria de un verso modificado por el recuerdo.

mucho, como habrán cruzado después el segundo y el tercero, el tren incluso del mediodía, no demasiado lejos de la ventana abierta por la que entra ahora un sol acuoso y denso, bastante parecido al sol de oro de mis despertares juveniles –mi dorado momento de esplendor entre el final de la adolescencia y mi encuentro con Jorge–, mientras Clara se ríe, un poquito cohibida. Y no he necesitado mirarla –me inclino de nuevo entre las almohadas y entrecierro los ojos– para saber que sostiene en las manos un vaso grande lleno de naranjada fría, y que en algún lugar de la casa –tiene que ser forzosamente en el patio trasero, bajo las buganvillas– ha dispuesto mi muñeca torpona –recién adquiridas junto con el alma, junto con la sombra, ignoradas aptitudes cotidianas– un suntuoso aparato de chocolate espeso y tostadas doradas.

Y Clara está sentada muy erguida sobre las piernas dobladas, en la cama contigua a la mía, con un suéter desteñido y un pantaloncito corto, también desteñido y azul, que habrá encontrado perdidos en algún rincón del armario de los niños. Tiene la boca trémula y risueña, y su voz, grave y vibrante, se hace más fina y queda, se viste deliberadamente de terciopelo, para llegar a mi encuentro convertida en caricia, y cuando, ante un gesto mío –he alargado la mano sin ni tan siquiera abrir los ojos–, ella se precipita hacia mí, se precipita como un torrente a arremansarse sobre mi hombro, a acurrucarse entre mis brazos, como un gato doméstico y devoto, que aguarda espectante el más leve ademán consentidor para trepar de un salto muelle y cauteloso a nuestra cama o a nuestro regazo, cuando ronronea quedamente y restriega su mejilla contra el hueco de mi garganta y me besa en los ojos, y su ronroneo es únicamente mi nombre, las dos sílabas de mi nombre persiguiéndose y superponiéndose hasta el infinito, y no hay uñas ni zarpas ni dientes, porque hasta el más salvaje y

esquivo de los felinos –o quizá única y precisamente el más
salvaje y el más agreste de los felinos– puede un buen día
–puede un día terrible– limarse él mismo los dientes y cortarse las uñas, para convertirse en un gatito todo él pelo
suave, todo ojos húmedos, restregueo y maullido de caricias,
y aunque el ronroneo deja ahora la única monotonía de mi
nombre y lo combina en alteraciones múltiples con la palabra amor –amor, amor, amor mío, mi amor, mi dulce amor,
amor querido, mi todo amor–, yo sé –y por eso me siento
repentinamente tan asustada– que cuando Clara dice amor
está aludiendo a algo muy especial –y siniestramente peligroso–, algo que tiene poco que ver, nada que ver, con el
amor que hayan podido sentir nunca mujeres como mi
madre y Guiomar, como mi abuela-golondrina –¡tan
romántica ella!–, amores como el que inventó para nosotras
una Maite maliciosa y trivial, como el que buscara en mí
hace tan poco un desdichado cisne negro –parece que el
emperador ha descubierto por fin su nota falsa, la nota dis-
crepante en su elegante melodía, y la ha devuelto como temí
a sus tierras remotas, en un destierro inapelable–,[51] amor
como el que durante años y años habrá puesto en mí Julio,
o como el amor con que se han llenado la boca repetidos
amantes ahora sin rostro, amores hechos de regateo y vanidad, del empeño obstinado por encontrarnos magnificados
en el otro a nosotros mismos, del empeño obstinado de
ejercer el poder y de afirmarnos, de anular nuestras frustraciones y todos nuestros miedos, juego cruelísimo y no obstante banal de sexo y de poder, o de poder a través del sexo,

51. Hay ecos en este pasaje de otros dos cuentos tradicionales: "El
cisne negro" y "El ruiseñor del emperador". En este último se basó Igor
Stravinsky para componer su ballet *El canto del ruiseñor,* que también
podría estar en el origen de la asociación por el notable papel que se da
a la música escénica en la novela.

perverso juego narcisista, implacable juego de múltiples espejos, en busca siempre de la propia imagen, y siempre reservándonos, siempre poniendo a prueba al otro y cediendo sólo nosotros el terreno estrictamente imprescindible, siempre ocultando en la manga una postrera –una tramposa– carta. No, el proceso monstruoso que se ha iniciado en Clara y que habrá de arrastrarla hasta el final –porque lo más terrible quizás de este proceso sea que llega siempre inexorable hasta su propio fin–, hasta mucho más allá de los últimos confines de cualquier posible dicha o cualquier posible sufrimiento, no tiene nada que ver con este amor de todos los demás o de yo misma. Clara ha derrumbado de golpe todas sus defensas y ha renunciado lúcidamente –locamente lúcida– a cualquier intento de juego. Clara se desliza en mis brazos tan inerme y abandonada, tan absolutamente mía, que siento una angustia extraña, la misma angustia de la otra mañana a bordo de la barca, cuando encerró en su cuerpo resumida toda la posible desnudez del mundo y, lo mismo que aquella mañana, yo quisiera cubrirla, protegerla, advertirle el peligro, hacerla volver atrás –como si hubiera acaso una posible vuelta atrás–, mantenerla en el cerco resguardado y exacto de nuestros calculados fingimientos, de nuestras reservas y cautelas.

Y la estrecho muy fuerte, y le beso los ojos –sólo para obligarla así a mantenerlos cerrados, para no ver fija en mí esta mirada inerme y sin parpadeos, extrañamente inmóvil, en la que es inútil ya buscar a Clara, porque en sus ojos estoy únicamente yo llenando el mundo–, y pienso que habrá de ser posible conjurar alguna vez el maleficio y que, si al término de tantos viajes fatigosos he encontrado a un hermoso adolescente aguardándome inesperado y sin saberlo él mismo en lo más hondo de la gruta, no habré esta vez de herirle nunca –por muy terribles y precisos que sean los oráculos–, ni siquiera inadvertidamente, ni siquiera cayendo por descuido sobre él, perdido el equilibrio, con el

arma homicida en la mano. Porque Clara, en el patio de las
buganvillas y las campanillas azules y el goteo manso y
sordo del agua en el lavadero, donde no puedo ya mante-
nerle los ojos con mis besos cerrados, esta Clara que ha sido
capaz de vencer su torpeza de muñeca y preparar un chocolate –aunque ella no come absolutamente nada–, tiene la
mirada de los hermosos adolescentes orientales que aman a
los viajeros perdidos, sobrevivientes para su mal de mil
naufragios, viajeros que han arribado a la isla y han roto el
sello de la gruta y habrán de asesinarlos el mismo día de su
quince o diecisiete cumpleaños,[52] tiene la mirada de las
sirenas enamoradas que avanzan impávidas sobre las hojas
aceradas y cortantes de infinitos cuchillos para lograr a
cambio un alma de mujer –alma que ninguna falta les hace,
y que para nada habría de servirles, pues los príncipes
encantadores que pueblan la tierra no suelen entender
nunca nada, ignoran a las sirenas románticas y locas, puestos los ojos desde un principio en princesitas bobaliconas–,
la misma mirada que ingenuas muchachas campesinas
dedican al amante engañoso y disfrazado, que habrá de
abandonarlas siempre, siempre, siempre en la noche de sus
bodas, la mirada de una trémula ondina[53] que musita muy

52. Nueva presencia de *Las mil y una noches*, obra mencionada ya en
la secuencia II (pág. 61) y aludida otra vez en la XI (véase nota 26,
pág. 118), uno de cuyos cuentos se utiliza como fuente directa aunque
no explícita de la comparación de la mirada de Clara con la de los hermosos adolescentes que aman a los viajeros perdidos. Se reelabora aquí
en apretada síntesis la fábula incorporada a esa colección oriental en la
que un padre, ante la predicción que anuncia la muerte de su joven hijo,
lo encierra en una gruta subterránea; un viajero que llega por casualidad
se hace amigo del muchacho y lo mata accidentalmente con un cuchillo
el mismo día que terminaba el maleficio.

53. A la imagen precedente de Clara como sirena (véase la anotación
de la pág. 108), se añade ahora la de una ondina, nombre de las ninfas, seres

quedo "desde que te amo, mi soledad comienza a dos pasos de ti"[54] y que gritará inútilmente obstinada "te he engañado con Bertrán",[55] porque todas las criaturas del lago saben ya –supieron desde antes de que ocurriera– que es él quien te ha traicionado a ti, perdiéndose, pobre Hans hermoso y tonto, al perderte: miradas tercas, inmóviles, alucinadas, miradas excesivas de adolescentes orientales de las Mil y Una Noches, de muchachas vírgenes y campesinas, de sirenas marinas o de ondinas lacustres, nunca miradas de hombre o de mujer, nunca miradas de seres completos y maduros –quizá la madurez consista únicamente, básicamente, en no

---

que encarnan en la mitología el espíritu elemental del agua. La asociación no procede aquí directamente, sin embargo, del mundo clásico, sino de una poética obra teatral de Jean Giraudoux (1882-1944), *Ondina* (1939). Esta pieza fue adaptada al castellano por Fernando Díaz-Plaja y estrenada, bajo la dirección de Adolfo Marsillach, en el Teatro Griego de Montjuich, de Barcelona, el 19 de junio de 1958.

Aparte la pertinencia del recuerdo de Giraudoux, un sector de cuya dramaturgia trata de conflictos en las relaciones personales conexos con los de nuestra novela, la construcción de este pasaje sobre *Ondina* subraya el carácter muy homogéneo de la ideación de *El mismo mar*, pues la obra francesa sitúa en un medio cortesano la historia de amor del caballero andante Riter Hans von Wittenstein zu Wittenstein con una chica que, según se especifica en el acto segundo, se llama y es una Ondina . En la pieza de Giraudoux aparecen varios de los motivos centrales de la fabulación de Tusquets: los del engaño y el amor total. Además, de Ondina se dice que es "la mujer más humana que haya habido en el mundo", lo cual resulta aplicable a Clara.

54. Al final del acto primero de *Ondina*, la protagonista dice a su enamorado Hans: "Pero tú no me dejarás ni un segundo ni lo ancho de una uña. Desde que te quiero mi soledad empieza a dos pasos de ti". Elia menciona el nombre del caballero pocas líneas después.

55. A las verdaderas mujeres, según Hans, se las reconoce en que engañan. La mañana en que Ondina se fugó, le despertó al caballero su grito que decía "Te he engañado con Bertrán", otro de los personajes de la pieza teatral. Este grito se convierte en un *leitmotiv* del acto tercero.

ser ya capaces de mirar así–, miradas misteriosas, inquietantes, terribles, de seres todavía informes, larvarios, en crecimiento, de seres subterráneos o acuáticos, la mirada de Ariadna hacia Teseo, en el instante preciso en que decide sacrificar al Minotauro y salir irremediablemente de sus laberintos, mirada inencontrable después del abandono, que en vano buscaría para sí con ansias abrasadas Dionisos. Miradas entretejidas a lo largo de historias que terminan siempre mal. La misma mirada de Sofía.

Clara, al despertarme esta mañana –casi este mediodía– con   [XXVII] un vaso grande de naranjada fría entre las manos, me ha preguntado risueña si se parece a Sofía, y yo le he respondido que no, que no se parece nada a aquella Sofía golosona, pizpireta, sensual, de cuerpo delicado, carne perfumada, cejas cuidadosamente depiladas, labios carnosos y muchos rizos de cobre sedoso que se recogía a veces, sobre todo al volver de la playa, en un rodete sobre la cabeza, una Sofía que a mi abuela se le antojaba "muy francesa", y que a la Generala le parecía definitivamente mal, y que había conseguido una complicidad alegre y casi cómplice por parte de mi madre –casi siempre, por otra parte, tan correcta pero tan distante con los sirvientes–, porque era sin lugar a dudas la más bonita y la más cariñosa de todas las señoritas que habían entrado y salido de la casa para cuidar de mí, a la Sofía que ponía unas manos de nieve –tan frías y tan suaves casi como las de mi madre, e infinitamente más maternales– sobre mi frente, en las noches de fiebre o en las noches de miedo, y que sentada al borde de mi cama me contaba, antes que yo me durmiera, fascinantes historias de hombres y mujeres que había conocido y que yo creía casi siempre que era su propia historia sólo que camuflada bajo otros personajes inventados –esto, lo de las historias de hombres y mujeres, tampoco le parecía ni pizca bien a la Generala, ni creo que le pareciera bien tan siquiera el que Sofía se sentara en mi cama, tan unidas, tan iguales, tan amigas–, unas historias mucho más fascinantes, infinitamente más mágicas y difícilmente asimilables que los cuentos de princesas cabello de oro, príncipes hermosos, guapos guerreros tontorrones y conejos parlanchines que yo leía en los libros o que me explicaban los demás –y que han perdurado sin embargo con mayor intensidad a lo largo de los años que las historias, entonces tan misteriosas y sugestivas, de Sofía–, y lo contradictorio, lo desconcertante en ella, lo que hizo que yo me equivocara quizá respecto a Sofía durante todos aquellos años, era su aire audaz y desenvuelto –que se vestía, creo ahora, como me visto yo tantos disfraces–, su aparente pisar fuerte y saber lo que quería en la vida –y ya se vio lo que en definitiva quería–, y hasta tenía aspecto de mujer hecha y derecha –"mujer con un pasado", aseguraba la Generala.

Y lo cierto es que Sofía, pese a sus rasgos aniñados y a sus rizos cobrizos, no debía de ser ya muy joven cuando entró en la casa, no una chiquilla en cualquier caso, ni una adolescente, por más que nos sintiéramos hermanadas e iguales cuando se sentaba al borde de mi cama y me contaba en tercera persona historias que yo sabía suyas, y yo, a lo largo de aquel verano tan suave, tan entrañable, tan prolongado –por qué serán tan entrañables, tan suaves y prolongados los mejores veranos de la infancia–, en que mi padre, que habitualmente no paraba en la casa y apenas si ponía los pies en la quinta de la abuela donde mamá –siempre eficaz y siempre ausente– organizaba a base de criadas, generalas y señoritas para los niños mis vacaciones de hija única, se aposentó aquel año (no sé con qué pretexto inicial, tal vez había estado enfermo o creía poder terminar allí uno

de aquellos trabajos que siempre quería hacer, pero que nunca
terminaba, y a lo peor ni siquiera empezaba, porque nunca le
dejaban un hueco otras ocupaciones más apremiantes y que
no hubieran debido serlo, y recuerdo invariablemente a papá
ideando proyectos que luego no tenía tiempo de emprender
o concluir, aunque eran los realmente importantes, mientras
se ocupaba de otros asuntos que al parecer no le interesaban
nada), se estableció pues mi padre aquel verano en el patio
trasero de las buganvillas –nunca le habían gustado los
paseos ni la playa–, en la mecedora de mimbre con el cojín
de flores de la abuela, una montaña de libros y papeles a su
lado sobre el velador de mármol –el mismo donde Clara ha
dispuesto ahora el desayuno y donde comimos el primer día
que la traje aquí– y en los labios una hermosa pipa de madera cobriza, de la que brotaba un hilo tenue de humo limpio
con olor y sabor a miel, aquel verano en que Sofía se sentaba en un taburete bajito, las manos quietas en el regazo,
un poquito más pálidas, o un poquito más sonrojadas las
mejillas que de costumbre, y yo jugaba un poco más allá,
junto al lavadero, con las crías de nuestra gata recién pari-
da –porque tampoco a mí tan amante del mar, me apetecían
aquel verano los baños ni los paseos en barca–, y aquel
verano no me di cuenta de que en los ojos de Sofía, los ojos
de una mujer aparentemente hecha y derecha, de una mujer
que tenía incluso su pasado e infinitas historias que contar,
iba naciendo una mirada terrible, terrible para ella –la mirada que ahora sé tan bien a quiénes corresponde y todo lo
que significa–, una mirada que la hacía día a día un poquito más joven e infinitamente más vulnerable, que la entre-
gaba inerme, no sólo a aquel hombre abúlico y cansado que
había dejado que se abriera desde hacía años un foso demasiado profundo, demasiado insalvable, entre lo que él creyó
debía ser el mundo y la realidad de su propia vida, demasiado remotos sus pensamientos de sus actos para poder dar

marcha atrás y ser quizá recuperable, no sólo pues a aquel hombre prematura y definitivamente viejo, sino inerme también ante la malicia resentida y mezquina de la Generala, ante la maledicencia perversa y aburrida de aquel pueblo en que las gentes de mi clase, de mi raza mediocre de niños envejecidos –nunca nunca adultos adolescentes– mataba como podía, más mal que bien, los meses del verano. Inerme sobre todo Sofía ante la diosa marmórea de serena blancura –blanca mi madre hasta en las playas del verano–, de armonías inconmovibles, la diosa distante que irrumpía muy de tarde en tarde –siempre fugazmente– en la intimidad mágica y a tres de nuestra gruta, mientras se levantaba presurosa Sofía –inoportunamente sonrojada, ¿cómo pude no darme cuenta?–, y papá se quitaba fastidiado unos instantes la pipa de la boca, y había unos cuantos besos y unos caramelos y ciertas reconvenciones y consejos, tan rutinarios y anodinos, tan dichos para no ser por nadie escuchados, como los rezos en la iglesia, aquella deidad magnífica que nos llegaba extemporánea desde los templos de Apolo –Apolo no nos importaba nada a ninguno de los tres–, pero que podía convertirse cualquier día –que pudo convertirse ante mis ojos atónitos un día de aquel mismo verano– en la más desmelenada e incontrolada de las bacantes dionisíacas, en una arpía vocinglera y destemplada, que gritaba y gritaba como una rata a la que le estuvieran rompiendo a escobazo limpio el espinazo –aunque nadie le estaba haciendo, ni siquiera diciendo, nada–, entre un pataleo pueril –por el que a mí me hubieran dado una buena azotaina– y un frenético agitar de brazos, las facciones –nada helénicas ya– contraídas en un rictus grotesco, la boca llena de espuma, los ojos –los grandes ojos claros– ahora achicados y mezquinos –ojos de alimaña furiosa, de rata acorralada–, mientras nos insultaba a todos –hasta a la misma Generala, que era sin duda la que había organizado la escena, y ahora

a medias gozaba a medias se asustaba de ella entre bastido-
res–, nos insultaba a todos con un lenguaje que yo sólo
había oído a los pescadores o a las mujeres más ordinarias
del mercado, un lenguaje que pretendía ser terrible, pero
que allí, y sobre todo en boca de mi madre –¿dónde habría
aprendido ella tan fina semejantes palabras?–, me parecía
meramente grotesco, una parodia bufa, como era asimismo
grotesco y disparatado y fuera de lugar el contenido del discurso, porque la diosa olímpica –siempre por encima del
bien y del mal, siempre creando y aceptando sus propias y
exclusivas normas de conducta y sobrevolando desdeñosa
el común parecer de los mortales– nos gritó hasta perder el
resuello que la habíamos puesto en ridículo –todos nosotros, incluidas yo y hasta la Generala–, y qué dirían sus
amigas y qué habrían pensado los vecinos.

Y durante todo este tiempo, que fue muy muy largo,
mientras mi madre se desprendía a manotazos de aquel estilo y de aquella clase, aquel maldito señorío –porque nadie
se atrevió a dudar nunca de que mi madre era una auténtica
señora, tanto como la mejor princesa guisante, y yo me preguntaba ahora para qué diantres podía servir ser tan señora
si luego, llegada la ocasión, y qué ocasión, porque tampoco
había para tanto alboroto, te comportabas lo mismo que una
rata–, aquel maldito señorío de clase con que me había apa-
bullado y mareado desde niña, aquella serenidad de diosa
que no puede permitirse tan sólo el desmán de la efusión y
la ternura –ni siquiera con su propia hija–, mientras mi
madre nos insultaba a todos a gritos, yo estuve esperando
–me dolía la intensidad de la espera– que Sofía se echaría
finalmente a reír, yo estuve esperando sobre todo que mi
padre agarraría a aquella furia vocinglera por el pescuezo
–como se agarra a las alimañas– y la pondría en la puerta o
la encerraría en su habitación, castigada sin postre, tras propinarle unos buenos azotes. Pero no sucedió nada de esto,

mi madre siguió y siguió hasta perder el resuello –y tuvo
mucho–, hasta que se le acabó por fin la cuerda, y mi padre
la escuchó con aire fatigado –una de tantas injusticias de la
vida, parecía decir–, la escuchó como si oyera sólo a medias
–se le había apagado la pipa y la sostenía incómodo en la
mano, sin saber qué diablos hacer con ella–, la escuchó
como si él no tuviera mucho que ver en definitiva con todo
aquel enojoso asunto. Y tampoco Sofía parecía oír más que
a medias lo que decía mamá, era como si escuchara atentamente, tan atentamente como si de ellas dependiera su vida,
las palabras de mi padre –las palabras que mi padre no
decía, porque no había abierto tan siquiera la boca–, pues,
ahora me di cuenta de ello, también Sofía estaba esperando,
y lo que no sé es si estaba pendiente de las palabras que mi
padre hubiera debido decir y no decía, o de un secreto discurso interior que mi padre pronunciaba únicamente para
ella y que sólo ella oía. Era evidente que la diosa-rata no
tenía poder directo alguno sobre Sofía, que no podía alcan-
zarla, ni ofenderla, ni herirla, y que hubiera sido tal vez en
cambio muy sencillo para Sofía hacer callar a mi madre en
un instante, muy fácil interrumpir aquella escena lamentable que parecía no iba a terminar nunca, muy fácil intentar
al menos defenderse o pasar al ataque, pero Sofía estaba allí
como paralizada, atenta únicamente a las reacciones –a la
no reacción– de mi padre, a las palabras que mi padre no
decía, y eran estas palabras necesarias por la misma lógica
del absurdo de la situación y sin embargo no dichas, y no la
verborrea reiterativa y disparatada de mi madre, lo que
la estaba destruyendo, porque en los ojos de Sofía hubo al
principio una mirada combativa y ardiente, una mirada
indómita y apasionada, y esta mirada se fue muriendo poco
a poco, se tornó más y más opaca –es terrible presenciar la
agonía lenta, el moroso asesinato de una mirada–, hasta
quedar reducida a un rescoldo tristísimo, moribundo, el

mismo que debió de aletear en los ojos atónitos del adolescente oriental en cuyo pecho acababa de hundirse por error
el cuchillo fatídico; o en los ojos de la sirena cuando su
príncipe le anuncia que va a casarse por fin con la más vulgar y anodina y cotidiana de las princesas (y lo peor no es
saber que ella no conseguirá ya nunca un alma de mujer, a
estas alturas los humanos y sus almas han perdido cualquier
posible prestigio, lo peor y más triste es descubrir que el
príncipe encantador es también, como su princesa, el más
vulgar de los príncipes, que todo ha sucedido en definitiva
para nada, como es terrible para la ondina, no el hecho de
perder a Hans, sino que él se haya perdido a sí mismo, al
traicionarla tontamente con una muchachita mezquina y
presuntuosa, una ruin asesina de pájaros amigos, a la que ni
siquiera ama de veras); o en los ojos de las muchachas campesinas abandonadas en el transcurso de su noche de bodas
(y también aquí la angustia es aparentemente por ellas mismas y por el propio abandono, pero es, a un nivel más profundo, por los tristes novios fugitivos, que deberán danzar
agonizantes con las sombras durante la noche entera y
morir con el alba); o en los ojos de Ariadna al despertar
abandonada en la isla de Naxos y descubrir que también
había huido aquel Teseo que parecía invulnerable, porque
hasta los héroes sin tacha, hasta aquellos que son capaces
de afrontar en el límite de su audacia al mismo Minotauro
–tan tierno el Minotauro en sus secretos traicionados laberintos–, hasta los príncipes más encantadores y valientes,
hasta los viajeros que han sobrevivido a mil naufragios, sienten miedo al encontrar en su camino lo nunca imaginado: la
mirada terrible del amor total (huye Teseo, no de las peores
tempestades ni de las amenazas airadas de los dioses, huye
Teseo del amor de Ariadna, terrible y peligroso como un
ejército en marcha), un amor como pueden sentirlo tan sólo
ciertos adolescentes, una sirena o una ondina, algunas

vírgenes incautas, tal vez Ariadna perdida en el ensueño de sus laberintos, nunca ya Ariadna reencontrada por Dionisos en la isla de Naxos. Y aunque hayan creído vagar la vida entera en busca del amor, cuando lo encuentran así, en este grado que nunca han imaginado, en este grado que les resulta inconcebible, casi monstruoso, de plenitud y de abandono, un amor tan quemante, tan acerado, tan peligroso, tan predispuesto a las apuestas límite y a los riesgos supremos (pues hasta una Gretchen candorosa y dulcísima de rubias trenzas puede acabar suministrando a su madre una dosis excesiva de somnífero que le provoque la muerte, puede acabar ahogando al recién nacido en una acequia, acabar provocando que su único hermano sea en un duelo desigual asesinado, ¿y qué iba a hacer el pobre Fausto con aquella criatura angelical que se había metamorfoseado por su amor en un monstruo, y que en el fondo le inspiraba ahora, después de tanta sangre y tantos crímenes, de tanto transgredir límites, un repeluzno de asco y hasta de miedo?),[56] cuando lo encuentran, todos tienen forzosamente un gesto de pavor o de rechazo, y se ven conminados a destruirlo y a escapar, o a destruirlo meramente con su simple huida.

Sienten el mismo miedo que debió de sentir mi padre aquella mañana en el patio de las campanillas moradas y de las buganvillas, hace ya tantos años, no miedo a los ojos relampagueantes de una Atenea enfurecida (aunque es casi seguro que él debió de creerlo así, y hasta yo misma durante tiempo y tiempo creí que la irrupción abrupta y tan violenta de mi madre en el patio había sido decisoria y terrible, y sólo mucho después, quizás únicamente ahora, he comprendido

56. La serie de horrores enumerados coinciden con los cometidos por Gretchen (Margarita en castellano), la joven seducida por Fausto en la universal creación de Johann Wolfgang Goethe (1749-1832).

que también mamá, con todos sus gritos y su rabia y su sofoco, estaba allí en función de aquello que todos, y en esta ocasión concretamente mi padre, esperaban que hiciese), miedo
a la mirada con que Sofía, sencilla y limpiamente, ponía el
destino de los dos –el de mi padre y su propio destino– en sus
manos, el mismo miedo que me inspira a mí hoy la mirada de
Clara, que intento vanamente desvanecer entre besos, porque
no quiero correr el riesgo extremo de tener que destruirla
finalmente como destruyó cobardemente mi padre aquella
mañana con su silencio la mirada de Sofía, traicionándola a ella y perdiéndose a sí mismo para siempre –traicionándola tal vez para poder así perderse a sí mismo para siempre–,
renunciando de modo irrevocable a la posibilidad, no ya de
recuperar a la mujer, sino de reencontrarse a sí mismo.

Mi padre eligió por los tres, o había decidido tal vez ya [XXVIII]
desde antes de que se iniciara la historia, desde la primera
mañana en que se quedó allí charlando con Sofía y en que
yo me di cuenta de que nos perdíamos la playa, y no me
importó, se quedó allí con una pipa apagada entre los labios
–la reencendía de vez en cuando, pero se le volvía a apagar
aquella mañana casi enseguida– y entre él y la mujer sentada en la banqueta, una montaña de papeles sobre la mesa de
mármol; mi padre eligió torpemente por los tres, reducien-
do a mi madre a representar un papel de rata –el único posible, el único que le habían asignado en la historia– donde
perdería, por unas horas, su calma y su dignidad olímpicas,
porque en cierto modo mi padre la quiso así: una diosa
capaz de convertirse en una arpía. Como fue asimismo mi
padre el que condenó a Sofía a la desolada aceptación de la
derrota –una derrota que ella no entendía–, dándose voluptuosamente a sí mismo un motivo más para compadecerse

y despreciarse –nada le gustaba tanto–, para mimar y cultivar su imagen de hombre fatigado, abúlico y vencido.

Y fue en realidad muy propio de papá, tan literario casi siempre y tan amante de los gestos simbólicos, brindarnos aquel golpe de efecto, imponernos a todos aquel final de acto en verdad magnífico: final de tercer acto y la obra sólo tenía tres, porque el hecho de que mi madre pusiera en la calle a Sofía a la mañana siguiente era un dato accesorio, un epílogo del que el espectador podía sin perjuicio prescindir, una insignificante nota a pie de página, de la que mi padre-autor, por otra parte, no pareció siquiera darse cuenta. Final de tercer acto que se desarrolló en el marco de la gran fiesta con que la ociosa burguesía en vacaciones cerraba el veraneo, la famosa fiesta del casino, que pareció aquel año no iba a poder celebrarse, porque nunca jamás había visto llover yo de modo tan torrencial y desmedido –empezó la lluvia muy poco después de la trifulca en el patio de las buganvillas–, y se desbordó la riera, se inundaron los bajos y los sótanos de las casas, y las calles bajaban como ríos en los que flotaban cosas increíbles, mientras naufragaban y se atascaban los coches en ciénagas de barro y las avalanchas de agua arrastraban hasta alta mar algunas de las barcas de la playa. Pero todo estaba dispuesto y la fiesta debía a toda costa celebrarse, y con mucho retraso, en pequeños grupos –cómo esperé yo que nosotros no fuéramos– fuimos llegando todos al casino, unas figuras remotamente extrañas, cubiertas por todo tipo de chaquetas viejas y de impermeables, con paraguas a los que daba vuelta el viento y gruesos zapatones o botas de agua, para emerger allí, entre bromas y risas y resoplidos: los vestidos de seda o tul, las sandalias doradas, los complicados peinados de cabezas crepadas, de altos moños y sedosos rizos. Y allí llegamos los cuatro, porque papá las obligó a arreglarse como si nada hubiera sucedido –recuperado el dominio de la situación, los poderes de mando, que únicamente porque no quiso no había asumido en el patio la misma mañana—, las obligó a ponerse los vestidos que habían preparado, a peinarse y maquillarse con cuidado —quiero que estéis muy guapas, quiero que seáis las reinas de la fiesta—, y llegaron las dos al casino, colgada cada una de uno de sus brazos, para ocupar, como siempre, la mejor mesa junto a la pista. Y mientras los hijos de nuestros amigos —el grupo juvenil de la colonia veraniega, algo mayores que yo— cantaban los ritmos entonces de moda, y bailaban con una falsa modestia doblemente procaz unos bailes supuestamente exóticos, para terminar escenificando los mismos chistes de todos los veranos, mientras yo sentía que todos —los muy hijos de puta— nos miraban y que la atención se repartía por igual entre las actuaciones de la pista y lo que se suponía iba a ocurrir en nuestra mesa, mi madre volvía a ser la más bella entre las bellas, la primera e indiscutible entre aquellas que se soñaban sus pares, la reina de la fiesta (como había dicho en tono de chanza pero en el fondo muy en serio mi padre), y dispensaba (dueña absoluta de sí misma y del casino y del mundo; increíblemente radiantes y claros los magníficos ojos azules, como si no hubieran vertido unas horas antes, y hasta el momento mismo de vestirse y acicalarse por orden de papá, todas las lágrimas), dispensaba, como una diosa que reparte benigna flores e hidromiel en la asamblea de los pocos elegidos, aplausos y sonrisas más cálidas, las palabras más afables, las miradas más encendidas, eran para mi padre, que estaba sentado a su lado muy natural, muy callado, muy apacible —había dicho cuanto tenía que decir, y lo que había callado no tendría nunca ya, y él lo sabía, ocasión para decirlo—, un Zeus[57] tal vez ligeramente fastidiado, pero sólo

57. Padre y rey de los dioses de la mitología griega. Representa el sumo poder y la fuerza absoluta. Se casó con varias diosas y sedujo a

219

ligeramente, como si su única preocupación en la vida fuera que no faltara el champán en las copas de las dos mujeres y que no se le apagara a él la pipa –la primera mañana, en el patio de las buganvillas, no le había importado nada que se le apagara una y otra vez, mientras pontificaba radiante y Sofía le escuchaba con ojos atónitos–, esta noche parecía vital que no se le apagara la pipa. Y mi madre dispensaba pues sus mejores palabras y sus más cálidas sonrisas a papá y a Sofía, Sofía sentada allí muy rígida en su vestido de fiesta, como una muñeca engalanada –¡Clara, Clara!–, el rostro inexpresivo y pálido, las manos extrañamente frías (no con el frío bueno de mis noches de fiebre, con el frío benigno de mis noches de miedo, cuando las posaba mansas en mi frente, no aquellas manos que me alargaban todas las mañanas un vaso grande de naranjada: tenían ahora un frío distinto, como muerto, y no reaccionaban a mis furtivos contactos), pero lo peor eran los ojos, aquellos hermosos ojos pardos que no habían derramado, creo, ni una sola lágrima, unos ojos secos, impecablemente maquillados –implacablemente secos y maquillados– y tan espantosamente vacíos, unos ojos en los que ya no había miradas, sino el vacío atroz de una única mirada asesinada, unos ojos terribles como el lugar en que se ha cometido un crimen irreparable: los ojos de Sofía ya no se abrían a nada, habían dejado de darnos asimismo paso a los que intentábamos torpes acercarnos y adentrarnos como tantas otras veces en ella, se habían convertido en una lisa superficie pulimentada y sin resquicios, tan irrevocablemente cerrados –aunque los párpados siguieran abiertos– y tan definitivamente vacíos que yo no entendía que el mundo pudiera seguir dando impávido vueltas en su órbita ante aquella realidad terrible –¿qué eran unas gotas, un temporal, un aguacero de verano, para

---

muchas mujeres. Esta dimensión del personaje sirve para subrayar el perfil del progenitor de Elia.

reflejar la magnitud cósmica de la catástrofe?–, no entendía que pudiera celebrarse una fiesta y que nuestros amigos pudieran espiarnos sólo con curiosidad maligna, en lugar de observarnos con horror, no entendía ante todo que mi padre siguiera llenando copas y mi madre siguiera repartiendo sonrisas.

Y cuando llegó la media parte del espectáculo, y de pronto cambió la dirección del viento y arrastró lejos en un instante todas las nubes, y amaneció una luna soberbia, redonda, como un globo henchido de sangre, y era tal vez un poco excesiva aquella escenografía tan lorquiana, excesiva en relación a la escena que mi padre nos tenía preparada, pero yo no me daba mucha cuenta de nada, pendiente sólo de los ojos de Sofía, de sus manos heladas, de su gesto rígido, y no atendí tampoco a la muchacha castaña y muy bonita, vestida con un vaporoso traje de tul turquesa, que salió entonces al escenario con un enorme cesto lleno a rebosar de rosas de cera (y era uno de estos inventos divinos y grotescos, divinos por lo grotescos, que tan bien saben organizar las gentes de mi clase, tan capaces dc organizarlos y de llenar con ellos un veraneo, porque desde hacía tres meses no se hablaba de otra cosa que de aquellas horrendas rosas de cera y del precio más o menos exorbitante a que se pondrían a la venta, esto del precio había sido muy discutido, y se acordó finalmente establecer un precio desmesurado, muy muy alto, no tanto para que se pudiera alcanzar la cantidad requerida y construir por fin el altar lateral de una capilla de la iglesia consagrada a no recuerdo qué santo y el párroco nos dejara por fin en paz a este respecto y tuviera otro tema para el sermón de los domingos, no tanto para eso como para que sólo los más poderosos del lugar pudieran comprar una rosa para la esposa, para la novia, para la hermana, y al fijar un precio tan alto triunfaba por una vez el afán de vanidad sobre su inveterada tacañería). Y ni siquiera

me di yo cuenta de que mi padre, como movido por un resor-
te, se había levantado en cuanto salió a escena la muchacha,
y cuando por fin le vi estaba ya allí, junto a la chica de las
rosas, en el centro mismo de la pista, y se habían encendido
todas las luces, y todos los reflectores convergían en ellos,
en aquel punto único, tan potentes que anulaban con creces
la luz rojiza de la luna, y todos cuantos ocupaban el casino
se habían dado cuenta de lo que ocurría mucho antes que yo,
porque se había hecho un silencio denso, incrédulo, que fue
lo que me alertó por fin y me hizo darme cuenta de que algo
muy insólito estaba sucediendo o a punto de ocurrir, y de
que mi padre estaba dando en nuestro honor –en honor
de Sofía ondina abandonada, en honor de mi madre diosa-
arpía, en honor de los veraneantes a los que había logrado
dejar por fin atónitos y desbordados, pero sobre todo en su
propio honor– el gran golpe de efecto de la noche, porque
papá se había acercado rápidamente a la muchacha, desli-
zándose elegante por la pista sin perder su aire displicente,
le había dicho unas palabras, le había llenado las manos de
billetes –o quizá le entregó sólo un talón y estoy fantasean-
do–, le había cogido el cesto entero con las rosas intactas
–ninguna, ni una sola de las esposas, las novias, las madres,
las hermanas de los patricios de la localidad podría obtener
ya nunca una de aquellas rosas tan feas, pero objeto de tantas controversias– y volvía a avanzar ahora, siempre imper-
térrito y natural, quizá ligeramente sonriente, pero podía ser
efecto de los focos su sombra de sonrisa, hacia nuestra
mesa, y todos sabíamos ya –al menos lo sabíamos mi madre
y yo y hasta Sofía– lo que iba a suceder, y que mi padre (como
un hermoso gesto teatral destinado a sí mismo, o como sarcástica burla desdeñosa a aquella panda de tipejos en esmoquin y de tipas empingorrotadas que habían estado chismo-
rreando malignos y ociosos a nuestra costa a lo largo de
todo el verano, o quizá como un castigo ritual, un castigo

simbólico pero necesario, a la diosa convertida unos instantes en arpía, y a la que él había forzado a comportarse así, a la que él había querido así, pero que debía ser no obstante purificada antes de retomar su lugar en el Olimpo, una diosa a la que sobre todo debía poner él, por más que la hubiera elegido unas horas antes desmadrada y fuera de controles, en su sitio exacto, y sobre todo, quiero creer que sobre todo, como postrera ofrenda dolorida y culpable a una mirada por él asesinada) sabíamos que mi padre iba a depositar sobre el regazo de una Sofía al borde del desmayo la disparatada cesta llena de rosas.

He terminado el repertorio de mis historias –aunque es [XXIX] tan sólo una sensación, puesto que las historias son casi infinitas–, tengo la sensación pues de haber terminado el repertorio de mis historias, estas historias que renuevo, que resucito y que repito, casi siempre muy iguales a sí mismas, ante cada posibilidad de amor, como si amar fuera únicamente encontrar el mejor de los pretextos para evocar, o para inventar quizás, para sacar viejos recuerdos polvorientos del armario, para abrir el baúl de los disfraces y vestirse el disfraz de tristezas antiguas –en el fondo una misma, una única tristeza–, de las múltiples renovadas soledades que constituyen una vida, ante un espectador inédito, y tal vez –oh milagros del amor– incluso remotamente interesado, amar es un pretexto –estás exagerando, dice Clara, no eres tan narcisista– para ofrecer todavía una vez más esta preciosa imagen de mí misma –sí soy tan narcisista, Clara, aunque es muy posible que esta imagen, que mimo y halago como mimó y cuidó mi padre hasta el final su imagen de hombre abúlico y cansado, un tanto cínico y muy capaz de estéticas vilezas, es muy posible que esta imagen ni siquiera me guste–, ofrecerla en una triste parada nupcial, mucho más gris e infinitamente menos vistosa que la de muchos peces y la de tantísimas aves.

Y me he vestido y desnudado ya todas mis plumas, con sus copetes y penachos, he hecho danzar aletas traslúcidas y colas multicolores en los cálidos mares tropicales, en las profundidades abismales de mis grutas, he vertido sobre una Clara atenta (la más atenta y la más excepcional de todos mis oyentes, porque Clara no es, nunca he querido decir esto, una más en una larga serie de amantes, y nadie nadie hasta llegar a ella estuvo tan cerca de compartir y asumir conmigo un pasado irreparable, tan a punto de acompañarme en imposibles soledades terminadas) la agridulce marea de unos recuerdos que todavía viven, aunque tal vez no fueron nunca tal como yo los evoco y se los cuento, le he relatado las historias más lejanas, más entrañablemente mías: menos aquella que nunca conté hasta ahora a nadie, que me negué obstinada a discutir o comentar con nadie, aquella que yace oculta y ponzoñosa en lo más hondo de mis ciénagas, palpitante y quemante como una herida siempre abierta, la historia que me expulsó, que destruyó y que me condenó no obstante para siempre a mis laberintos, y tal vez no la haya contado nunca a nadie, ni siquiera todavía a Clara, porque no soy capaz de reducir a historia, de ordenar y reducir a la forma de una historia, aquel daño letal e interminable que marcó en realidad el final de todas las historias y abrió una etapa gris constituida sólo por datos, por hechos y por citas. He contado mis historias, me he vestido y desvestido mis disfraces, he agotado los recovecos de mis laberintos y mis grutas, y ahora estoy en paz –o casi en paz–, entre los fantasmas de un pasado que he reconstruido amorosamente para Clara, o para mí misma aprovechando el pretexto que Clara me brindaba, o tal vez para que al resucitarlo una vez más, al resucitarlo por fin para una oyente distinta, este pasado quedara definitivamente muerto, dejara de vagar como un espectro desdichado e insomne, pudiera descansar en paz bajo el almendro en flor del cementerio, porque los fantasmas se desvanecen y el pasado se está desmoronando manso y sin estridencias a nuestro alrededor, dejándome vacía y apaciguada, mientras en este paisaje de ruinas y despojos, Clara –una Clara que pregunta riendo, al concluir yo la historia de Sofía, ¿por qué me cuentas estas cosas?, ¿de qué pretendes asustarme o contra qué intentas prevenirme?, ¿de ti?, ¿de mí misma?, sabes que de todos modos voy a correr el riesgo–, florece y se expande entre las ruinas.

Veo nacer una Clara distinta en la vieja casona de la abuela, por la que nos buscamos y nos acariciamos sin tregua, pero también sin impaciencias ni ansiedades, con suavidades nuevas recién aprendidas, impuesto todo sin duda por esta Clara risueña y expansiva que parece haber tomado –tras aniquilar los fantasmas de un pasado– segura el mando, porque no ha vuelto a repetirse la desolada violencia de las caricias de los primeros días, terrible como el graznido de los pájaros marinos perdidos tierra adentro las tardes de tormenta, ni siquiera ha vuelto a repetirse la brutalidad –sin embargo tan tierna– de la tarde en que llegó Clara a la casa y nos amamos ante las brasas agonizantes en la chimenea, porque ahora los días y las noches se confunden en un acto único de amor infinitamente prolongado, un amor que Clara inventa para mí segundo tras segundo –ha tenido forzosamente que inventarlo, pues ni ella ni yo sabíamos que pudiera tan siquiera existir–, un amor vacío de programas y de metas, tan tierno y torpe y delicioso y sabio como el de dos adolescentes que llevaran siglos ocupados en amarse, un amor que no conoce apenas paroxismos ni desfallecimientos –no hay antes ni después–, porque donde el placer debiera culminar y el deseo morir queda siempre encendido un rescoldo sutil y voluptuoso, y hasta dormidas

225

las dos siguen nuestros cuerpos meciéndose, acunándose, buscándose enlazados, y nos amamos entre sueños o en un duermevela interminable, aunque no sé en realidad si Clara habrá dormido alguna vez de veras en todas estas noches y todos estos días –asegura que sí–, porque cuando despierto, allí están siempre sus ojos muy abiertos acechándome, velando mi dormir, allí están para mí sus manos y su boca iniciando la caricia, sus piernas prontas a enlazarme, y el que yo sienta a veces sueño o sienta hambre –que yo pueda sentir cualquier otra cosa que no sea amor– constituye para esta adolescente loca una debilidad difícilmente comprensible, aunque eso sí conmovedora, y me deja dormir o me trae comida con un gesto condescendiente y burlón de asentimiento, como accediendo a las necesidades –tan distintas a las nuestras– de un niñito pequeño o de un pobre terráqueo caído con todos sus lastres y limitaciones, el pobre, en una tierra de ondinas o marcianos. Y yo no tengo la certeza de que ella haya dormido una sola hora en los días y noches que llevamos amándonos por la casa vacía, aunque asegure, cuando le pregunto, que sí, y únicamente para que yo deje de darle la lata y de ocuparme en tonterías, sólo para que me dedique enteramente a lo único importante y sobre todo lo único real –que es amarnos– ingiere apresurada e indiferente los zumos de fruta o los grandes vasos de leche con miel que le preparo. Y sólo ante mi insistencia consiente en que hagamos por fin una llamada al exterior pidiendo carne, huevos, pan –alimentos sólidos y desagradables para uso exclusivo de una terráquea famélica, porque la ondina seguirá subsistiendo obstinadamente a base de leche y de zumos frutales, más compatibles al parecer con el amor–, aunque el exterior –todo lo que queda al otro lado de la puerta de la casa– no debiera existir, y la voluntad de Clara está convirtiendo paso a paso la vieja mansión de la abuela en el castillo inexpugnable de la Bella del Bosque

Encantado, y su deseo hace brotar y crecer en torno a los muros una selva intrincada y espesa de setos y malezas, donde agonicen los anhelos y las curiosidades de cualquier posible violador de nuestra soledad, convierte la casa junto al mar en el palacio del monstruo, por cuyos salones y jardines secretos triunfan los amores de la Bella y la Bestia (y ahora sé que las dos somos la Bella y las dos somos igualmente la Bestia), sin que nadie pueda osar interrumpirlos ni trasponer la verja encantada donde florece el rosal de las rosas blancas, habitado el palacio únicamente por servidores invisibles –avisé a la mujer de la limpieza que estos días no viniera, y el polvo se va acumulando sobre los muebles, pero ni a Clara ni a mí parece importarnos–, porque cuando alguien siente de veras "mi soledad empieza a dos pasos de ti", entonces no queda otra salida que esperar que un espeso muro, una selva impenetrable, crezcan alrededor de las dos soledades mágicamente fundidas en una sola compañía, sólo cabe esperar que empiece ya, ahora mismo, la eternidad. Y mientras Clara anula con su empeño constante y apasionado la realidad exterior –si es que existe una realidad, si existe acaso algo exterior–, mientras mantiene alejado este supuesto mundo que subsiste ajeno a nosotras y tal vez hostil al otro lado de setos y murallas, mientras vigila sombría, mordiéndose las uñas, mis breves, escasísimas –las imprescindibles para que no se presenten ellas en la casa– llamadas telefónicas a mamá y a Guiomar, en que intento explicar que he querido quedarme aquí durante unos pocos días, para recuperarme de la muerte de la abuela o clarificar lo que ellas llaman mis "problemas con Julio" –¿qué entenderán ellas por mis problemas con Julio?–, mientras mantiene luego horas enteras el teléfono descolgado y contestar a Maite –cuando la pobre consigue al fin comunicar– que yo no estoy en casa o que me he muerto, y ve pasar al cartero ante la verja del jardín con una infinita

ESTHER TUSQUETS

desconfianza –pero Clara, Clara, ¿a quién iba a ocurrírsele escribirme aquí?–, mientras despide al tendero y a la mujer de la limpieza (que ha pasado por fin a vernos, extrañada de que no la necesitemos) con urgencia febril, como si su mera presencia en el umbral supusiera ya un peligro, como si olisqueara ella un oculto incendio en algún rincón de la casa y tuviera que correr a apagarlo, y los despide poniéndoles en las manos unas propinas desorbitadas y olvidándose otras veces de pagarles la cuenta –ellos ya en la calle sin haber entendido nada de lo que aquí pasa–, mientras hace todo esto, va construyendo entre tanto a base de palabras otra realidad distinta, situada en no se sabe bien qué lugar del tiempo y del espacio, va erigiendo –al otro lado del capullo de seda en que me envuelve: porque esto es lo que está haciendo Clara, tejer en torno a mí un capullo de seda–, va construyendo un futuro imposible para nosotras dos, un futuro improbable que se contrapone y que prolonga mi pasado inverosímil y perpetuamente reinventado –que duerme en paz por fin bajos los almendros en flor–, y al que habremos de volar muy pronto las dos convertidas en radiantes mariposas, un futuro que tanto puede situarse en los suburbios de Marsella como en las selvas colombianas, y que a veces parece desarrollarse en París o en Nueva York o en la misma Barcelona, pero en el que estamos invariablemente juntas, sin fin juntas, siempre amándonos, y convirtiendo este amor en mágica palanca que pueda transformar el mundo, porque este amor excepcional –ha decidido Clara–, este amor que se da tal vez sólo una vez cada mil años, no puede concluir en nosotras mismas, debe abarcar también a todos los oprimidos, a todos los tristes, a todos los injustamente pisoteados, a todos los solitarios de la tierra, este amor debe ser capaz de arrastrarnos hasta cimas insospechadas, debe llevarnos a trasgredir por fin todos los límites, a violar de una vez para siempre todas las normas,

y luego a reinventarlas, y me temo –me temo muchísimo–
que en sus fantasías Clara nos imagine a las dos en disfraz
de guerrilleras, que a ella, cierto, no le sentaría mal, com-
poniendo –entre asalto a mano armada y bomba terrorista–
unos sonetos inmortales o un definitivo estudio sobre
Ariosto, y acariciándonos con caricias cada vez recién
aprendidas en los descansos del combate –el viejo sueño de
ver unidos arte, amor, revolución–, olorosas todavía las
manos a tinta fresca y a pólvora de fabricación casera.

Como los terráqueos, además de ingerir regularmente [XXX]
proteínas animales y de quedar neciamente dormidos en
los momentos menos oportunos (por ejemplo, mientras nos
están contando –porque Clara se ha lanzado a hablar, roto
su mutismo obstinado de niñita hostil–, a las cinco de la
madrugada, cómo será eso de hacer el amor bajo las estrellas, con aroma a dinamita y a poemas frescos y a frutos tropicales, a nuestro alrededor el trino de pájaros exóticos y el
silbar de las culebras que pueblan las selvas colombianas),
como los terráqueos necesitamos también algunas veces
cambiar de ambientes y hasta tomar el aire –otro aire que
no sea precisamente el del patio de las buganvillas–, una
Clara recelosa, pero en definitiva comprensiva, consiente en
acompañarme al amanecer a dar un paseo en barca (sin cisnes ni francesas, claro).
Escapamos furtivas con el alba, yo, porque no quiero ni
imaginar lo que estarán diciendo de nosotras las gentes de
este pueblo, que me conocen y acechan y desaprueban
desde niña, y prefiero no dar más pábulo, más imágenes con-
cretas, a sus habladurías malignas; Clara, porque cualquier
contacto con el exterior –y es exterior todo cuanto alienta
más allá del capullo que ella segrega y que va tejiendo lenta

pero implacable a mi alrededor, a nuestro alrededor– le parece oscuramente peligroso, capaz en cierto modo de quebrar el hechizo (de romper el capullo). Y sólo cuando estamos ya en la barca, sueltas las amarras y el motor en marcha –un sol enorme, disparatadamente grande, redondo y rojo alzándose en el cielo desde el mar, emergiendo del mar y dejando tras sí, en las aguas, una huella sangrienta: excesiva esta escenografía para mis gustos y mucho más acorde con la sensibilidad teatrera de mi padre–, descubro que no era en realidad la asfixia de la casa y del patio, ni siquiera la asfixia del capullo de seda o del aburrimiento, lo que me ha impulsado a salir, sino el antojo de volver a situar a una Clara ahora tan distinta en un viejo paisaje. Y avanzamos silenciosas por un mar de sangre y de plomo hasta la ensenada de las gaviotas enloquecidas, y de nuevo echo el ancla en el centro de la rada casi circular, donde el mar es como aquel día profundísimo y oscuramente azul, donde los riscos lunares se elevan escarpados hacia el cielo, pero hoy han desaparecido las gaviotas que coronaban las cumbres, y el agua no se mueve, y el silencio es total cuando paro el motor. Y después de que Clara muchacha flor, muy hermosa en el bañador entero, de reluciente seda negra, con los cabellos sueltos y lacios cayendo a sus espaldas –flotando luego a su alrededor– se haya lanzado al mar, y yo tras ella y nos hayamos zambullido, perseguido, acariciado –qué raro el roce de sus piernas largas, de sus brazos finos, de sus flancos escurridos, de su boca dulce, dentro del agua densa y helada–, subimos de nuevo a la barca, y ella se sienta en la madera tibia, caldeada apenas por este primer sol de la mañana, mientras yo me tumbo de espaldas, envuelta en la toalla, y la cabeza refugiada en el hueco que forma uno de sus muslos, levemente erguido, con su vientre, y la siento palpitar, viviente y cálida, contra mi oído, como si me hubiera acercado a la oreja una caracola marina, doblemente mecida mi cabeza por el levísimo ondularse del mar bajo la barca y por el acompasado respirar del cuerpo de la muchacha, y me siento navegar –flotar– en uno de estos raros instantes en que todo se apacigua y en que la vida fluye mansamente, y con una sorpresa incrédula constato que soy de nuevo ahora, por primera vez después de tantísimos años, absolutamente feliz. Y mientras cierro los ojos, y unas lágrimas salobres –que fluyen también mansas, sin sollozos ni sobresaltos– se mezclan y confunden en mis mejillas con los densos goterones, también ellos salados, que se desprenden desde el cabello de Clara sobre mí, y lágrimas y aguas marinas me inundan la garganta y se despeñan por el fino surco entre mis pechos, y no estoy demasiado segura de si Clara ha preguntado realmente con palabras "qué es lo que pasó con Jorge", porque es muy posible que ni siquiera haya abierto la boca y que nada haya quebrado un silencio casi total –sólo se oye el rumor apagado del mar contra los flancos de la barca y, pegada a mi oído, la respiración de Clara–, pienso que tal vez, en tiempo de prodigios –y es un prodigio poder sentirme casi acompañada, casi en paz, un prodigio poder llorar de amor, un prodigio que el rostro de Clara inclinado sobre mí, que su cabello goteante que llueve sobre mi cuerpo como sobre una tierra desierta y abrasada por mil soles de estío, que su mano sobre mi vientre desnudo, puedan parecerse tanto tanto a la felicidad–, en tiempo de prodigios, pienso que tal vez fuera también posible sacar a luz la herida y que tal vez pudiera reducir ahora por fin lo ocurrido a los límites –ha sido tantos años una angustia sin límites– razonables de una historia, tal vez pudiera construir una historia con Jorge, una historia más entre toda la serie de historias, sólo que mucho más íntima e infinitamente más dolorosa, y ofrecérsela a Clara –para que pudiera archivarla y ordenarla junto a las otras, completa por fin la serie de mi vida–, ofrecérsela a Clara, por esta felicidad inconcebible y disparatada que ella ha inventado obstinadamente para mí, que ella me ha impuesto, más allá de cualquier posible merecimiento o esperanza, ofrecerle esta historia, o los fragmentos torpes de una historia inconexa y lamentable, como si le regalara un gatito salvaje, famélico y lleno de pulgas que acabara de encontrar en la calle perdido. Porque únicamente ella, a lo largo y a lo ancho de mil años de soledad, ha querido y ha podido romper el aislamiento, adentrarse en mis laberintos oscuros, y merece que yo le entregue –tembloroso, miserable y enfermo– este yo más profundo, y por más profundo más herido, esta realidad última, que yace soterrada y letal por debajo de todos mis disfraces... in principio era il dolore, ¿verdad, Jorge?, al principio era el dolor, y el final –me pregunto si habré llegado al final, si estaré ahora muy cerca del final– debe de parecerse mucho a un apaciguamiento definitivo y sin fisuras del dolor –hasta tú, y es extraño incluso pensarlo, dejarás ese día de dolerme–, y en medio abismos insondables –mucho más hondos, mucho más extensos, de lo que parece dar de sí la medida del hombre– en que se alternan o se simultanean el dolor y la insensibilidad, sólo que en pleno abismo se producen a veces, muy muy pocas veces, entre océanos de desdicha, unos breves, muy muy breves, instantes de felicidad, como este momento en que me he refugiado en Clara como en un nido, y todo su cuerpo se hace cuna, se hace caracola marina, se hace para mí guarida cálida, y brota la ilusión disparatada (de todas las ilusiones es ésta la que habrá que pagar después más cara, la que cobrará un mayor tributo en lágrimas y en sangre, pero no quiero pensar en esto ahora), enteramente disparatada, de que no estoy del todo sola y de que cualquier cosa –hasta la soledad, hasta la tristeza y el miedo, hasta la misma historia que viví con Jorge– debiera alguna vez poder compatirse.

Empiezo para Clara la Historia de Jorge como se empiezan [XXXI] casi todos los cuentos, como si así, bajo el disfraz de un cuento, pudiera doler quizás un poco menos: Éranse una vez un rey y una reina... La reina era blanca y rubia, con unos ojos azules, enormes e impávidos, unos ojos regios de mirada fulgurante (ojos de diosa o de hechicera), y unas manos también mágicas que congregaban los secretos perfumes de los bosques. Y el rey tenía un aire misterioso y distante, exquisitamente fatigado, y sus ojos eran tan claros como los de la misma reina –aunque no igualmente fulminantes y letales–, su cabello era también muy rubio y fumaba en pipas de madera oscura y hermosamente veteada un tabaco inglés –casi todo lo que utilizaba el rey era importado y casi todo inglés– que inundaba las habitaciones y los patios de las buganvillas con un humo blanquecino que olía deliciosamente a miel. El rey y la reina no se amaban –era evidente que no se amaban, y que el amor entre ellos, aun revestido de formas anglosajonas y sofisticadas, hubiera resultado algo fuera de lugar, algo tópico y lindante con el mal gusto (el mal gusto era en aquel reino el supremo delito)–, pero se apoyaban y se respetaban: se miraban satisfechos el uno al otro, el uno reflejado en el otro, y decían tonterías sublimes como "realmente la belleza del ser humano empieza en el esqueleto" –qué distinto a "mi soledad empieza a dos pasos de ti", pero no podía negarse que los dos tenían unos huesos largos, finos y armoniosos– o "no hay nada como tener los ojos azules" (los de papá eran de hecho verdigrises, pero este matiz no modificaba demasiado la situación). Y el ser rubio y blanco, el tener los ojos claros y un esqueleto de huesos largos, se ligaba de un modo muy extraño al hecho de fumar tabaco inglés oloroso a miel, de vivir en casas amplias, llenas de luz y de objetos hermosos, de asistir a la ópera y al teatro y a conciertos, de comprar cuadros, encargarse retratos al óleo –mi madre vestida de amazona, con una fusta de puño de marfil y un setter tendido a sus pies–, llenar estanterías de caoba con libros de bordes dorados encuadernados en piel, coleccionar armas antiguas o figurillas de marfil, cambiar todos los años de coche, tener bonitas casas junto al mar, casas con patios traseros llenos de buganvillas y campanillas moradas, casas rumorosas de trenes y cañaverales, y tener sobre todo a su alrededor montañas de gentes dispuestas a halagarles y a servirles. Mi madre la reina entraba en las tiendas, en cafeterías y restaurantes, en el peluquero, en la modista o en un taxi, como una diosa disfrazada por capricho de mujer y a través de cuyas burdas ropas resplandeciera inconfundible el brillo olímpico. Y mi padre el rey disertaba –siempre remotamente suficiente, pedante y aburrido– sobre arte, filosofía, política y moral, como si estuviera dando nombre a las cosas por él recién creadas y estuviera colocándolas en su lugar exacto –era terriblemente importante en nuestro mundo el que las cosas se mantuvieran inamovibles en su lugar exacto– para el resto de la eternidad. Los dos tenían sin embargo esta amabilidad condescendiente y glacial que imagino en los dioses. Ambos también, y con ellos todos sus iguales, se movían en la isla (porque la historia, Clara, transcurre en una isla pequeña, pobre y gris, perdida e ignorada en la inmensidad del océano, aunque esto no lo saben las gentes chatas y mezquinas que la pueblan, una isla que parecía condenada desde siempre, o al menos desde hacía mucho, a la grisura y la mediocridad, y, sacados de su isla, los reyes no hubieran sido siquiera tan guapos ni tan altos ni tan rubios ni las casas hubieran resultado tan amplias y hermosas, ni los coches tan nuevos y tan largos, ni las armas tan antiguas, ni hubieran mantenido tampoco una mínima validez, extrapoladas de la isla, las sentencias estéticas y morales, aquella estética centrada en el buen gusto y aquella moral de pequeños tenderos y comerciantes), se movían por la isla como si el mundo les perteneciera, peculiar forma de existir que se viene atribuyendo tenazmente a los dioses. Hasta que llegó el día en que el rey y la reina tuvieron una hija, y ni todas las hadas madrinas del reino de las hadas hubieran podido convertirla —por más que amontonaran movidas por la mejor voluntad dones y más dones sobre su cuna— en una princesa verdadera, en la más princesa de todas las princesas, en una princesa bonita, graciosa y gentil, porque salió la niña —y esto sucede algunas veces hasta en las familias más radiantes, más prepotentes y doradas— oscura y flaca, una criatura de huesos mezquinos, de piel pálida que no blanca o marfileña, de ojos castaños —para colmo estrábicos, aunque esto sí se pudo corregir con los años y sin hadas madrinas—, una niña con todos los miedos sobre sus espaldas y con una irrenunciable vocación por la tristeza, una criatura —y lo vieron todos en seguida, hasta el mismo rey, todos menos mi madre— absolutamente irrecuperable, tan distinta a los restantes cachorros de su raza que uno se preguntaba en qué día fatídico de algún año bisiesto, en qué noche sabática en que andaban sueltas todas las brujas, habría sido engendrada, y los innumerables profesores y señoritas para los niños que pasaron por la casa —menos Sofía, pero es que Sofía se pasó en cierto modo al enemigo y selló a mi lado un pacto secreto con las sombras—, las señoritas de los niños —aunque en la casa no había otros niños que yo, y quizás algo hubiera sido distinto de tener un hermano varón, o igual hubiera terminado por asesinarlo en alta mar y desparramar sus pedazos sobre las olas espumosas de salitre y sangre, esto nunca se sabe—, lo cierto es que los profesores del colegio y las distintas frauleins y mademoiselles y señoritas que me atendían en la casa no sabían siquiera qué era exactamente lo que fallaba ni qué podían intentar conmigo, porque

235

yo les aprendía pronto y bien las lecciones, me estaba quietecita, me ponía dócil los vestidos que compraba mi madre
y hasta asistía a regañadientes a las fiestas que organizaban
los hijos de sus amigos, ¿y qué se podía hacer si algunas
veces entendía cuentos y lecciones al revés –me armaba a
menudo un lío sobre quiénes eran los buenos y quiénes eran
los malos, me ponía infaliblemente en el bando de los per-
dedores y los perseguidos, e igual me daba por llorar
inconsolable en los finales supuestamente más felices–,
qué se podía hacer si las ropas que eran realmente dignas
de la princesa más princesa de todas las princesas a mí me
caían rematadamente mal (seguramente porque no era ni
la más princesa, ni un poquito princesa siquiera), y si en las
fiestas –en el cuarto de niños de aquellas mismas casas en
cuyos salones mi madre irradiaba su luz y su perfume como
primera indiscutible entre sus pares– acababa siempre refugiada en el último rincón, en el más oscuro –amiga de las
sombras y las noches sin luna– o, en el mejor de los casos,
jugando con los gatitos recién paridos en la cocina o bien
hojeando los libros de la biblioteca? Nada de lo que yo sentía, nada de lo que yo pensaba (y algunas veces me arriesgaba a expresar, ante la consternación y el pasmo generales,
porque cuando yo hablaba, y hablaba poco, se producían
unos silencios tan incómodos y consternados que hasta yo
comprendía que había dicho un despropósito, aunque no
supiera cuál) encajaba en aquel mundo isleño y claustrofó-
bico y cerrado en el que había nacido y que era el único
mundo que yo en aquel entonces conocía. Y –pregunta o
asevera Clara– Ariadna construyó sus laberintos. Sí, Ariadna, desde muy pequeña, desde que leyó los primeros cuentos refugiada entre las patas de la mesa del despacho de su
padre, sobre la alfombra blanda de un verde oscuro –o antes
quizás incluso– comenzó a excavar en secreto sus laberintos. Ariadna se buscó desde siempre oscuros aliados –tal

236

vez porque había sido engendrada una noche sabática de algún año bisiesto–, seres que, como ella, no pudieran subsistir en aquel orden acerado, en aquel mundo aséptico y resplandeciente, seres que supieran orientarla por lo mismo en su vuelo hacia las tierras de Nunca Jamás, para encontrar juntos allí una casita subterránea, un verdadero hogar para niños perdidos, un refugio cálido y cerrado, donde no pudiera penetrar la luz excesiva del sol ni las terribles miradas de los ojos azules. Y allí surgió compañero de juegos nacidos de la terrible soledad de Ariadna, el Minotauro, y crecieron los dos juntos en las profundidades húmedas, donde brotaban extrañas flores carnívoras y purpúreas, y había ciénagas insondables de arenas cálidas, había reptiles de un verde hermosísimo, de cuerpos escamosos y colas interminables, reptiles que no habían subido jamás a la superficie. Allí jugaron y crecieron y se amaron durante años Ariadna y el Minotauro. Hasta que un día llegó Teseo. Sí, entonces llegó Jorge, Clara. Porque Jorge –como Teseo– no pertenecía al mundo de mis padres, no hubiera querido sentarse jamás –no quiso de hecho sentarse jamás– a esta grotesca asamblea de los hombres dioses, no quiso asimilarse a esta raza informe de niños prematuramente envejecidos. Jorge no tenía los ojos azules y luminosos, ni la piel blanca, y estoy casi segura de que no poseía un hermoso esqueleto, pero Jorge venía de muy lejos y no pertenecía tampoco a la raza proterva de los siervos, no pertenecía al grupo informe que se inclinaba y se arrastraba en torno a unos pocos elegidos. Jorge llegaba de muy lejos, de otros continentes, y se burlaba de nuestro ridículo montaje, de aquellas querellas de pigmeos –empeñado él en una lucha inmensa y verdadera–, se reía de unas estructuras que me habían aplastado, y me habían hecho sufrir sobre todo tanto tanto durante tantos años, se reía de aquel mundo que yo temía y detestaba pero que nunca había puesto seriamente en duda, porque lo creía superior y por ende inmutable, aquel mundo que me había rechazado y relegado a oscuros laberintos —¿entiendes, Clara?—, Teseo se rió de aquellos falsos dioses de opereta, de nuestra estética basada en el buen gusto —una estética de armas antiguas y estatuillas de marfil, estética de naturalezas muertas y acuarelas con paisaje, de retratos de señoras en traje de amazona con un setter a los pies—, se rió de nuestra pobre moral de mercachifles, de nuestras castas, y aunque en ciertas ocasiones se indignaba —porque mis padres y los otros se movían, repito, por el mundo como si el mundo les perteneciera—, en general, al menos en una primera época, sólo le daban risa y lástima, o como mucho rabia. Teseo miraba a mi madre cara a cara —a papá ni tan siquiera se molestó en mirarlo—, los ojos graves fijos sin un pestañeo en los ojos azules de ella, y se reía, no reía siquiera con maldad, reía, creo, casi con pena, como si se dijera o le dijera "qué espléndida mujer desperdiciada" (porque incluso a Teseo debió de parecerle mi madre, aunque sólo en potencia, una mujer extraordinaria). Y entonces el artificio en el que yo había vivido presa se tambaleó desde sus cimientos y hubo un movimiento de pánico y de incredulidad en aquel olimpo de cartón piedra, porque había ocurrido lo inimaginable, había ocurrido aquello, Clara, tan inesperado y que yo venía esperando no obstante sin saberlo desde hacía mil años, mil años dormida mi soberbia humillada pero nunca acabada ni vencida en su peñasco de fuego, aguardando al único de los héroes que pudiera entre todos trasponer el muro de las llamas y despertarla, mil años soñando Ariadna en sus laberintos secretos, sin saber exactamente si era el Minotauro producto de mi ensueño o si era toda yo entera sólo el sueño que soñara una noche de fiebre el Minotauro, sueño cada uno de los anhelos y los miedos del hermano, hasta que un día había llegado Teseo, había llegado Sigfrido, y era él el más fuerte, y las llamas se extinguían a su paso, y se allanaban los montes y picachos, se desmoronaban los laberintos. Y él me cogió de la mano –porque era el más fuerte– y yo dejé sin pena que ardieran a mi espalda los palacios de los dioses, dejé que se desplomaran las grutas subterráneas y dejé morir al Minotauro –que no murió en la lucha a manos de Teseo, murió poquito a poco, en sucesivas muertes diminutas, por la tristeza de mi ausencia, o porque Jorge lo fue anulando en mí y fui yo, sí fui yo tal vez la que le di definitiva muerte en lo más hondo de mí misma–, y le seguí a él a bordo de su nave, pero lo mismo le habría seguido andando por la superficie del mar, porque si él me lo hubiera ordenado, si Jorge me lo hubiera pedido, si Teseo me hubiera tendido su mano en medio de las olas y me hubiera dicho "ven", es seguro que las aguas me hubieran sostenido, es seguro que yo hubiera caminado sobre ellas hasta el mismísimo confín del universo. Y mis padres no existían ya, ni su mundo chato, ni aquella raza de enanos en la que yo por un error había nacido, ni existían siquiera los refugios subterráneos que había tan amorosamente construido junto con el Minotauro para que fueran nuestra guarida, porque yo avanzaba al fin con él, y él me llevaba por fin hacia la libertad, hacia el encuentro definitivo conmigo misma y con los hombres –ni reyes, ni siervos, ni dioses: hombres entre hombres–, porque avanzábamos hacia unas tierras sin fronteras donde las gentes tenían que ser forzosamente mejores y distintas... porque la vida, es lo que tú dices, Clara, puede ser distinta, y yo lo creí entonces –creí porque le amaba, si tú pudieras entender, si tú pudieras imaginar por un instante cómo le amaba–, y todavía ahora, en las noches sin sueño, me obstino en creer que la vida hubiera podido ser distinta... La vida iba a ser distinta...

Ahora Clara ha recogido delicadamente, con las puntas de sus dedos suaves, mis lágrimas salobres, y me pone una

239

mano leve sobre los ojos, entre mis ojos y el sol, y habla tan
quedo, con tanto cuidado y con tantísima ternura, como si
se estuviera dirigiendo, como si estuviera cuidando de un
enfermo terriblemente grave, un enfermo que fuera todo él
una herida, y con su voz que se hace bálsamo Clara concluye, para que yo no tenga que seguir –porque le duele o
porque me duele demasiado–, para que no tenga que decirlo yo, para evitarme el sufrimiento extremo de decirlo:
"Pero Teseo abandonó a Ariadna en la isla de Naxos".[58]

[XXXII]   Ahora Clara me sigue como una sombra –la sombra tal vez
reencontrada de una mujer que perdió hace mucho su sombra– por la casa, se ovilla a mis pies, sentada yo en la mecedora del patio de las buganvillas, su cabeza desmayada en
mi regazo, se acurruca a mi lado en el sofá de la sala, ante
la chimenea, que no hemos vuelto a encender desde la primera noche, porque ha llegado –repentino y definitivo esta
vez– el verano, mientras se suceden una y otra vez en el

58. El sentido de esta comparación es incuestionable y trasparente:
Elia (Ariadna) fue abandonada por Jorge (Teseo), Sin embargo, produce
desconcierto el que antes se haya identificado a Clara con Ariadna (vease
página 131 y la nota 32). Estamos ante un múltiple uso muy flexible de
la mitología que permite que el significado del personaje griego sea asumido por las dos mujeres, pues les conviene a ambas. En efecto, Clara es
la guía o la salvadora (la Ariadna, por tanto) de Elia en el laberinto de su
situación actual de esposa abandonada.
    Se da, por tanto, una identificación con la figura mitológica distinta en
dos estratos cronológicos: en el pasado o prehistoria de Elia, ésta es vista
muy genéricamente en relación con Jorge como Ariadna; en el presente
de la novela, Clara viene a actuar al modo de Ariadna respecto de Elia al
resucitar la esperanza de libertad de ésta. A pesar de esta duplicidad, no
debemos olvidar que es Elia quien encarna el papel de Ariadna por partida doble: ayer fue abandonada por Jorge y mañana lo será por Clara.

tocadiscos las canciones francesas de los años cincuenta y sesenta, que ella sabe me gustan y que imagina –con un asomo de celos– pueden evocar en mí dolorosas nostalgias olvidadas, cuando lo cierto es que estos días, unos días situados fuera del natural discurrir de mi vida, arrebatados tramposamente por Clara al implacable paso de minutos y segundos, puesto que en cierto modo Clara ha ganado la imposible batalla contra el tiempo, estos días yo no pienso casi en nada, la mente extrañamente en blanco, no recuerdo ya nada, sólo un ramalazo agudísimo de dolor, una náusea intolerable, el día en que Clara, dónde diablos habrá conseguido estos discos, me hace oír la voz amarga, y rasposa de Pasolini,[59] tan rasposa y amarga como la de Jorge, "in principio era il dolore" y luego "io ho sbagliato tutto, tutta una vita", mientras Clara me mira compasiva, asustada casi de lo que ha hecho, sufriendo creo tanto como yo –no, no es posible que ella sufra así–, pero como si me estuviera suministrando, sólo por mi bien, la medicina curativa y amarga, y quizá la voz amada odiada de Pasolini pueda ser realmente la lanza prodigiosa capaz de cicatrizar al fin la herida.[60]

Y Clara trepa a mi cama con la ligereza y la blandura de un felino y distiende su cuerpo junto al mío con una rara habilidad (que yo recuerdo sólo en una de mis gatas, una hembra callejera y tricolor, de ojazos feroces y amarillos, que robaba

59. Pier Paolo Pasolini (1922-1975) completa la nómina de directores de cine italianos de intencionalidad crítica y social que antes hemos visto. Estos cineastas de postguerra constituyeron, junto con los narradores existencialistas citados en la página 95, uno de los soportes formativos básicos de la generación de Elia.

60. En esta sorprendente "lanza prodigiosa" puede cobijarse tanto una asociación surreal de raíz bíblica como un eco artístico. En el segundo caso, más probable, tendríamos otra referencia wagneriana, esta vez a *Parsifal*: aludiría a la lanza que hirió el costado de Cristo y que es el único medio para curar la llaga del costado de Amfortas.

obstinada la comida de la cocina y no aceptó jamás algo que le ofreciéramos, ni siquiera que le ofreciera yo, en un plato, aunque, eso sí, tomaba delicadamente la comida de mi mano y mantenía fijos en mí con rigidez inmutable los grandes ojos amantes y dorados, una gata que se llamaba Muslina[61] y que vivió y murió hace ya muchos años), una rara habilidad, –de algunos gatos y de Clara– para pegarse a mi cuerpo y mantener el máximo posible de superficie de nuestras pieles en contacto. Y la verdad es que la piel de Clara se ha puesto sedosa como la de un gato, y parece toda ella un gato grandote, desmañado y cálido, que se me mete entre las piernas al andar, trepa de un salto sorpresivo a mi regazo, duerme pegado a mí, se enrosca junto a mí, con esta mansedumbre terrible de las fieras domeñadas, esta mansedumbre tan total de los animales nacidos para no ser sumisos –o serlo únicamente en el amor– y que, al abdicar de todo, al entregarlo todo, sin regateos y sin cálculo, sin una posible retirada, no pueden tolerar que esta abdicación y esta entrega pavorosas no sean por el otro natural y alegremente aceptadas, pues los ojos de Clara –que se han vuelto día a día más y más dorados, con el amarillo oscuro y líquido de la miel silvestre– me siguen y me acechan como los ojos devotos, inquietos e inquietantes de Muslina, pendientes del más insignificante de mis gestos, de mis sobresaltos o de mis fastidios, fijos en mí hasta cuando duermo –sobre todo cuando duermo–, porque segundo a segundo, como si en ello le fuera la vida, nuestras dos vidas enlazadas, espía Clara el lento crecer de este capullo, ya casi terminado, que me envuelve, un capullo tan tenue, tan frágil,

61. El nombre de la gata, Muslina, es un elemento que da uniformidad al mundo literario de Esther Tusquets. También la protagonista de *El amor*, que se llama asimismo Elia, aunque se trata de un personaje diferente, tiene una gata nombrada Muslina.

pero tan prodigiosamente resistente, que nada podrá arrastrarme ya a las ciénagas de un pasado que se desvanece día a día, nada podrá hacerme ya retroceder, cuando se haya tejido el último hilo de seda y el capullo quede cerrado sin fisuras sobre mí.

Y tal vez entonces pueda al fin Clara descansar, tal vez pueda ella entonces adormecerse a mi lado, dejar su inquieta vigilancia, dormitar hasta el día, ya entonces seguro e inevitable, previsible y cierto como el sucederse de las estaciones, en que se abrirán por sí solas todas las cárceles antiguas y volveré a nacer transformada en mariposa, hasta el día en que podré quizás volver a volar, y comenzar incluso con Clara esta existencia que ella prefigura y va inventando –buscando un piso para las dos, consiguiendo dinero de su padre, haciéndome preparar unos cursos para la universidad–, una existencia en la que yo no sé siquiera si creo o si no creo, porque nadie me aclaró nunca si a las aves de mi raza les pueden volver a nacer alas, nadie explicó jamás que algunas gatas vagabundas de ojos amarillos, alguna gata solitaria y esquiva, sean capaces a veces de tejer los más tibios capullos de seda en torno al ser que aman, y quizá si el amor, si este amor es lo bastante intenso, si el capullo que ella me construye y yo le dejo construir es lo bastante resistente, y si las dos lo deseamos de verdad, quizás entonces esta historia maravillosa que Clara ha fabulado para mí pueda ser todavía lo bastante real como para anudar tantos años, todos estos años, tenazmente equivocados, lo bastante real para hacerme revocar mi decisión de no vivir.

Y quizás porque ella cree que el capullo está realmente concluido, o quizás, y me parece más probable, porque forma parte de este hechizo que el último hilo, el que cierre definitivamente esta cápsula de la que puedo renacer distinta, deba tejerlo yo sola, y la postrera prueba nadie pueda superarla más que yo misma, Clara –que se ha interpuesto terca entre mí y todas las llamadas, que ha vigilado durante días mis respuestas a mamá y a Guiomar, que ha dicho una y mil veces que no estoy en la casa y que lo ha tenido la mayor parte del tiempo descolgado– ahora me tiende el teléfono, con un gesto, eso sí, como el de quien alargara a su mejor amigo una serpiente venenosa, el brazo rígido para mantener el auricular lo más lejos posible de su propio cuerpo, y está más pálida que nunca, y por primera vez en estos últimos días su voz es dura y a un tiempo temblorosa, su voz deja de ser un bálsamo o un maullido amigo, es la misma voz hostil de los días en que nos conocimos –siempre se pone agresiva cuando algo le duele demasiado–, mientras me explica –como si hiciera falta aclaración alguna, como si no hubiéramos estado las dos pendientes de esta llamada, temiendo esta llamada, desde la primera tarde en que nos encerramos juntas en la casa de la abuela y empezamos a inventarnos un futuro– "es Julio".

Ha tardado en llamar, más de lo previsto, más de lo temido, seguramente porque ha tardado un tiempo en averiguar que estoy aquí, pero le habrá llegado por fin el aviso alarmante de mi madre, o las advertencias de Guiomar o los comentarios maliciosos de cualquiera de nuestros amigos –si lo que tenemos pueden llamarse amigos–, y la escapada –la mía, no la suya– le habrá parecido esta vez lo suficiente grave como para ponerse en marcha hacia Ítaca[62] desde el punto más insospechado de la tierra, abandonando unos negocios fabulosos en los que no creo y una de tantas muchachas igualmente fabulosas en las que tampoco logro creer, aunque sepa que negocios y muchachas existen, aunque

---

62. Isla griega en el mar Jónico. Allí está el reino de Ulises y hacia ella dirige el héroe sus pasos en la *Odisea*, aunque grandes obstáculos, como el muy conocido de las sirenas y su canto embriagador, traten de impedirle la llegada. Representa la consecución de una meta o un destino.

se me haya probado hasta la evidencia que sí existen negocios y muchachas, porque el dinero fluye y nos inunda como un aburrido río de oro, y porque todos nuestros amigos saben, y hacen que yo sepa, que ni siquiera los raros y sofisticados ruiseñores importados y luego devueltos a lejanas tierras por el emperador, ni siquiera el cisne negro, pueden competir con las muchachas rubias o pelirrojas, de largos cabellos lacios, de cabezas rizosas a lo afro, siempre de anchos hombros y de largas piernas –también ellas tienen una belleza como la que busca mamá, de las que comienzan en el esqueleto, aunque seguramente su soledad no comience ni termine a dos pasos de nadie–, que aparecen en las cubiertas de las revistas (a menudo con poquísima ropa o con ninguna, y con una sonrisa muy rara, que es quizá lo único que me hace poner en ellas un poco de atención y que me intriga, porque estas muchachas, al menos en las revistas, y sobre todo si es foto de portada, sonríen adelantando un hociquito gracioso y cuadrado: es raro esto de tener la sonrisa cuadrada), unas muchachas que Julio pasea por los estudios cinematográficos, por las playas de moda, por los casinos del mundo, más jóvenes, más rubias o pelirrojas, más esbeltas, más cuadrado también el hocico en la sonrisa, a medida que han ido pasando los años, y es curioso que, pese a todas las evidencias, que por otra parte no busco ni me importan, los negocios y las mujeres de Julio no tengan nunca para mí, no hayan tenido jamás, ni la más remota verosimilitud, y ni siquiera el propio Julio, en la inmensa mayoría de instantes que han constituido nuestra vida en común, haya tenido para mí una existencia real, por más que oiga como ahora su voz al otro lado del teléfono, diciendo que dentro de diez minutos exactos estará en la puerta esperándome, repitiendo muchas veces que me ama (seguro que me ama, el imposible amor de un caballero inexistente), haciéndome jurar que accederé a verle (¿y cómo voy a verle si es un hombre invisible?).

Pero bromas aparte, yo empiezo a sentir miedo, y miro a Clara, con una última y remotísima esperanza de que se oponga, de que cuelgue por mí el teléfono y escapemos juntas y sin equipaje hacia cualquier parte, pero Clara ni siquiera me está mirando, y es ya seguro que la última prueba, el último hilo del capullo, voy a tener que superarla, voy a tener que tejerlo sola, porque Clara hace un vago gesto resignado de asentimiento, y yo me despido de Julio, cuelgo por fin y dedico los diez minutos que me quedan a jurarle a Clara, a repetirle en todos los tonos posibles, y en algunos tonos imposibles que surgen ahora de mis deseos de tranquilizarla, repetirle entre besos y caricias –que parece no sentir, como tampoco parece en realidad escucharme, absolutamente abismada en su interior y más pálida que nunca– que estaré de vuelta para la hora de la cena, que quiero que disponga la mesa en el patio de las buganvillas y las campanillas moradas, porque la noche será hoy sin duda muy hermosa, noche de luna en cuarto creciente, casi llena, y cenaremos, con el mejor vino que podamos encontrar en la bodega de la abuela, un vino francés de buena cosecha, uno de estos banquetes disparatados y deliciosos que Clara ha preparado algunos días para mí –los días en que cedía a mis terráqueos e incomprensibles hambres de mujer famélica–, parecidos unas veces a etéreos refrigerios para gnomos y otras a descomunales comilonas para príncipes vikingos que acabaran de conquistar tras arduo combate una fortaleza en Normandía –nunca una comida a medida humana–, cenaremos bajo la luna y a la luz de las velas, rodeadas por el zumbido de las mariposas nocturnas –y ni una sola de estas mariposas, te lo aseguro, Clara, habrá de quemarse las alas–, para dormir luego la noche entera, como todas las noches que nos queden de vida, ovillada la una en brazos de la otra, perdidas en un mismo sueño.

[XXXII]

El cuerpo de Julio muy cerca de mi cuerpo –el traje impecable de Julio quiero decir, sus sienes plateadas (y eso de sienes plateadas parece una expresión inventada exprofeso para Julio), su tenue perfume a colonia inglesa y a tabaco americano–, muy cerca de mí, porque ha bajado del coche (uno de esos coches despampanantes y ostentosos que parece le obliguen a uno a decir algo, y ante los cuales yo nunca sé qué decir, porque sólo se me ocurren, y esto me pasa a menudo con Julio, las frases de un espot televisivo, como si fuéramos él y yo, y por descontado el coche, los personajes de un anuncio), ha bajado del coche en cuanto me ha visto trasponer la verja del jardín, y ahora susurra mi nombre un par de veces con su boca pegada a mi oreja, y hasta las dos sílabas de mi nombre, tan sonoras y hermosas cuando las repite Clara hasta el infinito, me suenan ahora falsas, me hacen pensar que tengo un nombre de protagonista de fotonovela. Y temo que Clara nos estará viendo inevitablemente desde la ventana o desde la puerta de la casa, y temo que toda esta representación barata (que Julio está montando en mi honor, pero también en honor de mi compañera invisible, de esa rival extraña que no conoce, porque Julio da por descontado que ella nos estará mirando, y sé que entra en su juego el afán de zaherirla y en cierto modo de provocarla, como sé que entra en sus expectativas –es la palabra que él utilizaría, y hasta en sus expectativas cae Julio inevitablemente en lo más hueco y tópico– atraer a la muchacha a una sugestiva, a una banal partida a tres), temo que todo este montaje pueda confundir a Clara y parecerle mínimamente real, este gesto posesivo protector con que el hombre me pasa el brazo por los hombros, me habla al oído, abre la portezuela, me acomoda dentro del coche como si yo fuera una ancianita o una inválida y no pudiera colocar por mí misma piernas y bolso y faldas en su sitio, y me da un último beso leve antes de subirse él a su asiento y poner este raro chisme plateado y en forma de cohete en marcha (esperemos que no hacia las estrellas).

Y no necesito siquiera mirar hacia atrás para saber que la parte trasera del sputnik está atestada de rosas rojas, aterciopeladas y rojas, de tallo largo, a las que no habrá dejado que la florista toque ni arregle ni pulverice de falso rocío un solo pétalo, porque Julio no inventa nunca nada, ni improvisa jamás, y aprendió hace mucho tiempo que las rosas me gustaban así, rojo sangre, rojo oscuro, de tallo largo y pétalos sin retoques; y no necesito buscar hoy entre las rosas –excesivas, hay demasiadas rosas– para saber que he de encontrar allí una tarjeta y sé antes de mirarla que contiene las dos únicas palabras del ritual (tan vacías de sentido, ni siquiera basta decir tan falsas, porque es incluso posible que Julio sí me quiera, sólo que en él estas palabras o hasta este mismo amor referido a mí, como mi nombre bisilábico o las flores, se desvanecen en el sin sentido) "te quiero". Y Clara no podrá entender nunca, y apenas si yo misma puedo entenderlo, salvo en unos breves instantes de intuición o lucidez, cómo mi vida de los últimos casi treinta años, o sea la totalidad de mi vida de presunta adulta, de supuesta mujer, ha podido perderse en una falsedad tan sórdida, cómo he podido caer en esta trampa, y cómo he podido sobre todo mantenerme en ella, una trampa monstruosa y gigantesca, no, ni siquiera esto, una minúscula y ridícula ratonera, con su pedacito de queso enmohecido –cuando no me ha gustado nunca el queso–, porque esta trampa, ni aun dándose la circunstancia accidental de que soy precisamente yo la que permanezco en ella, no ha dejado de parecerme en todos los momentos grotesca, una burda trampa compuesta de sofisticados coches último modelo (sputniks que no habrán de llevarme nunca hasta la luna), de lujosas casas inhabitables, aunque aparecen, eso sí, sistemáticamente fotografiadas en

248

las revistas japonesas y resultan insuperables para rodar en ellas un espot para televisión, compuesta de hombres maduros de sienes plateadas, ropas italianas, lavanda inglesa –importada y de lo mejor–, tabaco emboquillado –mi padre al menos fumaba en pipa y, todo hay que decirlo, es muy posible que no aprobara nunca esta boda y que Julio le pareciera un perfecto imbécil–, abrazos de cine, palabras susurradas al oído, montañas de rosas rojas –Julio nunca ha sabido que mantengo una secreta alianza con los nardos y que en mis subterráneos florecen magníficas las orquídeas, tal vez porque no he permitido nunca que descubra algo íntimo y muy mío–, infinitas tarjetas con tinta más o menos desleída por el tiempo en las que se lee –en las que se leería caso de haberlas guardado yo en alguna parte– invariablemente "te quiero", cada tarjeta y cada manojo correspondiéndose de modo casi exacto con el agonizar, por muerte natural o por muerte a manos del excesivo escándalo, con el consiguiente atropello e intromisión de mi señora madre –que de tarde en tarde, y siempre en las circunstancias menos oportunas, decide interesarse por mis cosas y tomar el mando de mi vida a la deriva–, de los amigos, incluso de Guiomar –estás llegando demasiado lejos, ¿cómo puedes hacerle esto a mamá?–, con las consiguientes llamadas al orden –jodienda sí, Julio, todos hacemos lo que podemos, pero sin recochineo–, correspondiéndose en cualquier caso cada una de estas tarjetas desleídas, cada ramo de rosas –siempre muy hermosas y siempre excesivas– con la muerte de una de sus aventuras con muchachas de cabello rubio, pelirrojo, castaño, un cabello lacio o lleno de ricitos, muchachas de ojos y pieles de todos los colores, pero invariablemente jóvenes, invariablemente hermosas, invariablemente provistas de largas piernas y de una boquita que aparece cuadrada en las sonrisas de primera página.

Más jóvenes, más bonitas y rutilantes –también los

coches son más y más ostentosos y espectaculares, más parecidos a viejos carromatos del Oeste o a cohetes superespaciales, más veloces– a medida que van pasando los años, a medida que figura en mayor número de jurados y festivales, y aumenta su filmografía y se acumulan los elogios de los críticos –que una secretaria también rubia y piernilarga va pegando en álbumes de cubierta de piel–, y él tiene cada vez más profunda, cada vez más irrebatible –aunque no habrá de confesarlo a nadie– la certeza de que ya no hará nunca la película "aquella", "su" película, que quedará no hecha por toda una eternidad, por más que esto a mí no me preocupe demasiado, porque (y esto es algo que no ha adivinado nunca mi madre, tan perspicaz, tan hábil en tomar el timón y manejar los hilos de nuestras vidas, ni Guiomar, tan práctica y tan ducha en relaciones humanas, ni las amigas que me llaman alternativamente –Maite casi siempre en cabeza– para condolerse, a cada nueva aventura, o para alegrarse, a cada nueva ruptura con la consiguiente tarjeta en el ramo de rosas, o para felicitarnos, a cada nuevo triunfo estelar de su carrera, un triunfo a nuestra escala de enanos) lo gracioso de esta trampa es que elegí meterme en ella junto con un hombre al que, no sólo no quiero, sino al que tampoco odio, ni desprecio de veras, un hombre al que ni juzgo ya, porque hace millones de millones de años –tantos que no guardo recuerdo de ningún tiempo anterior, y no puedo estar segura de su existencia o no existencia– dejó de interesarme, dejó de interesarme hasta tal punto que ni siquiera siento curiosidad por comprender sus reacciones, y desde luego ninguna tentación de intentar conocerle, y las películas que dirige –siempre con chica guapa y a ser posible famosa, siempre sobre un tema que pretende ser lo último y es en realidad lo que se llevó en Londres o en Nueva York hace diez años– me parecen –ni buenas ni malas– simplemente muy aburridas, en absoluto verosímiles, ni aun dentro de la lógica del absurdo –y de la lógica del absurdo Julio sabe muy poco–, como vacías de carne o privadas de columna vertebral, como si no trataran jamás de hombres y mujeres, como si las mismas películas no existieran demasiado, al igual que no existen estas muchachitas que supuestamente debieran dolerme y de las que no consigo siquiera retener los nombres ni los rostros. Porque realmente no me interesan –aunque nadie, y Julio menos que nadie, pueda y quiera creerlo– y estoy convencida de que son sólo una sonrisa con la boquita cuadrada, un sexo de bordes depilados que huele a badedás, y es que tampoco Julio existe realmente, más que como institución, una institución a nivel nacional, invención de unos críticos y un público que le necesitan tal vez para justificar y afianzarse en unos puntos que a mí tampoco me conciernen, y una institución matrimonial –a nivel más social que privado–, que inventaron para mí al alimón entre mi madre y Jorge –que Jorge no conociera personalmente a Julio carece de importancia–, porque Julio ha sido para mí únicamente esto: representación constante y casi siempre dolorosa y presente de la vida y de la muerte que eligió para mí Jorge, y esta trampa ridícula, esta ratonera grotesca en que me asfixio y donde han agonizado todas las esperanzas y todos los proyectos de futuro, esta trampa en cuyos barrotes ni yo misma creo pero de la que –¡Clara! ¡Clara!– no voy a escapar jamás, la eligió para mí y por mí Jorge, la construyó para mí Jorge, al abandonarme irremisiblemente en la isla de Naxos, al abandonarme sin posible reencuentro a mitad de camino entre mis ya imposibles laberintos, que habían sido mi único refugio y entre cuyas ruinas agonizaba por mi amor el Minotauro, y aquel otro mundo más utópico, del que no tuve otra prueba que las palabras de Jorge, resucitando en mí ignorados anhelos, mundo que no sabré ya nunca si pudo ser real, si existe, si ha existido para alguien en alguna parte (aunque tú, Clara, también crees en él, y tu mundo de ondina enamorada, este mundo donde las gentes serían mejores y distintas, hasta más hermosas, y donde las relaciones humanas, todas las relaciones humanas –¿cómo pude creer alguna vez en eso?– no se basarían en la fuerza sino en la razón y la justicia, se parece mucho al mundo que iba construyendo para mí Jorge, a base de retazos de sus proyectos y mis sueños), porque yo era demasiado joven, demasiado débil, procedía de una raza de enanos que habían envejecido sin llegar a hombres, había hallado únicamente refugio en ensoñados laberintos, únicamente amor en el Minotauro, y Teseo huyó cobardemente, con esa cobardía definitiva y cruel de la que tal vez sólo los héroes pueden ser capaces, llevándose consigo los mapas y la nave, y no era cierto, Clara, que Ariadna pudiera seguir a Tesco por el mar, que Ariadna pudiera avanzar sola sin Teseo por el mar –no era cierto tampoco que se arrojara al mar para morir, al mar, que es el morir–,[63] que pudiera caminar sobre las aguas. Quizás porque Teseo no dijo en ningún momento antes de su abandono "ven conmigo", Teseo se alejó traidoramente en su nave, sin posible retorno, sin dejar tras de sí un adiós o un mensaje, y Ariadna, una princesita tonta, la menos princesa de todas las princesas, a la que habían sacado de su nido sin enseñarle todavía a volar, quedó abandonada en tierra de nadie, a merced del primer dios, del primer monstruo –la raza de los hombres empezaba y moría con Jorge– que arribara a la isla y quisiera rescatarla.

Y cuando llegó Julio no fue que yo lo eligiera (o lo elegí

63. Cita encubierta pero evidente de la hermosa metáfora de la vida formulada por Jorge Manrique en las *Coplas a la muerte de su padre.* La pertinencia y eficacia de la cita se subraya después (pág. 255) al explicar la reacción de la protagonista tras el suicidio de Jorge. Adviértase que el enamorado de Elia y el caballero y poeta renacentista comparten el mismo nombre.

tal vez por razones invertidas: porque no podía entenderme, porque no iba yo a saber amarle, porque no me seguiría por grutas ni laberintos, porque era una muerte peor y más pequeña, un suicidio peor y más cobarde, mucho más doloroso), ni siquiera lo eligió mi madre, por mucho que lanzara las campanas al vuelo y se llenara la boca hablando de él y de la suerte que había tenido su hija –qué suertazo increíble, después de aquel escándalo que había constituido, de principio a fin, la existencia, la mera existencia, de Jorge–, por mucho que lo exhibiera orgullosa en nuestra corte de pigmeos (yo, claro está, había sido devuelta a mi isla pequeña, a la casa de mis padres, a la raza de enanos, perdida ya toda esperanza de levantar el vuelo), no lo había elegido mi madre ni lo había elegido yo: lo había elegido Jorge para mí, en el más magnífico y destructivo de sus sarcasmos Jorge, que lo hubiera deshecho con sus burlas sangrientas en cualquiera de nuestras brillantes ceremonias, de nuestros cultos sagrados, que lo hubiera despreciado con condescendencia infinita, lo había elegido para mí, pues, al no llevarme consigo a bordo de la nave, al negarme todo derecho a tomar por mí misma la elección de quedarme o de seguirle –no había dicho "ven conmigo", porque si lo hubiera dicho, si Jorge lo hubiera dicho, yo habría tenido de pronto alas de mujer y hubiera caminado sobre el mar, y el mar me hubiera sostenido–, me había condenado a la peor mediocridad, a la banalidad sin paliativos. O tal vez Jorge no quisiera esto para mí, tal vez yo me haya metido y mantenido tanto tiempo en esta trampa –toda una vida– como la más terrible y la más inútil de las venganzas –inútil puesto que ni esto, ni nada, puede alcanzarle ya, navegante seguro a bordo de su nave sin retorno–, y en definitiva Jorge al abandonarme sin piedad en la isla de Naxos, sin dejar tras de sí un mensaje ni un adiós, sin dejar sobre todo un "ven conmigo", establecía definitivamente y de una vez por todas que, fuera cual fuera el camino que yo tomara a partir de allí en mi futuro sin él, aunque él lo hubiera en el fondo elegido y me lo hubiera indirectamente impuesto, no era ya cosa suya y le tenía sin cuidado.

XXXIV]   Seguimos juntos, en el restaurante ahora de moda, sentados a la mesa que Julio tiene permanentemente –un permanente que durará tanto como dura la moda– reservada a su nombre, ante un foiegras que no me sabe a nada y un borgoña que me dará mañana un terrible dolor de cabeza, intentando no escuchar las palabras que Julio –es una de sus manías incurables– se obstina en repetir a mi oído, sin que yo me atreva a hacerle callar diciéndole que nada de esto importa nada, el que mi amor sea más embriagador que el vino, más suave que todos los aromas, y yo un jardín cerrado, un manantial secreto, una fuente sellada, la única entre las elegidas, la reina por la que serán despreciadas vírgenes y concubinas. ¿Y por qué no puedo hacerle callar hoy, aunque debía haberlo hecho mucho antes, hace casi treinta años? ¿Por qué no explicarle aquí, ahora mismo, que nada de todo esto que lleva siglos repitiendo me ha interesado nunca lo más mínimo, ni siquiera la primera vez que se lo oí, porque había leído por mí misma, antes de conocerle, el Cantar de los Cantares, y además lo cita siempre mal? ¿Por qué no he de levantarme hoy, aquí y ahora, mientras no esté todavía demasiado borracha, y dejar definitivamente atrás el borgoña y el foiegras francés y las rosas rojas, definitivamente atrás este papel grotesco de mujer oficial de un pigmeo supuestamente importante que a mí no me importa nada?, ¿levantarme sin necesidad siquiera de decir una palabra –sé bien que existe una sola manera de dejar a un hombre: levantarse e irse– y correr al jardín de las buganvillas? ¿Por qué no iniciar hoy, quizás al lado de Clara, el aprendizaje solitario de volar, por qué no intentar andar por fin sobre las aguas sin que nadie me tienda previamente una mano y me diga "ven conmigo"? ¿Por qué no habría de escribir sonetos inmortales, o al menos por qué no intentarlo? ¿Y por qué no hacer la guerrilla en las selvas amazónicas, o el amor con quien se me antoje bajo las estrellas, o en la jungla urbana, por qué no iniciar hoy cualquier lucha tal vez imposible, seguramente inútil, pero viva y real, siempre mejor que esta representación mediocre de un yo en el que no me reconozco, esa reproducción mediocre, esta venganza, que mamá y Jorge planificaron para mí? ¿Por qué no aceptar hoy de una vez por todas que la vieja dama inglesa que recorre continentes y desdeña nativos y manda postales de letra inmensa y regalos absurdos, tiene muy poco en común conmigo y ha quedado –con su amor o su desamor– definitivamente atrás? ¿Y por qué no aceptar –pero cómo aceptarlo– que Jorge está muerto desde hace treinta años, y que eligió su destino por él y para él, pero no por mí y para mí, al dejarme de aquel modo tan cruel e incomprensible, sin un adiós, sin una nota, abandonada la princesa tonta en la isla de cristal, y puesto que no decidí entonces seguirle, puesto que no me arrojé tras él al mar, que es el morir, puesto que de algún modo elegí en definitiva seguir viviendo en un mundo sin Jorge, por qué no dejar a partir de hoy esta media vida, este suicidio lento y cobarde, a los que, tal vez para castigarle, me condené entonces, por qué no intentar, al menos durante los años que me queden, una vida real?

Pero no me levanto, sostengo entre los dedos el tallo largo y frío de la copa de cristal –esto y el color es lo único que me gusta del borgoña– y digo en voz alta que Clara debe de estarme esperando, y Julio me responde que podemos telefonear y mandar el chófer a buscarla, y añade –creo que es en este momento, Clara, amor, cuando perdemos definitivamente la partida– que, si esto ha de hacerme a mí feliz, a él no le importa que te vengas a vivir una temporada con nosotros. Y es como el instante en que mi padre colocó en las rodillas de la pobre Sofía el cesto disparatado lleno de rosas de cera, y por primera vez en lo que va de noche surge la aprensión de que quizá no podré en ningún momento levantarme −entre otras cosas porque dentro de muy poco voy a estar, sin gustarme el borgoña, demasiado borracha−, y de que tal vez tú, Clara, pasarás la noche entera sola en el patio de las buganvillas, esperándome −¿hasta qué hora?, ¿en qué instante nacerá la sospecha, en qué instante se afirmará la certeza de que te he, de que me he, traicionado?−, esperando y odiándome, mientras se echa a perder tu cena para gnomos, tu festín de hadas, mientras se van consumiendo lentamente las velas, y todas las mariposas nocturnas caen una tras otra al suelo o sobre el mantel con las alas abrasadas.

Y cuando Julio me coge por el brazo y me arrastra casi en vilo hasta el coche y me acomoda en el asiento −ahora sí necesito me acomoden, reducida en estas pocas horas a una inválida−, ni siquiera se me ocurre proponerle que me devuelva a la casa de la abuela, porque ya para qué, y no quiero la amargura de veros juntos a los dos −él, tan amable y sienes plateadas, tan comprensivo y encantador; tú, mirándome con tus ojos atónitos, ojos de sirena traicionada−, y dejo que me lleve donde quiera, qué importa ya, si la noche, al menos esta noche, está irremediablemente para las dos perdida. Y Julio me introduce en una extraña caja de cristal, de suelo intensamente blanco, tan grande todo que parece a medida de gigantes, un quirófano de gigantes donde fuera a tener lugar una monstruosa operación, una amputación siniestra −de mí misma, pienso−, pero no, no es un quirófano, por más que lo parezca, ni es un estudio cinematográfico recién construido para él, como Julio se esfuerza en explicar a su mujer, demasiado borracha por otra parte para entenderle: es una caja para mariposa muertas, una caja de coleccionista a dimensiones siderales, todo blanco y cristal, blanco también mi cuerpo bajo los reflectores –se han encendido a destiempo todos los reflectores–, mientras Julio me acomoda sobre unos almohadones blancos, entre blancas colchas llenas de plumas blancas. Y mientras él me lame, me toca, me chupa, me babea, me muerde, yo no siento ya nada, ni siquiera tristeza –ni por mí ni por Clara–, porque sé que ahora todo se desarrollará inexorable hasta el final, y es –aunque esto no sea un estudio– como una película que estuviera ya filmada y que alguien –quizás yo– contemplara indiferente muchos años después. Y ni siquiera en esta ocasión la película le ha salido mínimamente verosímil, ni siquiera esta vez ha sido capaz de crear hombres y mujeres de carne y hueso y, en esta película que definitivamente no me interesa ni me creo, el hombre coleccionista me manipula, me maneja, me dispone en posturas distintas como a una muñeca bien articulada: un despliegue de malabarismos, aunque de nada sirve, porque el guión es endeble y los personajes que viven la historia poco tienen de verdaderos, sin embargo, al final estoy como corresponde, tendida de espaldas, los ojos fijos en el techo blanco, su cuerpo pesando sobre el mío, sus brazos y sus piernas aferrándome en el cepo mortal, y no es posible ni volar, ni caminar sobre el mar, no es posible siquiera ya moverme, y entonces, en una embestida brutal, su sexo me traspasa como un alfiler al rojo vivo, no, como una bola de fuego que atraviesa certera el aro, como la flecha que se clava en el centro preciso de la diana, sin que haya necesitado el arquero ojos ni manos, y es un gesto tan espectacular, tan circense, tan exacto, que te dan ganas de aplaudir –lástima que no pueda moverme ni liberar las manos–, y pienso que tal vez el coleccionista se sienta orgulloso de su proeza, siempre repetida, y que quizá esas chicas a las que hace incluir en el reparto de películas supuestamente de

257

vanguardia y aparecer en las portadas de revistas porno intelectuales, le admiren o le quieran también por esto, tal vez a los sexos de bordes depilados y recién bañados en badedás les guste esta acometida, y tal vez no sean como yo una pobre mariposa agonizante, una pobre mariposa enfurecida –Clara dijo una vez, en otro mundo, que yo era una mariposa enfurecida–, que no puede siquiera agitar las alas, mientras en golpes rudos, sucesivamente acelerados, seguros y rítmicos, la van clavando para siempre una vez más en el fondo blanquísimo de la gran caja de cristal. Y sólo puedo permanecer inmóvil, los ojos fijos en el techo –blanco sin remisión ni tregua, sin manchas de humedad, sin antiguas pinturas que asomen recalcitrantes, sin molduras de flores entre las que amanezcan las viejas hadas amigas de la infancia: blanco implacable–, los labios apretados y la garganta contraída para no gritar, para no gritar de dolor, pero sobre todo, ante todo, para no gritar de placer, este torpe placer que ha de llegar al fin histérico y crispado, inevitable y odioso como la misma muerte, odiado como la muerte, otra forma de muerte, porque es mi propia muerte la que cabalga sobre mí, la que me tiene aferrada entre sus piernas sin escape posible, la que me penetra en acometidas sucesivas y brutales, cada vez más brutales, es mi muerte la que me colma, me inunda, me desborda, este Julio letal montándome como a una pobre jaca definitivamente domeñada, aunque no por él, no por ese macho de exhibición de circo, no fue él quien me puso el freno, las bridas, la silla, los estribos, no fue él quien clavó el primero la espuela hasta reventarme los flancos y obligarme a ceder, sólo es un disfraz. Sigfrido me cabalga ruinmente bajo las apariencias de un rey incapaz, Sigfrido que me despertó para nada –me despertó para la muerte– de mi sueño profundo en los peñascos, Jorge que me arrastró a esta muerte, que eligió a Julio –sin conocerle– para que perpetuara en forma de muerte lo que pudo haber sido para siempre vida, y sólo lo fue en Guiomar, nunca en mí, nunca para mí. Y ahora una vez más, mientras mi muerte me cabalga y me destruye, mientras mantengo los ojos fijos en la tapa de la caja implacable que se cerró hace mucho sobre mí, mientras lucho denodadamente por no gritar, en este histérico sucedáneo del placer, sólo acierto a pensar confusamente, tan dolorosamente, en todas las sirenas que recorrerán para siempre las playas en inútil persecución de un alma de mujer, en cierta ondina tan tontamente burlada, en las muchachas abandonadas sin motivo en la noche de sus bodas, en un joven adolescente moreno de ojos orientales que acaba de ser asesinado por error, en Ariadna abandonada en la isla de Naxos.

Despierto en una cama, grande, blanda, baja, realmente [XXXV] muy cómoda, que se supone que es mi cama, la cama matrimonial que a veces –tantas veces, demasiadas veces, todas están de más– comparto con Julio, y despierto en un piso extraño, que parece el decorado para una película americana de los años veinte o una sucesión de fotos de revistas de arquitectura, pero que resulta que es mi piso, aunque no lo conozco como mío y casi me pierdo en él, porque es el piso de Julio, y Julio comparte con mi madre –entre tantas otras cosas– el gusto por los cambios superfluos y superficiales –no el gran cambio: nunca el cambio–, el gusto por lo nuevo y reluciente, y hace ya mucho tiempo que renuncié a tratar de razonar con los arquitectos y los decoradores (como renuncié también a encontrar en estas casas rincones oscuros y cómplices, a establecer secretas alianzas subterráneas, y quizá sea precisamente para lograr esto por lo que Julio y mi madre me condenan a estas casas imposibles), y acepto que se abran puertas donde antes no las había, que se cambien de sitio los tabiques, que broten en el suelo absurdos desniveles cubiertos de moqueta, que desaparezcan sin un adiós los pocos muebles que –quizá por haber durado un poco más– habían llegado ya casi a gustarme, y que periódicamente me acomoden en un coche y me cambien de lugar –no hay que hacer traslado de muebles, porque jamás se aprovecha nada, sólo yo, que sí voy siendo trasladada, debo valer quizá más que los muebles, de dúplex a torre y de torre a piso–, mientras Julio y mi madre condescienden y me permiten conservar como compensación mis dos ocultos pozos, dejan que no se venda el piso donde' viví de niña con mis padres, y acceden a no cambiar nada de nada en el caserón de la abuela junto al mar: hay que dejar algún postrer refugio a los fantasmas derrotados, una última guarida donde puedan agonizar las fieras heridas de muerte.

Despierto con un sobresalto desagradable, mientras la doncella que Julio o el ama de llaves o quien sea ha contratado para mí me alarga –qué ironía– un vaso grande lleno de naranjada helada, y me explica que el señor ha salido muy temprano –se larga tan tranquilo a crear una obra genial, después de haber pasado la noche crucificando mariposas–, que insistió mucho en que no se me despertara hasta el mediodía, y que Maite me ha telefoneado varias veces. Y, con el vaso de naranjada fría entre las manos, como un inútil talismán, porque de nada ha de servirme y no podrá ahorrarme nada del dolor, oigo la voz exultante de Maite, esta voz que sólo se viste en las grandes ocasiones –o sea, para contar los escándalos monumentales o las grandes catástrofes que no la afectan–, y una Maite triunfal –ni siquiera puedo odiarla, porque no es ni tan sólo maldad, no es al menos el tipo de maldad que yo comprendo, que puedo practicar, es sólo pura memez, la pura tontería de mi isla de enanos– me comunica que nuestra Clara –¿nuestra Clara?– es la nueva amante, o que al menos ha pasado la noche –imagino que la última parte de la noche, ¿en qué momento debió de adquirir Clara la conciencia desolada, la certeza intolerable, de que yo la había abandonado?– con el emperador.

Cuelgo el teléfono sin decir ni una palabra –¿qué podría decir? ¿y qué espera Maite que le diga?, ¿y qué puede importar ya que me crean medio loca?– y me quedo acurrucada muy quieta entre las sábanas, muy muy quieta, en un esfuerzo desesperado por no pensar en nada, por no sentir nada, por no imaginar sobre todo nada, muy muy quieta, como si así pudiera posponer al menos unos instantes la llegada del dolor, porque todavía no duele, todavía no noto casi nada –unas náuseas muy leves, cierto aturdimiento– y me dan todavía más miedo estos dolores que no aparecen instantáneos y totales, de una vez, con la intensidad precisa y en el momento que corresponde, estos dolores que se hacen esperar y te permiten alentar la ilusión –tan falaz– de que, si estás lo suficiente inmóvil, lo bastante ajena y vacía de pensamientos, tal vez pasen de largo por tu lado sin tocarte, sin advertirte, tal vez no comiencen en realidad jamás. Y uno se está muy quieto, pues, para evitar que lleguen, para conseguir que no le vean y le olviden, y al mismo tiempo está deseando ferozmente que comiencen ya de una maldita vez, de una puñetera jodida maldita vez, para salir de esta tremenda incertidumbre todavía peor y más cruel que el dolor mismo, para tener por fin ante ti, dentro de ti, el sufrimiento, y conocerlo y saber su calidad y de qué materiales ha sido confeccionado, saber cómo va a ser el dolor que esta vez vas a sufrir.

Me quedo en cama agazapada e inmóvil, las piernas dobladas contra el pecho, como en las primeras reglas de la adolescencia, cuando habían aparecido rastros ya de sangre y no había empezado sin embargo todavía el dolor, y yo me sentaba en el suelo, sobre la alfombra verde donde leí los primeros cuentos, la espalda apoyada contra el sillón de cuero del despacho de papá –ese olor a miel de la pipa impregnándolo todo–, las rodillas a la altura de la barbilla y los brazos enlazando mis piernas, esperando el instante intolerable y cierto en que una hiena monstruosa y desenfrenada me devoraría durante horas las entrañas sin lograr hacerme morir, sin lograr yo morir. O como el día en que en la cocina, ya viviendo con Julio, me vertí sobre la mano un cazo de aceite hirviendo, y la piel se arrugó en unos segundos, como un viejo pergamino que acercaran a las llamas, como un guante de finísima cabritilla que me quitara al revés, empujando y amontonando la piel hacia arriba, desde las puntas de los dedos hasta la muñeca, pero durante unos instantes – y fueron seguramente los peores– no sentí todavía nada, sólo el miedo pánico a un dolor que no conocía, pero que sabía llegaría puntual a la cita y que imaginaba intolerable. Y es terrible esa espera de un dolor cierto e inevitable, pero todavía no iniciado, todavía sin rostro y sin nombre, es espantoso que en mi vida los dolores más graves y profundos no aparezcan de golpe, para ir tal vez desvaneciéndose después –¿quién debió de inventar esa tontería, ni siquiera consoladora, de que el tiempo todo lo cura?–, sino que se hagan esperar mucho, mucho, tanto que no puedo a veces precisar en qué momento han comenzado, y avancen luego imprecisos, solapados, para ir creciendo paulatinamente e invadiéndome, sin menguar ni desfallecer ya jamás: in principio era il dolore y este dolor no habrá de terminar más que en la muerte sin sueños. Porque la tarde que entré en el piso de Jorge (no nos habíamos visto durante todo el día, y había sido un día radiante, casi mágico, uno de esos días de aire limpio, de cielo alto y azul, que pasa con la atardecida a un rojo intenso, uno de esos días en que se adivina el mar al término de las calles, en que todas las calles de la ciudad parecen desembocar en un mar presente, omnipresente, aunque invisible, un mar que poco tiene que ver con el morir, uno de estos días en que mi ciudad me parece tan hermosa, aunque la haya construido una raza de enanos, y la gente me parece inesperadamente cordial, y yo me demoro comprando flores, enormes ramos de nardos, orquídeas perversas que evocan torpemente mis laberintos, comprando objetos inútiles y bellos, sentándome en las terrazas de los bares para pedir refrescos de nombres sugerentes que me sirven en copas grandes, con azúcar en el borde y muchas frutas asomando por todos lados, y aquella tarde yo había comprado una pipa de espuma de mar para Jorge, una pipa muy bella, cuya cazoleta empezaba en un complicado sombrero lleno de capullos y terminaba en los nacientes senos de la dama, y estábamos a finales de mes y no había dinero y aquello había sido una locura, y yo abrí la puerta riendo, el día entero había estado riendo sola, anticipando el placer de contarle a Jorge que la mañana había sido maravillosa y radiante, que el tiempo todo y el universo entero eran maravillosos y radiantes puesto que él existía y que él me amaba, contarle que el cielo se había puesto muy rojo después de haber estado muy azul, que la gente era amable y no parecía en definitiva tan hostil, tan mezquina, tan cruel, que no era a lo mejor cierto que el infierno fueran los otros, y pensaba riendo todo esto que iba a decirme dentro de un instante, mientras abría la puerta y no me aclaraba con la llave y el bolso y el ramo descomunal de nardos, entre cuyo aroma, como en los sueños de mi infancia, y a pesar de las protestas desesperadas y risueñas de Jorge, haríamos el amor, y en realidad el día había sido radiante porque yo sabía, yo creía saber, que él me esperaba aquella tarde, y yo le podría contar que el día me había parecido maravilloso, y yo creía, yo creía saber, que él me esperaría todas las tardes y todas las mañanas de mi vida, como me había esperado todas las tardes y todas las mañanas y a todas horas desde el día en que nos habíamos conocido, en que me había arrancado de mis oscuros laberintos y habíamos asesinado alegremente entre los dos al Minotauro, en que me había despertado de mi pesado sueño en el peñasco en llamas, un sueño que quizá llevaba ya durando demasiado, y me había montado a la grupa de su caballo, y me había sacado a la luz, a la vida, a los hermosos días de mi ciudad en primavera, porque aquel año sí hubo primavera y aprendí a descubrir el momento mágico en que nacen los primeros brotes de los árboles, tiernos y pálidos, aprendí a descifrar la llegada de las primeras golondrinas, y pusimos nombre juntos a árboles y a pájaros, y aquel día único de primavera, aquel día irrepetible e irrecuperable, había visto yo tantas cosas apasionantes que Jorge me había enseñado a ver y que ahora yo iba a contarle, cuando él hubiera encendido la pipa de espuma, y yo hubiera puesto los nardos en un jarro grande y azul, me hubiera quitado el vestido y los zapatos, y me hubiera tumbado a su lado en la cama, viendo a través de la ventana abierta los últimos vestigios de luz todavía rojiza de aquel atardecer soberbio), en cuanto entré en el piso, porque conseguí finalmente que la llave girara en la cerradura y se abriera la puerta, mucho antes –quiero decir unos segundos antes– de haber entrado en nuestra habitación y haber visto a Jorge, si aquello era todavía Jorge, si quedaba algo todavía allí de Jorge, yo supe con certeza total que había ocurrido algo terrible, pero no comencé a sufrir, como si mi capacidad de sufrimiento fuera demasiado pequeña para aquella realidad que caía atroz y absoluta sobre mí y esta capacidad tuviera que crecer y que ensancharse para dar paso, para dar cabida, a aquella magnitud virgen y desconocida de dolor, a aquel dolor jamás presentido ni imaginado: no sentí nada, como si mis posibilidades de sentir, de conmoverme, de sufrir, hubieran quedado en suspenso, aplazadas para un futuro remoto, mientras yo hacía con la rapidez y precisión, con la eficacia de una autómata, lo que había que hacer, y no había nada ya en realidad que pudiera hacerse, no quedaba ya nada que yo pudiera hacer en el mundo, pero llamé al médico de la familia, avisé a una ambulancia, a unos amigos, amigos de Jorge a los que yo no querría volver a ver ya nunca, que me abrazaron sollozando, con una secreta repugnancia hacia mi rostro impávido y sin lágrimas, con la secreta sospecha quizás de que yo nunca había querido a Jorge como ellos imaginaban.

Y ni siquiera sentí nada al tocar su cuerpo, al tomarle el pulso que no latía, al buscar —como tantas veces jugando en el amor, mi oreja contra su pecho liso, cálido, desnudo— su corazón. Y sólo cuando, antes de que llegaran el médico y los amigos, antes de que el piso se llenara de gente extraña que hacía gestos vanos y me decía cosas que no tenían sentido, empecé una búsqueda más y más frenética a medida que comprendía que era inútil, de una nota, una carta, un signo, algo que me marcara el camino a seguir o supusiera al menos un adiós, sólo cuando brotó como una banderilla de fuego que me clavaran desde dentro la idea, absolutamente inconcebible, de que me había traicionado, cuando empecé a entender por fin que me había robado del palacio de mis padres para nada, que había sido vana la muerte del Minotauro, que se habían apagado inútilmente y para nada ante el paso del héroe los peñascos en llamas y me había despertado para nada de mi sueño de siglos, en cierto modo feliz, o al menos no desdichado, que pudo sin su intervención haber durado siempre, sólo cuando empecé a entender que era mentira, absolutamente falso, que él hubiera creído en un mundo distinto o que hubiera querido enseñarme a volar, y de haber creído en un mundo distinto era en cualquier caso un mundo en el que yo no existía, o existía muy poco, pobre juguete para héroes ambiciosos y cansados, para héroes mezquinos que se echan hacia atrás a mitad del camino y te abandonan dormida en la isla de Naxos, porque iba entendiendo yo que me habían abandonado fatalmente, sin naves ni derroteros ni brújulas ni cartas marinas, mucho antes de que hubiera tenido tiempo de aprender a volar o a navegar o a caminar sobre las aguas, y nadie me había dicho "ven conmigo", iba entendiendo que él había decidido por sí solo, sin posible compañera, sin posible pareja, en una elección que me excluía y me humillaba hasta un grado de humillación tal que yo no lo había previsto ni en los peores momentos de mi infancia. Jorge había jugado la partida definitiva a mis espaldas, sin darme un solo naipe, ni una pobre pieza en el tablero de ajedrez, cinco minutos para hablar en mi defensa o en defensa de los dos y pedirle que se quedara o me dejara acompañarle. Y únicamente cabía todavía la duda de si había elegido para sí mismo y para mí sin consultarme, en esta especie de despotismo ilustrado con que se decide la suerte de los niños y de los animales, o si había elegido únicamente para sí mismo, sin recordar tan siquiera mi existencia, quedaba la duda de si, mientras ingería pastilla tras pastilla, me condenaba a volver arrastrándome a mi isla de enanos, al palacio de mis padres, me condenaba al matrimonio con Julio, a mi farsa de amor, a mi farsa de trabajo, a mi farsa de vida, a mis remordimientos y mi nostalgia de un irrecuperable Minotauro, de unos inencontrables laberintos, o si sencillamente me había olvidado por entero –no influyen para nada las princesas fugitivas, las princesas menos princesas de todas las princesas, las princesas tontas, en el destino de los héroes que optan por la proeza solitaria de autodestruirse–, si yo, como por otra parte el resto total del universo, había dejado sencillamente de existir para él, mientras se tumbaba de espaldas y cerraba los ojos ante el atardecer más hermoso de aquella primavera. Y sólo entonces, solapado y lento, llegó a mí algo que no era propiamente dolor, algo que se parecía mucho al odio, porque brotó la certeza terrible de que si él moría –y yo sabía que iba a morir–, si Jorge moría antes de darme a mí la posibilidad de manifestarme, de actuar mínimamente, de representar un papel –aunque fuera escupirle mi decepción y mi desprecio en palabras terribles, aunque fuera abofetearle sin fin hasta que alguien me lo sacara de entre las manos–, si Jorge moría para siempre sin permitirme darle réplica ni entrar en el juego, la partida solitaria que había decidido jugar ya sin mí con la muerte, no habría entonces posible salvación ni posible huida, porque nunca podría caminar ya sobre las aguas aunque alguien me dijera en algún instante "ven conmigo", nunca aprendería a volar sola hasta el país de Nunca Jamás, abandonada en la isla de Naxos, sin alas y sin remos.

Y Jorge sí había realizado, aunque fuera de una forma terrible, su destino, él sí había elegido y tomado en sus manos, con libertad suprema, con definitiva eficacia, su destino, pero me había dejado a mí para siempre abandonada en algo peor que la isla de cristal donde vagan los muertos, me había condenado a una pavorosa tierra de nadie en la que yo no habría de encontrarme ni reconocerme jamás. Y aquello, aquel rencor y aquel odio y aquella certeza de haber sido irremediablemente traicionada, dejada al margen de la muerte y al margen de la vida, aquello que no sé si puedo llamar propiamente dolor, no era algo que se pudiera ir amortiguando con el tiempo, algo que pudiera disminuir de día en día, de mes en mes o de año en año –y es definitivamente falso que el tiempo ayude a resolver el sufrimiento: los únicos daños verdaderos son siempre intemporales–, aquello iba a enconarse por el contrario más y más, a hacerse paulatinamente menos y menos tolerable, como un cáncer maligno pero lento, para el que no existen posibles analgésicos, situado más allá de cualquier posible amputación, puesto que afecta al centro mismo de nuestra existencia, algo que habría de crecer conmigo hasta mi propia muerte y con lo que debería en cierto modo y sólo siempre hasta cierto punto aprender a convivir.

[XXXVI]   Llueve toda la tristeza del mundo detrás de los cristales, como si estuviera empezando el otoño, cuando en realidad estamos iniciando apenas el verano, y me sorprende constatar lo breve que ha sido mi aventura –¿mi aventura?– con Clara, veinticinco días, veintiséis, veintisiete a lo sumo,[64] la aventura –no puedo emplear la palabra amor, como si la vedara un secreto dolor o una oculta vergüenza– que ahora concluye en esta habitación de hotel, donde, apenas sin mirarme, ella cruza una y otra vez por mi lado mientras va haciendo las maletas. Porque también Clara ha decidido volver a su isla de enanos, al palacio de cartón piedra de sus padres, pero creo que ella no regresa arrastrándose ni regresa vencida, no regresa tampoco para siempre: Clara no vuelve a ellos, escapa sencillamente de mí, intacta o casi intacta su capacidad de andar sobre las aguas –aunque yo no haya dicho "ven conmigo"–, de explorar nuevos mundos subterráneos, de aprender a volar y de que le nazcan alas,

64. Llegamos al final de la acción en el presente, que ha durado un mes escaso. Este momento de la despedida se cierra repitiendo la referencia a *Peter Pan* –"... Y Wendy creció"– que abre el libro, con lo cual *El mismo mar* entero adquiere un sentido circular y cerrado. Wendy es la niña que, junto con sus dos hermanos, escapa de su casa guiada por Peter Pan, visita la tierra de Nunca Jamás, vive sucesivas aventuras maravillosas y, al fin, regresa al domicilio familiar. Luego se hizo mayor, se casó y tuvo una hija a la que explica que ya no puede volar porque ha crecido y cuando la gente crece "ya no son alegres ni inocentes ni insensibles". Estas razones se encuentran en el último capítulo del popular libro de J. M. Barrie, "Cuando Wendy creció", de donde toma Tusquets el lema y la clausura de su novela. De la importancia de esta cita habla elocuentemente lo apuntado en la nota 3 (pág. 62).

tal vez porque yo –aun traicionándola– le he dado la posibilidad que a mí me negó Jorge, la posibilidad de dar la réplica, de actuar en un sentido o en otro, de fijar posiciones y de tomar venganzas, la posibilidad de herirme pasando la noche con el emperador –Clara con el emperador: Clara saltando desnuda desde la proa de mi barca, vengándose de mí en sí misma, dando siempre respuestas agresivas ante lo que la hiere, porque los felinos callejeros y salvajes, los gatos auténticamente solitarios y perseguidos, que se convierten por nuestro amor en gatitos falderos, reaccionan siempre al final, ante el dolor, ante nuestro abandono o nuestras traiciones, sacándonos los ojos o lanzándose al vacío desde un piso ochenta de la quinta avenida–, o de herirme en esta entrevista final. Su voz en el teléfono, "me gustaría verte antes de irme", una voz impersonal, por primera vez segura y firme, sin temblores, una voz que, eso sí, evita cuidadosamente pronunciar mi nombre –iba a hacernos a las dos demasiado daño–, como son sorprendentemente seguros, firmes y precisos los gestos con que está haciendo unas maletas perfectas –mientras evita cuidadosamente que se encuentren nuestras miradas–, unas maletas de concurso para perfectas amas del hogar –¡quién hubiera dicho que mi muñeca torpona y azul supiera hacer así unas maletas!–, y va quedando muy claro que no va a haber ninguna explicación, ningún reproche, que no va a decir nada, que lo único que quería era tenerme aquí, viéndola disponer sus cosas en las maletas, viendo llover tras los cristales, en esta habitación que, por más que el hotel sea de lujo, recordaré para siempre sórdida, olorosa a desagües y a humedad, con una pared gris al otro lado de la ventana y de la lluvia.

Clara me tiene aquí, sin ni mirarme, sin decir más que tres o cuatro palabras –sólo que no quiere que la acompañe yo hasta el aeropuerto, que ha encargado ya un taxi y que debe de estar abajo esperándola–, y las dos sabemos que nos queremos todavía, y las dos sabemos que la situación no tiene salida, no tiene otra salida que su marcha, y no porque importen tanto una noche mía con Julio o una noche suya con el emperador, sino porque siempre, una y otra vez, yo volvería a traicionarla para traicionarme, volvería a herirla para herirme, volvería a asesinar en ella la esperanza para anular una vez más en mí toda posible esperanza. Porque no existe ya para mí –y no existe quizá porque yo elijo minuto a minuto que no exista, renovando la decisión irrevocable que tomé cierta tarde de primavera, hace ya tantos años, permanentemente actualizada– la menor posibilidad de aprender a volar –ni ganas tengo ya de que me crezcan alas–, de seguirla más allá del estrecho marco de cualquier ventana y emprender juntas la ruta hacia las tierras de Nunca Jamás. Y comprendo de pronto que supe todo esto con certeza casi total desde el principio mismo de nuestra aventura –de nuestro amor–, que nunca logré engañarme y quizás ni engañarla, y ahora mismo, por encima de cualquier tristeza y aunque sé que empezará pronto terrible la nostalgia, descubro que la marcha de Clara supone para mí un inmenso alivio, y que cuando ella esté al otro lado del mundo, definitivamente fuera de mi alcance, haciendo –espero– la guerrilla y el amor y la literatura con otros en sus selvas colombianas o donde quiera y pueda, podré volver yo –pese a la nostalgia– a hundirme sin problemas en este duermevela que es mi vida, mi no vida, en mi bosque encantado o mis fondos acuáticos o mis riscos de fuego, mientras un zombie bien amaestrado y moviente me sustituirá con eficacia y hasta con ventaja en las cenas de gala y los estrenos cinematográficos, en la universidad, en mis noches de amor, si son noches de amor las largas cabalgadas de un desconocido sobre mi cuerpo muerto mientras habla y se mueve y hasta piensa por mí, mucho mejor de lo que yo podría hacerlo.

Y mi madre y Julio y Guiomar se reunirán felices y cómplices a mis espaldas para respirar con alivio y comentar que he superado felizmente una nueva crisis primaveral, que tengo buen aspecto, que estoy muy guapa, que podríamos irnos unos días a Nueva York, o comprar un nuevo perro afgano o cambiar quizá de piso, y me arrastrarán felices arriba y abajo sin que a mí me importe nada, sin que a mí me duela ya nada, porque Clara se llevará con ella, espero, lo que queda todavía de mi capacidad de sufrir —aunque me deje la nostalgia— y no me dolerá siquiera ya el haber perdido esta postrera, extemporánea, posibilidad de volver a la vida, esta posibilidad tan loca y tan maravillosa que se ha llamado Clara, y que está todavía aquí, al alcance de mis manos y de mis palabras, de mis besos y mis "no te vayas", pero que es como si se hubiera marchado ya, porque, a la inversa de lo que ocurre con el dolor, la verdadera ausencia empieza realmente un poco antes de que se produzca el vacío material de la ausencia, empieza en el instante mismo en que comprendemos de verdad que el otro va a marcharse y nosotros vamos a quedar sin él. Y Clara sólo está todavía aquí para infligirme los últimos minutos de castigo, los últimos minutos de inquietud —prefiero no pensar que puede estar esperando que le pida "no te vayas"—, antes de dejarme descansar, de dejarme dormir, de dejarme morir, antes de salir las dos de esta habitación horrible que huele mal y tiene únicamente una pared gris al otro lado de la lluvia y la ventana, salir de aquí con sus maletas de concurso, y dejarme libre, vacía para siempre de cualquier esperanza, de la tentación tan pesada de la vida, de la ilusión falaz de cualquier posible compañía, para dejarme definitivamente en paz.

Y sólo en el último instante, cuando el mozo ha subido al taxi el equipaje, y ella ha pagado la cuenta, y distribuido las propinas, Clara me da un beso leve en la mejilla, sonríe con la sonrisa triste de mi Clara de siempre, perdida por unos instantes su seguridad y su aplomo, acerca mucho su boca a mi oído y susurra, no sé si como último palmetazo del castigo o como signo de perdón, pero en cualquier caso como prueba inequívoca de que hasta el final me ha comprendido: "...Y Wendy creció".

ÍNDICE DE SECUENCIAS

ÍNDICE DE SECUENCIAS

ÍNDICE DE LÁMINAS

Entre páginas

ESTE LIBRO
SE TERMINÓ DE IMPRIMIR
EL DÍA 28 DE AGOSTO DE 1997.

TÍTULOS PUBLICADOS